U0910001

国家职业技能鉴定培训教程

快递业务员

（初 级）

快件处理

国家邮政局职业技能鉴定指导中心　组织编写

人民交通出版社

内 容 提 要

本教材以《快递业务员国家职业技能标准》为依据，全面介绍了从事快件内部处理工作应该掌握的相关理论、法律法规以及安全生产等知识，详细阐述了快件处理的快件验收以及分拣封发等的生产作业流程，体现了职业技能培训特色。

本教材在保证知识连贯性的基础上，突出技能操作，力求浓缩精炼，具有针对性和实用性，是快递业务员进行职业技能鉴定培训考核的指定教材，同时对于各类职业技术学院的相关专业师生以及从事快递业务的相关技术人员均有一定的参考价值。

图书在版编目（CIP）数据

快递业务员(初级) 快件处理/国家邮政局职业技能鉴定指导中心组织编写.—北京:人民交通出版社,2009.4
国家职业技能鉴定培训教程
ISBN 978-7-114-07689-3

I.快... II.国... III.邮件投递－职业技能鉴定－教材
IV.F618.1

中国版本图书馆 CIP 数据核字(2009)第 047700 号

国家职业技能鉴定培训教程
书　　名：快递业务员（初级）快件处理
著 作 者：国家邮政局职业技能鉴定指导中心
责任编辑：沈鸿雁　丁润铎
出版发行：人民交通出版社
地　　址：（100011）北京市朝阳区安定门外外馆斜街3号
网　　址：http：//www.ccpress.com.cn
销售电话：（010）59757969，59757973
总 经 销：人民交通出版社发行部
经　　销：各地新华书店
印　　刷：北京交通印务实业公司
开　　本：787×1092　1/16
印　　张：12
字　　数：283千
版　　次：2009年 4月　第1版
印　　次：2012年 9月　第10次印刷
书　　号：ISBN 978-7-114-07689-3
印　　数：55001-55400册
定　　价：24.00元

《国家职业技能鉴定培训教程
快递业务员(初级)　快件处理》
编审委员会

主　　任:苏　和

副 主 任:达　瓦　王　梅　安　定　张英海

委　　员:韩瑞林　焦　铮　靳　兵　刘良一　张小宁
卫　明　唐守廉　吴先锋　吕　靖　陈兴东
贺　怡　郑志军

编写人员:曾军山　张俊山　贾永建　庄晓燕　丁赛尔
张　慧　等

前　言

2008年8月11日，人力资源和社会保障部、国家邮政局共同颁布了《快递业务员国家职业技能标准》（以下简称《标准》），这是邮政行业的第一个国家职业技能标准，它的颁布，填补了邮政行业国家职业技能标准的空白。

为了有效地履行政府职能，体现公共服务，依法实行快递就业准入，推动邮政行业建立国家职业资格证书制度、建设技能型人才队伍，依据该《标准》，国家邮政局组织制定标准的专家、学者及行业内从事管理及一线生产人员，启动了快递业务员国家职业技能鉴定系列教程的编写工作。

按照《标准》设立的五个等级，快递业务员系列教程也分为初级工、中级工、高级工、业务师（技师）和高级业务师（高级技师）五个部分；同时根据《标准》中"快件收派"和"快件处理"的两个模块，本教程也分为"快件收派"和"快件处理"两大系列；在编写内容上，注重体现"以职业活动为导向、以职业能力为核心"的指导思想，围绕《标准》的要求，着力体现我国当前快递职业状况的总体水平，强调以人为本，提升快递生产人员的服务质量和服务水平，突出职业资格培训特色；在结构上，针对快递业务员的活动领域，按照职业功能模块分级编写。《教程》的基础知识部分涵盖《标准》的"基本要求"；技能部分的章对应于《标准》的"职业功能"，节对应于《标准》的"工作内容"，节中阐述的内容对应于《标准》的"技能要求"和"相关知识"。

由于《标准》的工作要求部分包含"快件收派"和"快件处理"两个模块的内容，并要求分别进行考核；同时也为了便于参加培训和鉴定的学员使用，我们将"基础知识"部分和每个级别的"快件收派"和"快件处理"技能部分分别合编成册。根据当前职业培训和职业技能鉴定实际工作的需要，以及快递业务员培训教程编写计划，首先编辑出版了《国家职业技能鉴定培训教程　快递业务员（初级）　快件收派》和《国家职业技能鉴定培训教程　快递业务员（初级）　快件处理》，其他等级的快递业务员国家职业技能鉴定培训教程，也将陆续编辑出版发行。

本教程在编写过程中，得到中国就业培训技术指导中心标准教材处的指导；同时人力资源和社会保障部国际劳工与信息研究所组成专家工作组对本书进行指导及统稿审定；中国邮政速递服务公司、民航快递有限责任公司、中铁快运股份有限公司、中外运—E速公司、顺丰速运(集团)有限公司、中外运—敦豪国际航空快件有限公司、申通快递总公司、圆通速递有限公司、全一快递、中通速递服务有限公司等多家快递企业以及相关省(区、市)邮政管理局，对本教程的编写审定予以大力支持和帮助，在此一并表示衷心的感谢！

国家邮政局职业技能鉴定指导中心

2009年2月

目　　录

第一编　基础理论知识

第二编　快件处理知识

第一编　基础理论知识

第一章　职 业 道 德

第一节　职业道德基本知识

道德是人类在生产生活中逐步形成、反过来又用以维持社会秩序、约束人类行为的一种行为规范。它主要依靠社会舆论、人们的价值观、信念、态度、传统和习惯来维持和发挥作用。职业道德是道德的一个重要组成部分，是在职业领域内产生的用于规范人们职业行为的准则。快递业务员了解和掌握道德和职业道德，进而按照快递业务员职业道德要求行为，对做好快递业务工作有重要作用。

一、职业道德概述

（一）职业道德的定义

我国《公民道德建设实施纲要》提出，职业道德是从业人员在职业活动中应遵循的行为准则，涵盖了从业人员与服务对象、职工与职工、职业与职业之间的关系。简言之，职业道德就是从事某种职业劳动的人们，在劳动过程中形成的、依靠其内心信念和特殊社会手段来维系的、以善恶进行评价的心理意识、行为原则和行为规范的总和。

职业道德体现了某种特定职业的职业特征和行为规范。就其本质而言，职业道德就是调整职业内部、职业之间、职业与社会之间的各种社会关系的行为准则和道德规范。它既是对从事本行业的人员在职业活动中的思想和行为的具体约束，同时也是行业对社会所应履行的道德责任和义务。

（二）职业道德的基本范畴和主要内容

1. 职业道德的基本范畴

职业道德的基本范畴包括职业态度、职业技能、职业纪律、职业良心、职业荣誉、职业作风等若干内容。

职业态度是指从业者在选择职业时所持的观念、趋向和心理依据，以及在从事职业活动的过程中所表现出来的劳动态度。

职业技能是指从业者所掌握的职业技能和本领，是从业者实际所拥有的创造价值的能力。

职业纪律是指根据职业的工作规律和工作需要而制定的规章制度、纪律和要求。

职业良心是指从业者在从事职业活动中所形成的职业责任感、自我评价能力、自我反省能力和自我检查、监督、约束能力。

职业荣誉是指从业者在进行职业活动中取得成绩后,社会对其职业行为价值的一种肯定评价,以及从业者对这种肯定评价的感知和自我意识。

职业作风是指从业者在其职业活动中所表现出来的一贯的工作态度和工作作风。

2. 职业道德的基本内容

职业道德的基本规范内容包括爱岗敬业、诚实守信、办事公道、服务群众以及奉献社会等。

(1)爱岗敬业

爱岗敬业,即俗话所说的"干一行爱一行"。爱岗,就是要热爱自己所从事的职业;敬业,就是要以专心致志的严肃态度投入到工作中去,勤恳兢业、尽职尽责。爱岗敬业要求从业者要精通业务、忠于职守,同时还要勇于钻研创新。

(2)诚实守信

诚实守信,就是要言行一致、表里如一、遵守诺言。从业者在从事职业活动中,要诚实劳动、自觉抵制不正之风,不弄虚作假,不偷懒,不耍滑;同时,要信守承诺、积极主动地为客户服务,并自觉地公开自己的职业行为和成绩。

(3)办事公道

办事公道,就是从业者在从事职业活动时要立场公正,无论何时何地都要按照同一标准和原则办事。服务行业所秉承的"童叟无欺"原则就很好地诠释了办事公道的精髓。

(4)服务群众

在服务行业,尽管每个人所工作的岗位可能有所不同,但最终目的都是为广大人民群众服务的。"为人民服务"永远是社会主义职业活动的宗旨。每一位从业者,既是为别人服务的主体,又是别人服务的对象。因此,每一个人都要树立服务意识、端正服务态度、提高服务质量,充分发挥主观能动性,全心全意地为人民服务。

(5)奉献社会

奉献社会要求我们要全身心地投入、任劳任怨,不计较个人得失,甚至不惜牺牲自己的生命。奉献社会并不是要求从业者放弃正当合理的报酬索取,而是说当个人利益与国家利益发生冲突时,能够自觉地将个人利益置于国家利益之后,努力为国家、为社会做出自己的贡献。

二、职业道德的特点

各行各业都有自己的职业道德。虽然,各行各业的职业道德在基本精神上是一致的,但在具体内容上仍有较大的差异性,主要表现在以下几个方面。

(一)特殊性

每个职业的职业道德都与从业人员的职业内容和职业实践领域相联系,都有各自的适用范围,并不是普遍适用的。职业道德的特殊性,就是指职业道德只适用于特定的职业活动领域,只约束该职业从业人员的职业行为。职业道德的具体内容,因为规范对象的不同而不同,鲜明地体现了社会对于某一具体职业活动的特殊要求。

(二)强制性

职业道德包含职业纪律,它对从业人员的工作态度、服务标准、操作规程等都有具体的强制规定。如果从业者违反这些规定,就会受到不同程度的处罚。这就使得职业道德不仅仅是

一种需要自觉遵守的“软约束”，而且是一种强制性的“硬约束”。

（三）多样性

职业道德的多样性是指职业道德的内容和表现形式的多样性。有多少不同的职业，就会有多少种不同内容的职业道德，并且内容以及表现形式上也较灵活多样。

（四）稳定性

职业道德的稳定性是指一个新的职业一经发展和稳定后，相对的职业道德规范也就会确立并稳定下来。即便是在不同的国家、不同的社会形态或不同的历史时期，新兴行业稳定下来的职业道德大都有着相同或者相似的内容与特点。

三、职业道德的重要作用

职业活动是人类生产和生活的重要组成部分，在人类的社会实践中处于中心位置，因此职业道德在现代社会道德规范体系中具有十分重要的地位。

（一）职业道德有助于促进社会生产力的发展，提高劳动生产率

职业道德规定了不同职业的从业者对社会所应担负的具体职业道德责任，使他们能够明确自己的职业责任和职业义务，增强他们的职业责任感、义务感和荣誉感，促使他们充分发挥主观能动性和创造性，不断提高劳动技能和劳动生产率水平。

（二）职业道德是社会主义精神文明的重要组成部分，有利于社会稳定

职业道德水平是一个社会精神文明发展的重要标志，职业道德的发展是社会精神文明前进的重要推动力。可以说，职业道德规范的存在，确保了社会道德在职业领域作用的发挥。如果人们都能自觉地、充分地遵守职业道德，行使自己的职业权利、履行自己的职业义务，那么在人与人的社会职业活动中，就必然会形成一种团结一致、顾全大局、互相帮助、互相关心、诚实公正的社会关系，这种关系对于社会稳定以及良好道德风尚的形成，具有十分重要的作用。

（三）职业道德有助于调节人们在职业活动中的各种关系

职业道德有助于调节从业者与服务对象之间以及同一行业内部职工之间的相互关系。同一行业内的从业者之间，如能相互理解支持、相互尊重、相互帮助、公平竞争，就能建立良好的合作共赢关系；如果所有从业者都能从本职工作出发，遵守职业道德、履行职业义务、尽心尽责地为客户服务，那就会形成从业者与服务对象之间的良好关系。

（四）职业道德有助于提高个人道德修养

自觉遵守职业道德，可以使人们在家庭和学校中初步形成的道德观、世界观、人生观、价值观等得到进一步的巩固和提高，并可促进人的全面发展。同时，职业道德也提供给人们一个反省自身在职业活动中行为的标尺。遵照职业道德规范，人们可以判断什么是正义的、高尚的职业行为，什么是失职的、不道德的职业行为，从而去改善自己的不良行为，使自己成为一个真正对社会有用的人。

第二节　快递业务员职业守则

一、快递业务员职业守则内容

根据《快递业务员国家职业技能标准》的规定，快递业务员的职业守则主要包括以下方面的内容：

遵纪守法,诚实守信;
爱岗敬业,勤奋务实;
团结协作,准确快速;
保守秘密,确保安全;
衣着整洁,文明礼貌;
热情服务,奉献社会。

这六方面的内容全面概括了快递业务员在从事快递服务过程中所应履行的基本职责和义务,既体现了快递业务员应具有的职业道德的特殊性,也体现了服务行业职业道德规范的普遍含义。

二、快递业务员职业守则的具体要求

(一)遵纪守法,诚实守信

"遵纪守法",就是要求快递业务员严格遵守国家的各项法律法规和企业内部的规章制度。俗话说,没有规矩不成方圆,只有人人都自觉地遵纪守法,照章办事,社会秩序才能保持良性运转。譬如,在奥运会举办期间,国家邮政局曾明确规定,快递服务人员上门揽收客户快件时,须当面开拆验视内件,以确保奥运安全。在此情况下,快递业务员必须不折不扣地严格遵守国家这一规定,如果客户对此不理解,应耐心向其解释并取得他们的理解和配合,而决不能怕麻烦或为了讨好客户而敷衍了事。

"诚实守信",就是要求快递服务人员重信誉、守信用。中华民族素来崇尚诚信,至今留下许多关于诚信的脍炙人口的故事。"言必信,行必果","一言既出,驷马难追"等古语,都反映了中华民族对诚实守信品质的追求。在商业活动中"货真价实,童叟无欺"等关于诚信的对联,都体现了提倡公平交易、诚实待客、不欺诈、不作假的行业道德精神。快递业务员面对客户,一定要讲究诚实守信,在向客户介绍产品时,实事求是地介绍真实情况,不能为了招揽客户,不顾事实地提供虚假信息。一旦按照规定作出了承诺,就应认真履行。

(二)爱岗敬业,勤奋务实

"爱岗敬业,勤奋务实",就是要求快递业务员热爱快递事业,树立责任心和事业心,踏踏实实地勤奋工作。快递业务员在实际工作中爱岗敬业的例子很多,比如,在寄送快件途中突遇暴雨时,许多业务员宁肯自己被雨淋也会毫不犹豫地把快件层层包好,以确保快件的完好无损,等等。

另外,随着信息、通信等高科技的快速发展,现代快递行业的综合科技含量也越来越高,快递从业人员需要学习和掌握的科技文化知识也越来越多。因此每一位快递业务员都必须努力学习与快递相关的知识,刻苦钻研快递业务,才能为用户提供多元化的高效服务,并促进快递行业又好又快地发展。

(三)团结协作,准确快速

"团结协作",是快递业务工作的特性决定的。快递业务是由一整套的业务流程,由各个环节甚至不同地区的员工分工合作完成的。例如一封从北京寄往上海的快件,就需要北京的快递业务员去上门收寄、邮件中心分拣、转运,然后由上海地区的业务员进行接收、分拣、投送,才能完成的。因此快递业务员在工作中重视团结、协调与合作,就显得尤为重要。

"准确快速",是因为快递服务最根本的制胜点就反映在一个"快"字上。快递业务员在工作过程中对时限的承诺,一定要树立高度的责任意识,承诺客户什么时间送达,就要保证按时

送达。同时,各个快递环节都应保证准确、无误。要做到这一点,快递业务员就必须苦练基本功,尤其是在快件分拣过程中,须在一两秒钟时间内按地区代码准确进行分类,如果出现分拣错误,快件势必将送错地方,确保时限也就无从谈起了。

(四)保守秘密,确保安全

"保守秘密",是由快递服务的特殊属性决定的。快递业务员所负责寄递的快件,很有可能会涉及客户的个人隐私、商业秘密或是国家机密,这就要求快递业务员不论是对客户所寄递快件的相关信息还是对客户的个人信息,都要保守秘密,绝对不准对外界透露,否则,将侵害客户的权益,严重的还会受到法律的制裁。这里需要强调的是,保守秘密与诚实守信是不矛盾的。如果一个人为了维护国家和人民的利益而讲了假话,并且使国家机密得到了保护,那就体现了他对国家、对人民、对职业的忠诚,也就体现了他遵从诚实守信职业道德的要求。

"确保安全",要求快递业务员在工作过程中,必须保证快件的安全,将快件完好无损地送到客户手中。另外,也要注意保护好生产工具,如运送快件的车辆的安全,还要保护好自身的人身安全。

(五)衣着整洁,文明礼貌

"衣着整洁,文明礼貌",是对服务行业从业者的基本要求。作为快递业务员,尤其是需要直接面对客户的收寄和派送的外勤人员,其外表和精神面貌直接代表了企业的形象和素质。因此,快递业务员在工作时间要统一着装,并注意保持工装整洁。文明礼貌,强调快递业务员在向客户提供服务时,要主动、热情、耐心,首先是要做到语言文明,使用规范、礼貌的语言耐心向客户介绍情况,回答问题;其次要举止文明,摈弃粗俗不雅的动作,通过得体的衣着、大方的举止,反映快递业务员的精神面貌及所属企业的形象。在服务过程中,要主动、热情、耐心,做到眼勤、口勤、手勤、腿勤,对老、弱、孕客户,应给予更为周到细致的服务和帮助。

(六)热情服务,奉献社会

"热情服务,奉献社会",是职业道德规范的最高要求。为客户提供优质高效的服务,是每一位快递业务员的神圣职责。快递业务员要有高度的责任心和使命感,应本着全心全意为人民服务的精神,以饱满的热情投入到快递工作中去,以积极进取的心态在工作中追求卓越、奉献社会。

三、职业守则的特点

(一)体现了职业道德的普遍性

如前所述,职业道德包括职业态度、职业作风等内容,强调爱岗敬业、诚实守信等精神。快递业务员职业守则中的"遵纪守法,诚实守信;爱岗敬业,勤奋务实"等内容,都体现了职业道德规范的普遍性要求。

(二)体现了快递服务职业道德的特殊性

每个行业的职业道德规范,除了体现一般意义上的职业道德规范外,还必须能够体现与该行业相适应的特殊职业道德规范。这在快递业务员职业守则中有很好的体现。例如,快递业务员职业道德规范中所规定的"团结协作,准确快速"、"保守秘密,确保安全"、"衣着整洁,文明礼貌"等内容,就既体现了作为一般服务业所需具备的职业态度和精神面貌,又体现了快递服务业务所需要具备的特殊职业操守。

俗话说:"三百六十行,行行出状元"。这也就是说,在经济社会发展的历史长河中形成的每一种职业,都有其存在的理由和价值,只要每个从业者甘心在自己平凡的工作岗位上,认真踏实工作,刻苦钻研技术,全心全意地为客户服务,都能做出不平凡的业绩来。

第二章　快递服务概述

第一节　快递服务的特点与分类

作为世界范围内蓬勃发展的新兴产业,现代快递服务是市场经济发展的产物,以满足个性化需求为宗旨,依赖社会资本实现网络的地域覆盖,提供快捷的、门到门的、个性化的附加服务。快递服务和传统邮政业,本质都是实物流、信息流和资金流的三流合一,都是通过网络提供信件和物品的递送服务。它们的递送对象都是信件和物品,都含有信息传递和实物递送的成分。

一、快递服务的定义与特点

(一)快递服务定义

《快递市场管理办法》规定的定义内容:快递服务是快速收寄、分发、运输、投递(派送)单独封装具有名址的信件和包裹等物品,以及其他不需储存的物品,按照承诺时限递送到收件人或指定地点,并获得签收的寄递服务。

快递服务属于邮政业　WTO 与《万国邮政联盟公约》明确规定快递服务属于通信服务。1994 年关贸总协定乌拉圭回合谈判达成的《服务贸易总协定》(GATS),将邮政服务和快递服务作为同一服务类型加以对待。《万国邮政联盟公约》第五章专门规定了特快专递业务,规定了该业务是在极短的时限内完成的函件、信件或商品的揽收、运输和投递活动,确定快递业务属于邮政通信服务。我国 2002 年正式实施的国家标准《国民经济行业分类》中规定,"邮政业"包括"国家邮政"和"其他寄递服务"。《中共中央办公厅国务院办公厅关于适应我国加入世界贸易组织进程清理地方性法规、地方政府规章和其他政策的意见》(中办发[2001]22 号)明确规定,速递服务属于通信服务。

快递服务不同于邮政业普遍服务中的基本寄递服务　快递服务与邮政业具有从属关系,但是又不同于邮政普遍服务中的基本寄递服务。邮政业的普遍服务中基本寄递服务主要是指政府为保障公民通信权益而提供的公共服务,是履行国家法定义务,确保向所有公民提供基本通信需求的统一规范、低价普惠的普遍服务,属于非竞争性产品性质,由政府主导。而快递服务属于邮政业的增值服务,是为满足经济社会发展而产生的商业化、个性化的服务,属于竞争性商业服务产品,主要由市场主导。快递服务与邮政业的基本寄递服务在服务标准、价格、服务方式上有明显的区别,快递服务主要采用"门到门"、"桌到桌"的直达服务方式,提供多层次、多样化的服务品种,以高于普通寄递服务的资费和更快、更方便的服务方式,更好地满足中高端市场对寄递服务的需求。

(二)快递服务特点

根据快递服务的定义,快递服务具有以下特点:

(1)快递服务的本质反映在一个“快”字上,快速是快递服务的灵魂。

(2)快递服务是“门到门”、“桌到桌”的便捷服务。

(3)快递服务需要具有完善、高效的服务网络和合理的覆盖网点。

(4)快递服务能够提供业务全程监控和实时查询。

(5)快递服务要求快件须单独封装、具有名址、重量和尺寸限制,并实行差别定价和付费结算方式。

(三)快递服务的作用

快递服务具有促进经济和社会发展的双重作用,具体表现如下。

1. 经济作用

(1)从宏观经济发展看,快递服务具有加快流通、方便消费、推动经济结构调整和经济增长方式转变方面的重要经济作用,能提高整个经济运行速度、质量、效益。例如,在推动电子商务等新型商务流通模式的发展中,快递服务起到了关键作用。因此,快递服务也被称为国民经济发展的“输血管”和“加速器”。

(2)从区域经济发展看,快递服务加速了地区间经济的联系和沟通,是促进地区经济共同协调发展的纽带和桥梁。

(3)从外贸等经济领域看,快递服务已成为国际贸易和高技术产业供应链的组成部分,在国际范围内提高了供应链的运行效率和运行质量,解决了生产企业远离主销市场的空间劣势问题。

2. 社会作用

快递服务的社会作用概括起来大致有以下几个方面:

(1)快递服务是劳动密集型的服务行业,具有创造大量就业岗位和吸纳更多人就业的作用。

(2)快递服务具有促进文化、教育、科技等知识和信息传播的作用。

(3)快递服务具有促进农村和城镇一体化建设的作用。

(4)快递服务具有支持抵抗各种自然灾害或人为灾害,快捷提供救援物资和促使灾区尽快恢复正常生产生活秩序的保障作用。

(5)快递服务具有为社会特殊群体提供上门运送服务的作用。

二、快递服务的分类

快递服务按网络规模划分,可分为国际快递、国内异地快递和同城快递三大业务种类;按照所有制形式划分,可分为国有、民营、外资三大主体;按照运输方式划分,可分为航空、公路、铁路三大方式。

(一)国际、国内异地、同城三大业务种类

1. 国际快递服务

国际快递服务是指寄件人和收件人分别在中国和其他国家或地区的快递服务。一般将港澳台市场和国际快递市场归为一类市场。国际快递服务的特点是技术密集、资本密集和管理密集型业务,也是快递服务领域利润最高的业务,在业界一般称为高端业务。国际快递服务提供商必须具备足够的航空和地面运输能力、枢纽中心和遍布世界主要国家和城市的投递网络、先进的信息跟踪和控制技术。到目前为止,在我国经营国际业务的主要是国际快递公司、国际货物运输代理企业,以及中国邮政速递服务公司(简称 EMS)、中国民航快递有限公司和中远国际航空货运代理有限公司等国内企业。在国际快递服务方面,中国的快递企业还没有形成自己的航空运力和国际投递网络,主要依赖民用航空公司的商业航班和各国邮政制定的邮路,国际空运的时间和能力受到限制,网络的效率也有待进一步提高。

2. 国内异地快递服务

国内异地快递服务是指寄件人和收件人在国内不同城市的快递服务。国内异地快递业务主要是区域内的业务与区域间的业务。区域内的快递业务可以通过公路或铁路运输完成，区域间的业务一般要依赖航空运力。中国邮政速递服务公司 80% 以上的快递业务是国内异地快递业务。除中国邮政速递服务公司外,非邮政的国有快递企业和众多的民营快递企业，是国内快递市场的主要参与者。其他具有代表性的国有快递企业有中国民航快递有限责任公司、中铁快运有限公司和扬子江快运航空公司等。民营快递公司有顺丰、申通、圆通、全一、中通、天天等。目前,国际快递企业进入中国国内快递业务市场的情况也在发生变化。2004 年 5 月 10 日,敦豪公司在上海宣布,正式推出中国国内快递服务业务。2005 年 7 月,联合包裹公司宣布,开展以 2kg 以上为主的国内包裹快件业务。

3. 同城快递服务

同城快递服务是指寄件人和收件人在国内同一城市的快递服务。同城快递服务是近年快递业务中增长最快的业务。与国际快递业务和国内异地快递业务相比,同城快递业务是高度劳动密集型的业务,可以使用简单的交通工具,也可以不使用尖端的信息监控技术,网络运营和管理技术也不复杂,更多依赖的是一套能够充分调动业务员积极性的灵活的管理体制和分配机制。同城快递进入门槛低,具有高度分散、高度竞争性的市场结构。

(二)国有、民营、外资三大主体

按照所有制形式划分,在我国快递市场提供服务的快递企业分为三大市场主体,即国有、民营和外资快递企业,这些企业规模不等,数量众多。其中,规模以上的法人企业有 2 400 多家,从业人员 24 万以上,年产值 400 多亿元人民币。

1. 国有快递企业

主要是邮政、铁路、民航、交通等部门的国有和国有控股企业,以中国邮政速递服务公司、民航快递、中外运、中铁快运等为代表。中国邮政速递服务公司成立于 1985 年,民航快递有限责任公司成立于 1996 年。中国外运集团于 1999 年重组优质空运资产,成立了中外运空运发展股份有限公司。2005 年,我国铁路部门整合铁路物流资源,由中铁行包公司和中铁快运公司合并重组成立了中铁快运股份有限公司(简称中铁快运)。

2. 民营快递企业

民营快递企业以顺丰、申通、圆通、全一、中通、宅急送等企业为代表。目前我国从事快递服务的民营企业主要分布在以上海、广州、深圳、北京为核心的长江三角洲、珠江三角洲和环渤海经济圈。据不完全统计,截至 2006 年底,全国有各类民营快递企业近两万家,从业人员超过 100 万人,年营业额超过 200 亿元。

3. 外资快递企业

1980 年 6 月,日本海外新闻普及株式会社(OCS)经当时我国外贸部和海关总署批准,与国内当时最大的外贸运输企业——中国外运总公司签订了我国第一个快件代理协议。随后,以德国敦豪国际航空快件有限公司(DHL)、美国联邦快递公司(FedEx)、美国联合包裹服务有

限公司(UPS)和荷兰天地公司(TNT)四大国际快递企业为代表的国际快递公司以同样的方式陆续进入中国市场。1984 年,FedEx 登陆中国,1986 年,中外运-DHL 在北京成立。1988 年,UPS 与中外运建立合作关系。同年,TNT 进入中国,与中外运合资建立了“中外运—天地快件有限公司”。

(三)航空、公路、铁路三大运输方式

按照快递运输方式划分,可有航空快递、公路快递、铁路快递三种主要运输方式。航空快递主要依托航空公司和机场,为客户提供个性化的航空运输延伸服务。由于运输快捷,成为远途快递最常用的方式,尤其是在国际快递市场方面发挥了主要作用;公路快递是目前运输量最大的运输方式,国内异地和同城快递基本使用这一方式;铁路快递通过行李车快运,运量大,安全、准时,适用大件物品和一些航空禁运物品的远途运输。此外,在特殊情况下,水路运输也发挥一定的作用。

事实上,航空快递和铁路快递都和公路快递密切相关,三种运输方式高效、流畅地结合,对于提高快件传递效率、提升快递服务质量具有十分重要的意义。

第二节　快递服务的起源与发展

一、快递服务的起源

我国古代已经有了快递服务。快递服务在我国古代经历了“步传、车传、马传、驿站递铺(急脚递)、邮驿合并(新式邮政)”的发展过程。据史书记载,最早的信息传递,是尧帝时期的“鼓邮”,到了奴隶社会的商周时期,商纣王把“鼓邮”上升为“音传通信”、“声光通信”,西周时期有了实物传递,分为“轻车快传(传)”、“边境传书(邮)”、“急行步传(徒)”方式,邮驿制度开始形成,而烽火报警方式则广泛用于军事通信。春秋时期,邮驿制度发展成为“单骑通信”和“接力传递”,出现了“马传”。孔子曾说:“德之流行,速于置邮而传命”。到了封建社会的秦朝,公文分为“急字”和“普通”两种文书,在传递方式上便有了快递和普递之分;到了汉代,为求安全和速度,传送方式都为“马递”;南北朝时期,紧急公文要求日行四百里;隋唐时期,敕书等文件要求日行五百里;北宋时期,出现了专司通信的“递铺”,传递方式分为“步递、马递和急脚递”,马递和急脚递都属于当时的快递。古代快递递送的是官府文书,主要服务于朝廷和官府,是政治和军事的“耳目延伸器”,带有明显的官方色彩,与普通百姓基本无缘。国外也从很早就有了类似的信息和物品传递活动,人们熟知的马拉松故事,被人们视为快速传递信息的生动事例。

进入 20 世纪初叶,资本主义经济迅速发展,现代快递业诞生。1907 年 8 月,美国联合包裹运送服务公司 (UPS)创始人吉姆,以 100 美元为注册资金,在华盛顿州的西雅图市创建了美国信使公司。创业之初,他们租用一间简陋的办公室,聘用了十几名员工担任信使,利用市内的几个服务网点,接听客户电话后,指派距离最近的信使前去收件(有商务文件、小包裹、食物等),然后按发件人的要求和时限送到收件人手中。这便是现代“国内快递”的开端。而“国际快递”,则又是在其后几十年才出现的。1969 年 3 月的一天,美国大学生达尔希(Dalsey)到加利福尼亚一家海运公司看望朋友时,听一位管理人员讲,一艘德国商船正停泊在夏威夷港湾,而提货单正在旧金山制作中,需要一周时间才能寄到夏威夷港。达尔希主动提出,愿意乘飞机将提货单等文件取回送到夏威夷。管理人员盘算:此举可节省昂贵的港口使用费和货轮滞期费等开支,便同意他充当一次特殊的信使。达尔希完成任务后,便联合赫尔布罗姆(Hillblom)和林恩(Lynn)于1969年10月在美国旧金山成立了DHL航空快件公司,公司名称由达尔希、赫尔布罗姆和林恩三人英文名字的字头缩合而成,主要经营国际业务,“国际快递”由此开创先河。

二、中国现代快递服务的发展历程

中国快递服务的发展,大致经历了三个发展阶段。

(一)20世纪70年代末至90年代初:起步阶段

中国的快递服务从国际快递业务开始起步的,源自于外向型经济的拉动。这一阶段,中国快递服务从无到有,取得了一定的发展,这个阶段的特点是中国邮政EMS迅速发展,外资快递企业逐步进入中国市场。

1978年中国实行改革开放政策后,经济活力迅速激发,经济发展进入快速增长轨道并逐渐融入世界市场。随着国际间经济交往的不断增加和中国发展外向型经济的需要,国际快递业务应运而生。1979年6月,日本海外新闻普及株式会社(OCS)率先与中国对外贸易运输公司签订了中国第一个快件代理协议。中国对外贸易运输公司成为中国第一个经营快递服务业务的企业。随后其他国际跨国快递服务企业如DHL、TNT、FedEx及UPS等也纷纷进入中国市场,相继与中国对外贸易运输总公司达成快递服务代理协议,开展国际快递业务。

1980年7月15日,中国邮政与新加坡邮政部门合建全球邮政特快专递,开办国际快递业务。1984年,中国邮政又开办国内特快专递业务,并于1985年成立中国邮政速递服务公司,专门经营国际、国内速递业务。

(二)20世纪90年代初至21世纪初:成长阶段

这一阶段的特点是民营快递企业开始发展,快递经营主体多元化格局逐步形成。

1992年邓小平南巡讲话后,中国改革开放注入了强大动力,进入新的发展阶段。港、台地区的劳动密集型产业大量转移到珠江三角洲,普遍的做法是来料/来件加工或进料加工,从而使香港成为中国内陆与发达市场之间的贸易桥梁,大量的文件或货样在珠三角与香港之间传递,顺丰公司应运而生。与此同时,长江三角洲的乡镇企业如火如荼发展,开始成为国际供应链上的一个环节。在此背景下,申通快递和其他民营快递公司得以迅速建立。

同时,民航、中铁等其他非邮政国有企业,也开始成立自己的快递服务公司。民航快递借助民航系统的航线、场站和国际交往的优势,国内、国际快递业务齐头并进;中铁快运则利用中国铁路旅客列车行李车作为主要运输工具,辅以快捷方便的短途接运汽车,开辟了具有铁路特色的快递服务。

在此期间,国际快递企业在华发展速度加快,利用与国内企业合作的机会,加大战略性投资,快速铺设网络,建立信息系统,在国际快递市场占据越来越大的份额。

这一阶段,中国快递服务有了较快的发展,业务量急剧上升。根据中国海关的数据,全国进出口快件由1993年的669万件上升为1998年的1 034万件。2000年,EMS快件业务量达到11 031.4万件,如果以EMS业务量占当时快递行业总业务量50%的比例估算,可以推算出20世纪90年代末中国整个快递服务完成业务量达到2.2亿件,呈几何倍数地递增。

(三)21 世纪初至今:快速发展阶段

进入 21 世纪后,中国以更快的速度和更大的规模融入世界经济,对外贸易年进出口额超过 1 000 亿美元,国外直接投资每年达到 600 亿美元,有力地拉动了快递服务业的发展。特别是中国加入世贸组织后,参与世界市场的步伐进一步加快,快递服务进入了快速发展的黄金期,业务量以每年 30% 的速度递增,一些企业的业务增长速度甚至达到 60% 以上。

这一阶段,国有快递企业加大发展力度。EMS 依托中国邮政航空公司,建立了以上海为集散中心的全夜航航空集散网;分别在北京、上海和广州建立了大型邮件处理中心并配备了先进的自动分拣设备;建立了以国内 300 多个城市为核心的信息处理平台,与万国邮政联盟(UPU)查询系统链接,实现了 EMS 邮件的全球跟踪查询;建立了以网站、短信、客服电话三位一体的实时信息查询系统;亚洲地区规模最大、技术装备先进的中国邮政航空速递物流集散中心也于 2008 年在南京建成并投入使用。民航快递有限责任公司也发展成为我国唯一具有全国民航快递网络和航空快递时效品牌的快递、物流专业公司。中外运空运发展股份有限公司,2000 年 12 月 28 日在上海证交所成功上市,成为国内航空货运代理行业第一家上市公司(简称外运发展)。目前其核心业务之一速递业务已形成高速发展的国内快递自有品牌——中外运速递。中铁快运 2005 年成立后,通过重新整合优质资源,目前已形成了铁路行包快递运输网、快捷货运网、公路运输网、航空运输网、配送网、经营网、信息网"七网合一"的网络资源核心优势,公司经营网络遍及全国 31 个省、自治区和直辖市,门到门服务网络覆盖国内 500 多个大中城市,能同时提供 70 多个国家及地区的快递和国际航空、铁路货运代理服务。

经过十几年的发展,民营快递企业网络快速扩展,市场份额不断提升,经营逐步走向正轨。其代表企业如顺丰、申通、天天、全一、圆通等已成为中国速递行业民族品牌的佼佼者。顺丰快递公司目前已经拥有 6 万多名员工和 4 000 多台自有营运车辆,30 多家一级分公司,2 000 多个自建的营业网点,服务网络覆盖 20 多个省、直辖市和香港、台湾地区,100 多个地级市。申通快递公司分别在全国各省会城市(除台湾省)以及其他大中城市建立起了 800 多个分公司,吸收 1 100 余家加盟网点,全网络有员工 4 万多人。天天快递公司现有 15 个集散中心,140 个公司,3 个全资子公司(上海、南京、杭州),1 个控股公司(北京),快递网络分布在国内 1 200 多个城市,形成了以珠江三角洲、长江三角洲、环渤海湾地区为重点的快递网络布局。成立于 2000 年的全一快递公司,服务区域遍布中国内地、香港、台湾地区和东南亚各国,以及美、欧等地。

与此同时,国际快递企业逐步摆脱合资模式,成立独资企业,向国内快递市场扩张:TNT 收购华宇物流集团;FedEx 收购大田集团在双方合资企业中的 50% 股份及大田集团的国内快递网络,获得大田集团所有快递业务,并在广州建立亚太区转运中心,在杭州建立中国区转运中心;UPS 在上海建立转运中心。

三、中国快递服务的发展现状

国家邮政局和国家统计局 2007 年上半年开展了一次统计调查。调查显示:截至 2006 年底,全国经营快递业务的法人企业有 2 422 个。其中,国有企业占 1.7%,有限责任及股份公司占 57.3%,私营企业占 36.6%,外资及港澳台企业占 2.4%,其他企业占 2.0%。被调查企业的快递服务从业人员达 22.7 万人。其中,国有企业占 34.8%,有限责任及股份公司占 31.5%,私营企业占 9.0%,外资及港澳台企业占 24.4%,其他企业占 0.3%。连同非法人企业一起,至2008年9月,全国通过各级邮政管理部门备案的快递企业有近6 000家,多元化的竞争格局和旺盛的市场需求,使快递服务发展速度明显高于国民经济及第三产业的发展速度。

(一)业务量主要集中在东部经济发达地区

当前,我国的快递服务活动主要集中在东部经济发达地区。2007年上半年统计调查显示,东部地区快递法人企业数量占全部快递法人企业总数的73.7%,企业资产占全部快递企业资产的72.1%,业务量占全部快递业务量的75.5%,快递业务收入占全部快递业务收入总额的81.4%,营业利润占全部营业利润总额的97.6%(见图2-1)。

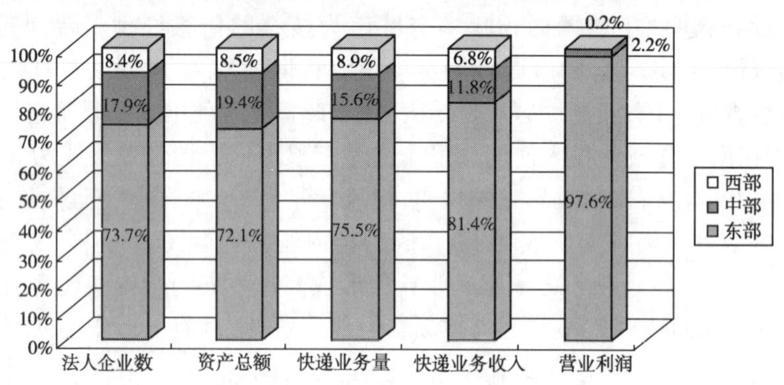

图2-1　主要指标地区结构

在东部地区,快递服务又集中于以沿海大城市群为中心的三大区域:①以北京、天津、大连和青岛为中心的环渤海快递服务区域;②以上海、苏州、杭州和宁波为中心的长江三角洲快递服务区域;③以广州和深圳为中心的珠江三角洲快递服务区域。除这三大主要区域外,还存在以厦门和福州为中心的环台湾海峡快递服务亚区。近几年,随着西部开发的加快和中部经济的崛起,在东部几大快递服务区域的辐射带动下,中西部地区快递服务也获得了较快的发展。许多地区快递服务从无到有,快递服务网点建设从省会城市向地区中心城市,甚至县级城市发展。2007年,中西部快递服务的法人企业数、资产总额和快递业务量三项指标都占到全国的四分之一左右。

(二)中小型企业占绝大多数

快递服务的从业门槛,不论是资本需求,还是从业人员数量和素质要求都比较低,现实中几十人甚至十几个人就可以提供简单的快递服务。因此,快递企业中中小型企业占绝大多数。2007年,受国家邮政局委托,人力资源和社会保障部国际劳工与信息研究所,在起草快递业务员国家职业技能标准过程中进行了一次问卷调查,结果显示500人以下的中小型快递企业占到快递企业总数的86%。具体分布是:50人及以下规模企业占45.23%,51~500人规模企业占40.78%,501~2 000人规模企业占8.64%,2 000人以上较大规模企业仅占5.35%(见图2-2)。

(三)三大业务均快速发展,不同企业各有优势

快递业务在国内异地、同城和国际及港澳台三大方面均有快速发展。国内异地快递不论从业务量看,还是从业务收入看,市场份额都在50%左右。同城快递业务量市场份额高于国际及港澳台市场,但因其单件资费远低于后者,所以业务收入的份额相对较低。根据国家邮政局和统计局的联合统计调查,2006年快递业务收入中,国内异地市场占49.2%,国际及港澳台市场占39.7%,而同城市场只占到9.0%。这一情况迄今没有发生大的改变。

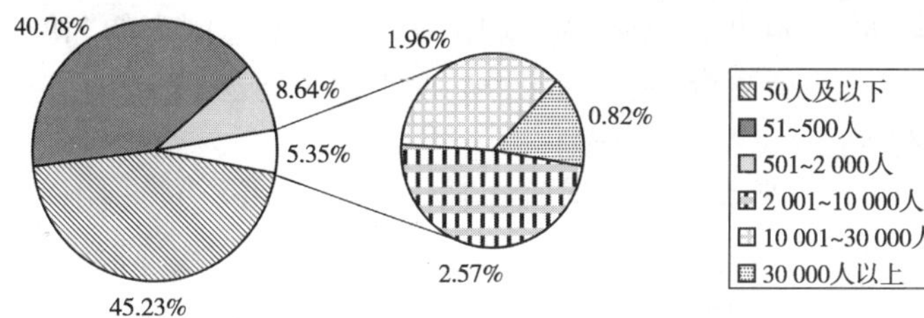

图 2-2　快递企业规模情况

国有、民营和国际快递企业在三大业务结构中各具优势。国有快递企业凭借其国内网络及品牌等优势，把握着国内异地业务的主动权，2006 年，业务收入占到该市场板块的 64.1%，其份额明显高于其他类型的快递企业。而民营快递企业凭借相对低廉的成本和灵活、方便的服务，在同城快递市场占据主导地位，并且业务优势逐渐提升。2006 年，同城快递业务收入较 2005 年增加 54.4%，在整个同城快递业务市场中提升了 6.8 个百分点。值得注意的是，民营快递中的顺丰公司以其规范的管理、不断更新的技术和装备，在国内异地业务中占有越来越大的份额；申通公司以其网络覆盖面广也占有异地业务中的较大份额。国际企业依靠其遍布全球的运递网络、雄厚的资金与技术实力，良好的管理与服务，在国际快递业务上优势明显，2006 年占该板块业务总收入的 60.1%。

四、中国快递服务的发展趋势

中国快递服务的发展，呈现出以下发展趋势。

(一) 系统集成化

快递服务的集成化，是指将整个快递系统打造成一个高效、通畅、可控制的流通体系，以此来减少流通环节、节约流通费用，达到实现科学的快递管理、流通效率和效益提高的目的。过去单个快递企业之间的竞争，将演变成产业集群的竞争、供应链的竞争、快递体系的竞争。集成化方向主要表现在两个方面：一是快递物流园区建设，二是快递企业整合。快递物流园区建设有利于发挥快递服务的整体优势和互补优势；快递企业整合，特别是一些大型快递企业“横联纵合”式的并购，有利于提高服务质量、加速快递服务的国际化。

(二) 网络信息化

现代信息技术使快递服务实现跨国界、跨区域的信息共享，传递更加方便、快捷、准确。在信息系统的支撑下，快递服务与电子商务等新兴产业融合，网络纵横交错、四通八达，成为供应链的重要组成部分，覆盖面不断扩大，规模效益更加明显。

(三) 标准统一化

以快递服务为一个大系统，制定系统内部设施、机械装备、专用工具等各个分系统的技术标准；制定系统内各分领域的包装、装卸、运输、配送等方面的工作标准；研究各分系统与分领域中技术标准与工作标准的配合性；研究快递服务系统与其他相关系统的配合性。跨国公司的全球化经营，正在极大地影响着快递全球性标准化的建立，标准化问题将越来越引起更多的重视。

(四) 配送精细化

在市场需求瞬息万变和竞争日益激烈的情况下，要求快递企业响应速度更快，能及时、准确、优质地将产品和服务递交到客户手中，具有更强的协同配合能力，与供应商和客户实现实时的沟通与协同。20 世纪 80 年代以来,美国、欧洲等一些发达国家的“快递革命”,其内容就是对快递各种功能、要素进行整合,使快递服务功能更强大,服务更精细、服务质量更高。

(五)园区便利化

为了适应内外贸易的急剧扩大,一些快递园区将应运而生。这些园区一般选择靠近机场兴建,依托重要机场形成处理内外快件的快递中心,提供更多的快递服务。这些快递中心,一般具有保税区的功能。在通关和其他办证方面,也提供许多便利,能够实现无障碍连接,减轻快递企业的负担,简化行政手续,提高通关的便利化程度,提供“点到点”服务、“一站式”服务。

(六)运输现代化

快递服务的支点离不开运输。为适应当今国际竞争快节奏的特点,快递企业通过高度的机械化、自动化、标准化手段来提高快递的速度和效率,建立空运、铁路、公路的“立体化”运输体系,实现快速便捷的“一条龙”服务,将成为大势所趋。为了提高快递的便捷化,各快递企业都将采用先进的快递技术,开发新的运输和装卸机械,大力改进运输方式,发展集装箱运输、托盘技术等。

第三节　快递流程与要求

快递流程是指快件传递过程中逐渐形成的一种相对固定的业务运行与操作顺序与环节。按照快递业务运行顺序,快递流程主要包括快件收寄、快件处理、快件运输和快件派送四大环节(图 2-3)。

一、快递流程四大环节

在快递流程四大环节中,不仅每个环节存在大量的组织作业运转工作,而且各个环节之间也需要密切配合、有效组织,从而保证快件传递的动态过程科学、高效。

1. 快件收寄

快件收寄,是快递流程的首要环节,是指快递企业在获得订单后由快递业务员上门服务,完成从客户处收取快件和收寄信息的过程。快件收寄分为上门揽收和网点收寄两种形式,其任务主要包括:验视快件、指导客户填写运单和包装快件、计费称重、快件运回、交件交单等项工作。

2. 快件处理

快件处理,包括快件分拣、封发两个主要环节,是快递流程中贯通上下环节的枢纽,在整个快件传递过程中发挥着十分重要作用。这个环节主要是按客户运单填写的地址和收寄信息,将不同流向的快件进行整理、集中,再分拣并封成总包发往目的地。快件的分拣封发是将快件由分散到集中、再由集中到分散的处理过程,它不仅包括组织快件的集中和分散,还涉及控制快件质量、设计快件传递频次、明确快件运输线路和经转关系等工作内容。

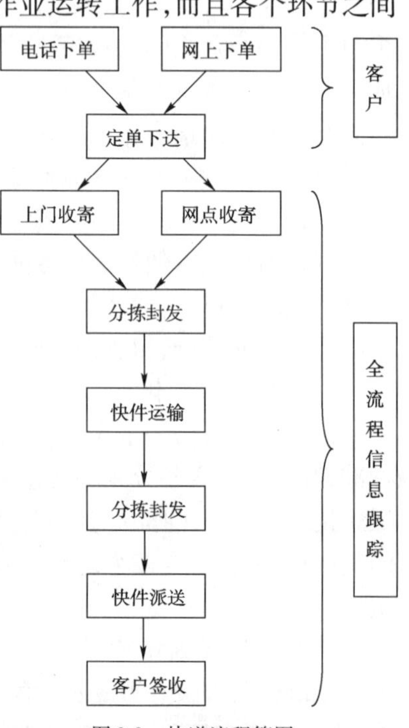

图 2-3　快递流程简图

3. 快件运输

快件运输，是指在统一组织、调度和指挥下，按照运输计划，综合利用各种运输工具，将快件迅速、有效地运达目的地的过程。快件运输主要包括航空运输、公路运输和铁路运输三大方式。三种运输方式各具特点，经营方式、运输能力和速度也各不相同。快递企业可根据快件的时效与批量等实际要求，选择合适的运输方式来保证快速、准确地将快件送达客户。随着市场经济的飞速发展，航空运输在快件运输中日趋普遍，地位日益提高。

4. 快件派送

快件派送，是指业务员按运单信息上门将快件递交收件人并获得签收信息的过程。快件派送是快递服务的最后一个环节，具体工作包括：进行快件交接、选择派送路线、核实用户身份、确认付款方式、提醒客户签收、整理信息和交款等项工作。快件派送工作不仅是直接保证快件快速、准确、安全地送达客户的最后一环，也是同客户建立与维护良好关系的一个重要机会。

二、快递流程基本要求

为了保证以最快的速度、安全准确、优质的传递质量、尽可能少的成本和尽可能便捷的方式将快件从寄件人送达收件人，快递作业整个流程必须遵循以下要求与原则与要求。

1. 有序流畅

快递流程有序流畅包含三个方面内容：一是工作环节设置合理，尽量不出现重复、交叉的工作环节；二是每一工作环节内运行有条不紊，操作技能和方法运用合理，尽量减少每个岗位占用的时间；三是各工作环节之间衔接有序，运行平稳。上下环节之间应相互配合，保证节奏流畅。

2. 优质高效

优质高效是整个快递服务的生命线。优质，一方面是指最大限度地满足各类客户的需求，提供多层次的服务产品；另一方面是指本着对客户负责的精神，保证每个工作环节的质量，为客户提供优良的服务。高效，是指整个快递流程必须突出“快”的特点，这就要求在网络设计、网点布局、流程管理方面应该合理有效；在工具、设备和运输方式的选择方面能够满足信息和快件快速传递的要求。同时，为保证流程的优质高效，还应合理配置人员，加强员工培训，提高员工素质。这里，优质是保障，高效是灵魂，没有优质，高效就没有基础；没有高效，优质就会失去意义。

3. 成本节约

控制和节约成本应贯穿于整个快递业务流程。应该尽量减少和压缩不必要的快件中转环节，降低运输消耗，合理配置工具和设备，节约使用物料，充分利用一切可重复使用的资源，以降低企业快递成本，节约社会资源。

4. 安全便捷

安全是快递服务始终遵循的基本原则之一。在整个快递流程中，必须最大限度地降低可能会引发快件不安全的一切风险，保证快件在收寄、包装、运输、派送等过程中免受损坏和丢失；确保信息及时录入、准确传输，不发生丢失和毁灭等。

同时，要体现方便客户的人性化服务，在服务场所设置、营业时间安排、上门收寄和派送服务等方面,都应体现出便捷的服务特点,以满足客户的需求。

第四节 快递网络及其功能

快递服务是通过网络实现的,其中快件是通过网络传递的,快件信息是通过网络传输的。因此,快递网络可分为快件传递网络和信息传输网络。

一、快件传递网络

(一)快件传递网络的构成

快件传递网络是由快递呼叫中心、收派处理点或营业网点、处理中心和运输线路,按照一定的原则和方式组织起来并在调度运营中心的指挥下,按照一定的运行规则传递快件的网络系统。快件传递网络是由紧密衔接的各个环节组成的统一整体,见图2-4。只有充分发挥并依靠全网的整体功能,才能顺利地完成快件的传递任务。

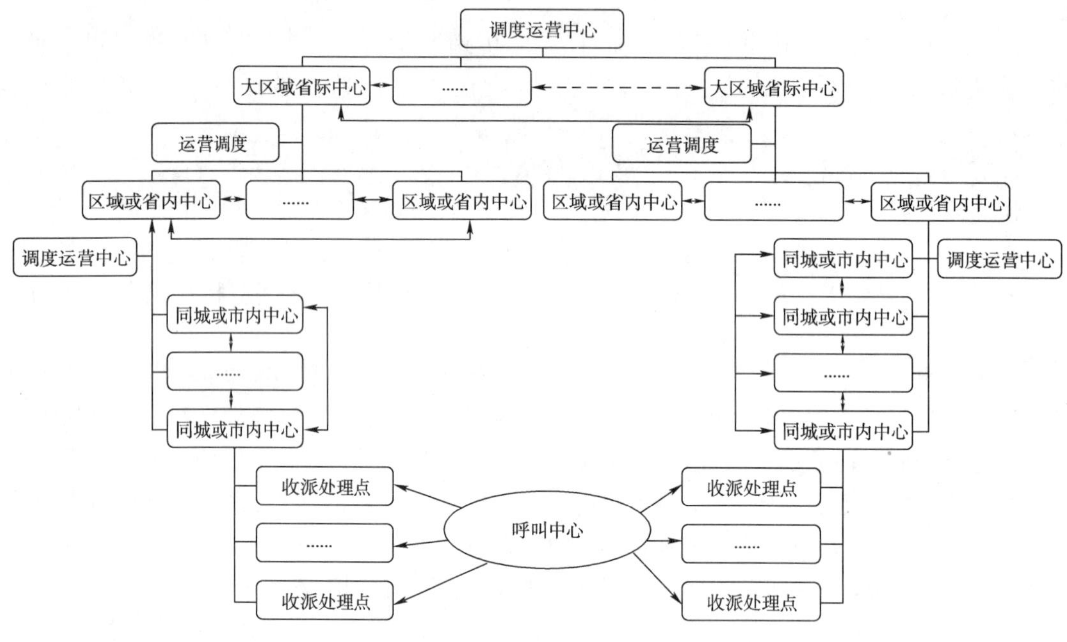

图2-4 快件传递网络构成图

1. 呼叫中心

呼叫中心,亦称为"客户服务中心",是快递企业普遍使用的、旨在提高工作效率的应用系统。它主要通过电话、网络系统负责受理客户委托、帮助客户查询快件信息、回答客户有关询问、受理客户投诉等业务工作,见图2-5。

2. 收派处理点或营业网点

收派处理点或营业网点是快递企业收寄和派送快件的基层站点,其功能是集散某个城市某一地区的快件,然后再按派送段进行分拣和派送。

收派处理点或营业网点的设置,应依据当地人口密度、居民生活水准、整体经济社会发展水平、交通运输资源状况以及公司发展战略等因素来综合考虑,要本着因地制宜的原则,科学、

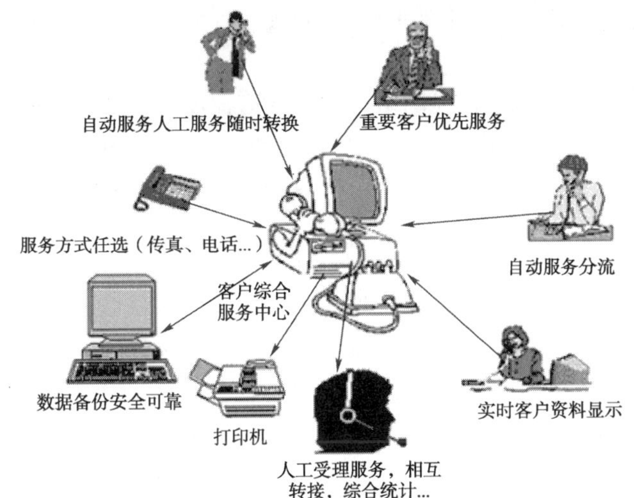

图 2-5　呼叫中心示意图

合理地设置。从我国快递企业目前设置情况看，城市网点多于农村、东部地区多于西部地区、经济发达地区多于经济欠发达地区。收派集散点是快件传递网络的末梢，担负着直接为客户服务的功能。

随着快递服务业的快速发展，快递企业收派处理点的硬件设施科技含量日益提高、服务质量和效率得到进一步提升，服务功能也朝着日益多样化、综合化和个性化的方向发展。

3. 处理中心

快件处理中心是快件传递网络的节点，主要负责快件的分拣、封发、中转任务。企业根据自身业务范围及快件流量来设置不同层级的处理中心，并确定其功能。在我国，一般全国性企业设置三个层次的快件处理中心，区域性企业设置两个层次，同城企业设置一个层次。以全国性企业为例，第一层次是大区或省际中心，除完成本地区快件的处理任务外，主要承担各大区或省际的快件集散任务，是大型处理和发运中心，一般建于地处全国交通枢纽城市，如北京、上海、广州等大城市。第二层次是区域或省内中心，除完成本地快件的处理任务外，还要承担大区(省)内快件的集散任务，一般建于省会城市。第三层次是同城或市内中心，主要承担本市快件的集散任务。大区或省际中心对其他大区或省际中心及其所辖范围内的区域或省内中心、同城或市内中心建立直封关系。区域或省内中心对其大区或省际中心、本大区内的其他区域或省内中心，及其所辖的同城或市内中心建立直封关系。

处理中心的设置方式和位置，对快件的分拣、封发和交运等业务处理和组织形式，以及快件的传递速度和质量起着决定性的作用。

随着快递技术含量的上升和快件业务量的增加，快件处理中心的处理方式也正在由手工操作向半机械化和自动化处理方式过渡。

4. 运输线路

运输线路，是指快递运输工具在快件收派处理点、处理中心间以及所在地区车站、机场、码头之间，按固定班次及规定路线运输快件的行驶路线。运输线路按所需运输工具可分为航空运输线路、火车运输线路、汽车运输线路和水运线路。

运输线路和运输工具是保证快件快速、准确送达客户的物质基础之一，是实现快件由分散

(各收寄点)到集中(各处理中心)再到分散(各派送点)的纽带。

5. 调度运营中心

调度运营中心是控制并保证快递网络按照业务流程设计要求有序运行的指挥中心。它需要按照预定业务运营计划和目标实行统一指挥,合理组织、调度和使用全网络的人力、物力和财力资源,纠正或排除快件传递过程中出现的偏差或干扰,确保快递网络迅速、高效的良性运转。

(二)快件传递网络的层次划分

快件传递网络是企业按照快递业务流程及快递业务实际运营的需要设立的,每一企业的快件传递网络都是一个有机的整体。从我国快递企业的实际情况看,不同企业对快件传递网络又划分出不同的层次。一般而言,全国性企业的网络分为三个层次,即大区或省际网、区域或省内网,以及同城或市内网。

1. 大区或省际网

大区或省际网主要承担省际间的快件传递任务。它连接各大区或省际处理中心(包括国际快件处理中心),通过陆路和航空运输组成一个复合型的高效快递运输干线网络,见图 2-6。

由于大区或省际网是整个快件传递网的关键环节,又最容易出现堵塞和其他问题,必须建立统一有序的指挥调度系统,及时进行信息反馈,以确保网络的畅通无阻。

该类网络的设立与改造,应遵循社会发展和与市场经济需求相适应的原则、追求经济效益与社会效益相一致的原则,以及确保快件快速、有序、安全、准确运递的原则。

2. 区域或省内网

区域或省内网是大区或省际网的延伸,与同城或市内网联系密切,在快件传递网络中起着承上启下的作用。

区域或省内网以区域或省内处理中心为依托,通过以汽车、火车运输为主的运输线路与和其有直封关系的上级、同级及下级处理中心相连接构成的。如图 2-7 所示,杭州是区域或省内中心,其上级中心是上海,下级中心是绍兴、金华等同城或市内中心。杭州通过汽车、火车运输与其上下级中心之间构成区域或市内网。

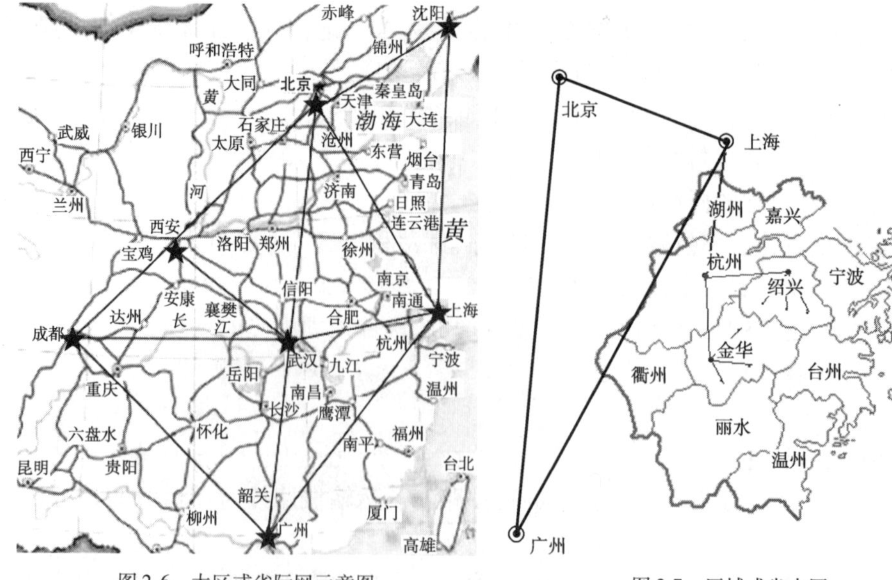

图 2-6　大区或省际网示意图

图 2-7　区域或省内网

区域或省内网按快件运输的方式，可划分为以公路运输为主的公路网络、以铁路运输为主的铁路网络以及由多种运输方式相结合的综合网络。

在区域或省内网中，根据快件的流向和流量、当地的地形地貌，以及交通条件等因素，形成不同的网络结构。从其运输线路看，一般常见的有辐射型、直线型和环线型，见图2-8。

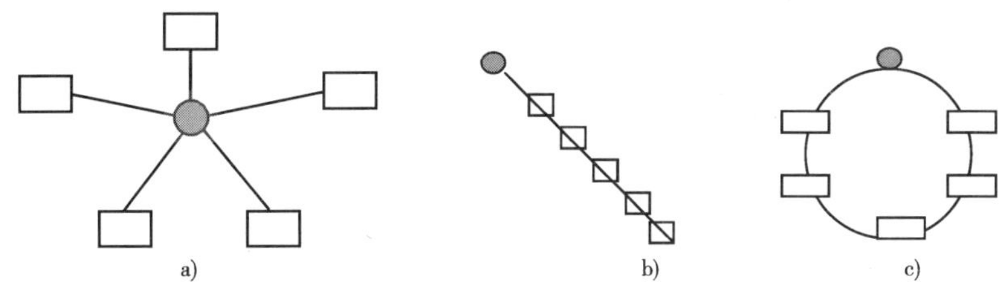

图2-8　城际运输线路结构图

a)辐射型；b)直线型；c)环线型

辐射型是指区域或省内处理中心与其所辖的同城或市内中心形成点对点的关系，各同城或市内中心的快件直接与区域或省内中心进行交换。

直线型表示快递运输工具从区域或省内处理中心出发，由近及远依次经过各同城或市内中心，并卸载到站快件，然后原车按原线路返回，由远及近依次装载待发送快件后回到区域或省内中心。

环线型表示运输工具从区域或省内处理中心出发，依次经过各同城或市内中心卸载到站快件，然后回到区域或省内中心。

混合型是指以上三种基本运输线路的组合。

3. 同城或市内网

同城或市内网是由同城或市内处理中心与若干个收派处理组组成的，除负责快件的收取和派送外，还负责快件的分拣、封发等工作。

同以上二级网络相比，同城或市内网的设置，更多需要考虑的是本地的具体因素，比如市政发展规划、土地征用政策、基本建设投资成本，经济发展水平、产业布局、运输条件，人口结构与密度，文化传统特点，快件的流向和流量等因素，见图2-9。

二、信息传输网络

在快件传递的过程中，始终伴随着快递相关信息的传输，这些信息包括单个快件运单的信息、快件总包的信息、总包路由的信息，以及快件传递过程中每个节点产生的信息等。传输这些信息的网络就叫做信息传输网络。

快递信息网络主要具有以下作用：第一，实现了对快件、总包的信息等的实时传递；第二，实现了企业快递信息资源最大限度地综合利用与共享；第三，便于企业运营管理，提高工作效率，规范操作程序，减少人为差错；第四，便于企业为客户提供更优质的服务，包括为客户提供快件查询；第五，有利于增强企业竞争能力，促进企业可持续发展。

快递信息系统网络由物理系统和软件系统两大部分组成。物理系统主要包括信息采集和处理设备，信息传输线路，信息交换、控制与存储设备；软件系统包括操作系统、数据库管理系统和网络管理系统。

快递企业这种复杂的信息必须通过不同层次和级别的网络及硬件设备连接和管理，因而

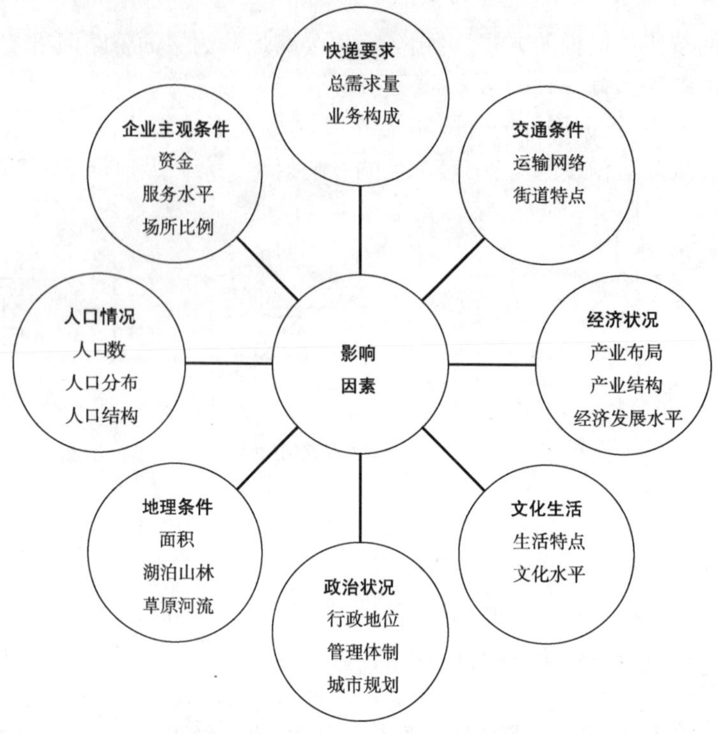

图 2-9　同城或市内网建设的影响因素

快递企业都会量身定做适合自身的信息系统网以辅佐实物传递网的正常运行。快递信息网络的建设,是一项庞大而且复杂的系统工程,耗资巨大。因此,快递企业应根据自身业务的发展情况,实施分阶段建设的策略,逐步予以完善。在进行硬件建设的同时,应特别注意软件系统的基础建设和技术更新。

第三章　快递业务基础知识

快递服务大体分为国内快递业务和国际及港澳台快递业务两类。这两类业务除了覆盖地理范围和进出口要求不同外，在业务流程、服务模式和付费方式方面大致相同。这里重点介绍国内快递业务知识，简要介绍国外快递业务知识。

第一节　国内快递业务知识

一、快递业务分类

快件是快递服务组织依法收寄并封装完好的信件和包裹等寄递物品的统称。不同的快件具有不同的性质和特点。快递业务可按以下七种方式进行分类。

（一）按照内件性质划分

所谓内件，是指客户寄递的信息载体和物品。根据信息载体和物品的概念，国内快件主要可分为信件类快件和包裹类快件两种。

信件类快件是指内件符合收寄规定的各种手写或印刷的文件、资料类快件；包裹类快件是指内件符合收寄规定的各种馈赠品、商业货样及商品类快件。

按内件性质对快件进行分类是快件最基本的分类方法。信件类快件和包裹类快件从进入整个流程开始就有着一定的操作细节差别，无论在称重计量、包装捆扎、分拣封发等方面都存在差异。

（二）按照寄达范围划分

1. 同城快递服务

同城快递服务是指寄件人和收件人同在一个城市的快递服务。比如，快件从北京的朝阳区送往北京的海淀区，这种在同一个城市内传递的快件则称为“同城快递”。同城的概念原则上是指同一城市，但由于快递企业能力和网络结构的不同，各快递企业对同城地域范围的界定会有所不同。

同城快递业务，相对于异地快递业务而言，运营成本较低，易于管理；又具有取件和送件及时，能为客户解燃眉之急的特点。同城快递业务是近年来快递服务增长较快的业务，也是中小型民营企业的主导业务。

2. 异地快递服务

异地快递服务是指寄件人和收件人分别在不同城市的快递服务。比如：快件从杭州送往北京，这种城市间的快件传递就称为“异地快递”。与同城快递服务相比，这种快递业务管理成本较高，取件和送件因分别在不同城市而不确定性因素增大。异地快递服务是快递服务较为普遍的一种形式，也是我国快递业务中使用最多的一种。

(三)按照服务时限划分

快递时限是指完成快件处理、运输、派送等环节所规定的最大时间限度。按照快件运行的流程,又可分为全程时限和作业段时限。全程时限是指快件由收寄到完成派送全过程所花费的最大时间限度。作业段时限是指快件传递过程中每一作业段不应超过的最大时间限度。作业段时限是快递企业产品的时间定额,具体可分为收寄阶段时限、处理阶段时限、运输阶段时限和派送阶段时限。

全程时限由作业段时限组成,因此,每一作业段时限能否完成将影响到全程时限的完成,快递企业应对基本作业段时限的完成情况进行严格控制。由于全程时限完成的好坏是最终影响用户的关键因素,所以网络间的紧密协作是保证快件高效准确送达的根本途径。

按照快递服务时限,快件又可分为以下三种。

1. 标准服务快件

标准服务快件,是指快递服务组织从收寄快件开始,到第一次投递的时间间隔符合快递服务标准承诺时限要求的快件。同城快件时限不超过 24 小时;异地快件时限不超过 72 小时。

2. 承诺服务时限快件

国内比较常见的承诺服务时限快件有以下几类。

当日达快件　在同一天内完成收寄和派送服务的快件。作为一种产品,当日达快件能够满足时限要求高的客户需求,在快递服务产品中,其价格也相对较高。体现了高效高价的原则。

次日达快件　在规定的收寄截止时间以前客户交寄的,保证在次日承诺时间内送达收件人的快件。这种快件可满足要求较高的商务客户的需求。

隔日达快件　在规定的收寄截止时间以前客户交寄的,保证在第三个工作日承诺时间内,将快件派达客户的快递服务产品。在快递服务中这是时效较慢、价格也相对较低的一种产品。它可满足对时效要求不高,对价格又很敏感的客户的需求。

3. 特殊要求时限快件

特殊要求时限快件,是指在服务时限承诺标准之外,客户提出个性化寄递要求的快件。有些客户对快件有着特殊的时限要求,比如,一些急需的药品、试验品等。寄件人希望能够及时、安全地送达收件人,解决收件人燃眉之急,就需要使用特殊要求时限服务。对于这些有特殊时限要求的,快递企业一般指定专人收派快件,采用最快捷的交通方式,将快件安全送达收件人。特殊要求快件服务采用的是特殊运输和派送方式,因此收费较高,客户使用得较少。

(四)按照赔偿责任划分

国内快件在寄递过程中因非客户过失而发生延误、丢失、损毁和内件不符的情况时,按保价快件、保险快件和普通快件等分类赔偿。

快件延误,是指快件的投递时间超出快递服务组织承诺的服务时限,但尚未超出彻底延误时限。快件丢失是指快递服务组织在彻底延误时限到达时,仍未能投递的快件。快件损毁是指快递服务组织寄递快件时,由于快件封装不完整等原因,致使失去部分价值或全部价值的快件。内件不符是指内件的品名、数量和重量与运单不符的快递。

1. 保价快件

保价快件，是指客户在寄递快件时，除交纳运费外，还按照声明价值的费率交纳保价费的快件。如果保价快件在传递过程中发生遗失、损坏、短少、延期等问题时，客户可向快递企业提出索赔诉求，快递企业须承担相应的赔偿责任。

2. 保险快件

保险快件，是指客户在寄递快件时，除交纳运费外，还按照快递企业指定的保险公司承诺的保险费率交纳保险费的快件。如果保险快件在传递过程中发生遗失、损坏、短少、延误等问题时，客户有权向承保的保险公司提出索赔要求。

3. 普通快件

普通快件，是指只交纳快件运费而不对快件实际价值进行保价并交纳保价费的快件。依据《邮政法》及其实施细则的规定，对于没有保价的普通包裹类邮件按照实际损失的价值进行赔偿，但最高赔偿额不超过本次邮寄费的5倍。快递企业对普通包裹类快件的赔偿一般是参照这一规定办理的。

（五）按照业务方式划分

1. 基本业务

快递企业的基本业务，是收寄、分拣、封发和运输单独封装的、有名址的信件、包裹和不需要储存的其他物品，并按照承诺时限将其送达收件人的门对门服务。这是快递企业的核心业务。

2. 增值业务

增值业务，是指快递企业利用自身优势在提供基础业务的同时为满足客户特殊需求而提供的延伸服务。代收货款业务是目前较多快递企业推出的一项增值业务。代收货款业务是随着邮购和电子商务业务的兴起而快速发展起来的，它是指快递业务员在派送客户订购的商品快件时按快件详情单上标注的应付款金额，代邮购和电子商务业务公司向收件人收款，并代为统一结算，见图3-1。

由于网络购物的买卖双方互不见面，彼此缺乏信任感，买方希望网上购物仍能按传统交易方式，即在收到购买商品时再付款，而卖方则希望先收到货款后再送货。在这种情况下，代收货款服务便成了买卖双方都愿选择的一种最佳方案。因此，随着电子商务的迅猛发展，由快递企业代收货款服务的业务量也在日益增大。

（六）按照付费方式划分

1. 寄件人付费快件

寄件人付费快件，是指寄件人在寄递快件的同时自行支付快递资费的快件。通常情况下，这类快件是各类快递企业的最主要业务。

2. 收件人付费快件

收件人付费快件，也称到付快件，是指寄件人和收件人商定，由收件人在收到快件时支付快递资费的一种快件。

3. 第三方付费快件

第三方付费快件，是指寄件人和收件人及

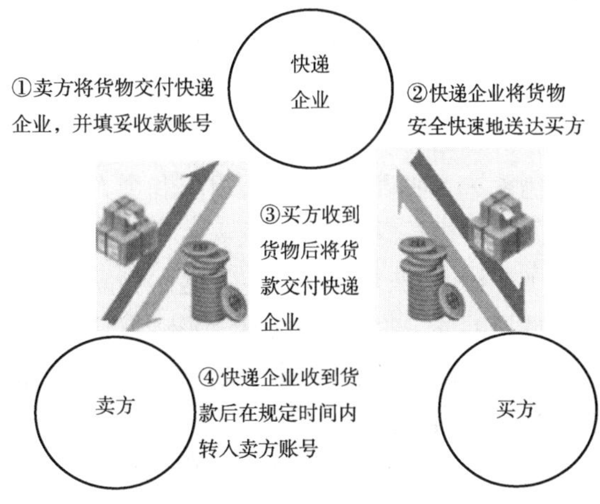

图3-1　代收货款示意图

快递企业商定,在收件人收到快件时由第三方支付快递资费的一种快件。这种快件的收件人通常是子公司,而付款的则是母公司。

(七)按照结算方式划分

1.现结快件

现结快件,是指快递业务员在快件收寄或派送现场向寄件人或收件人以现金或支票方式收取快件资费的一种快件。

2.记账快件

记账快件,是指快递公司同客户达成协议,由客户在约定的付款时间或周期内向快递公司拨付资费的一种快件。

二、快件收寄方式

(一)上门揽收

上门揽收,是指快递业务员根据客户要求和提供的地址到客户所在地收取并办理快件收寄手续的收寄方式。上门揽收是快件收寄的主要方式,对于大客户或合同客户,上门揽收多按固定地点和时间进行。

(二)网点收寄

网点收寄,是指快递企业在设立的固定营业网点或收寄处理点直接收寄寄件人前来交寄快件的收寄方式。网点收寄是大型快递企业收寄各类快件的方式之一,近年来有日益增长的趋势。

三、快件派送方式

快件派送有两种方式,一种是按址派送,另一种是网点自取。

(一)按址派送

按址派送,是指快递业务员按收件人姓名和地址将快件直接送达客户并完成签收手续的派送方式。这是快递企业采用的最主要的派送方式。按《快递服务》标准规定,快递企业应对快件提供至少2次免费投递。

(二)网点自取

网点自取,是指收件人自行到快递企业设立的网点或派送处理点领取快件的方式。这种情况一般较少发生,只有在同客户有特殊约定的情况下才采用这种方式。

四、禁限寄规定

国家法令明确规定,任何组织和个人不得用快递网络从事危害国家安全、社会公共利益或者他人合法权益的活动,并且规定了禁限寄物品的种类、收寄检查和管理制度。

国家法律、法规明文禁止寄递的物品共有14类,主要包括具有燃烧、爆炸、腐蚀、毒害和放射等性质的危险物品,如武器、弹药、刀具,鸦片、大麻、冰毒等物品,还包括严重危害国家安全、破坏民族团结、破坏国家宗教政策、破坏社会稳定的禁寄物品,如宣扬法轮功邪教的宣传品、藏独、台独的标志物等。

限寄物品是指对国家规定的限制流通或实行特许经营的物品,例如烟酒等进行限量快递的物品。

第二节　国际及港澳台快递业务知识

国际快递服务，是指寄件人和收件人分别在我国和其他国家或地区的快递服务。港澳台快递服务，是指寄件人和收件人分别在我国内地和香港、澳门、台湾地区的快递服务。

国际及港澳台快递业务流程与国内快递业务一样，都要经过收寄、分拣封发、运输和派送四大环节。其主要区别在于，国际快件在入境和出境过程中需接受我国和有关国家海关的进出境检查，必须办理通关手续。

提供国际快递服务的快递企业的有关业务人员不仅要熟悉和掌握我国通关的有关法规、政策、制度和程序，而且还必须了解和掌握有关主要国家的通关的规定和知识。

一、我国海关对快递物品的规定

国家对禁止出入境物品有明确的规定。这些规定主要是从保护国家安全、国家利益和公民生命财产安全角度确定的。禁止入境的物品包括武器、毒品、影响环境和危害社会道德的物品以及其他对个人、环境和国家安全有影响的物品。禁止出境的物品包括涉及国家秘密的信息资料、文物、濒危动植物、影响国家安全的音像制品和印刷品等。

限制出入境物品，主要不是整体禁止该种物品的出入境，而是对数量、价值进行限制。例如，对入境的烟规定不超过400支，外国货币不超过一定总数等。同时，对出境的物品也有类似的限制，如一般文物、贵重中药材等。

快递企业和快递业务员，必须熟悉并严格遵守国家的有关规定，在工作过程中要严格把关，不发生收寄和派送国家明令禁止进出境的物品情况，也不过量收寄不符合限寄要求的物品。

二、快件通关相关知识和要求

(一)报关部门

从事国际快递服务的快递服务组织可设立报关部门，根据有关规定向当地海关申请代理报关资格，办理代理报关业务，并配合海关对受海关监管的进出口国际快件实施查验放行工作。

另外，国际快递服务可采用代理报关办法，即由快递企业委托报关中介公司代理报关手续。

(二)报关知识

快件的报关和查验应当在快递企业所在地海关办公时间和专门监管场所内进行。如需在海关办公时间以外或专门监管场所以外进行，需事先商海关同意，并向海关无偿提供必需的办公场所及必备的设施。

入境的快件，应当在运输工具申报入境后24小时内向海关办理报关手续；出境的快件，应当在运输工具离境前4小时向海关办理报关手续。

(三)快递企业应承担的义务

快递企业经营进出境快件业务，应当承担下列义务：

(1)及时向海关呈交快件通关所需的单证、资料，并如实申报所承运的快件；

(2)通知收、发件人交纳或代理收、发件人交纳快件的进出口税款,并按规定对进出境快件交纳税费、监管手续费等。

(3)除非海关准许,快递企业应当将监管时限内的快件存放于专门设立的海关监管仓库内,并妥善保管。未经海关许可,不得将监管时限内的快件进行装卸、开拆、重换包装、提取、派送、发运或进行其他作业。对于进境快件,监管时限是指自运输工具向海关申报起至办结海关手续止;对于出境快件,监管时限是指自向海关申报起至运输工具离境止。

(4)海关查验快件前,快递企业有关业务人员应对快件进行分类。海关查验快件时,快递企业应当派工作人员到场,并负责快件的搬移、开拆、重封包装等。

(5)发现快件中含有禁止出境的物品,不得擅自处理,应当立即通知海关并协助其进行处理。

第四章　快递服务礼仪

第一节　礼仪与服务礼仪

礼仪作为人们思想、意识、修养、情操水平的重要标志，在现代社会中占据着极其重要的地位。快递业务员是快递公司与客户联系的重要桥梁，快递业务员的服务礼仪是客户衡量快递公司服务人员最基本、也是最直观的内容之一。

一、礼仪概述

（一）礼仪的概念

礼仪，是指人们在社会交往中由于受历史传统、风俗习惯、宗教信仰、时代潮流等因素而形成，既为人们所认同，又为人们所遵守，是以建立和谐关系为目的的各种符合交往要求的行为准则和规范的总和。简言之，礼仪就是人们在社会交往活动中应共同遵守的行为规范和准则。

从内容上讲，礼仪由礼仪的主体、礼仪的客体、礼仪的媒介和礼仪的环境四个要素构成。

礼仪的主体，即礼仪的操作者和实施者。它既可以是个人，也可以是组织。当礼仪活动规模较小、较简单时，其主体通常是个人；当礼仪规模较大、较复杂时，其主体则是组织。

礼仪的客体，即礼仪的对象，指的是礼仪活动的指向者和承受者。从外延上讲，它可以是人，也可以是物；可以是物质的，也可以是精神的；可以是具体的，也可以是抽象的；可以是有形的，也可以是无形的。

礼仪的媒介，即礼仪活动所依托的一定的媒介。具体是由人体礼仪媒介、物体礼仪媒介和事体礼仪媒介等构成。在具体操作礼仪时，这些不同的礼仪媒介往往是交叉配合使用的。

礼仪的环境，即礼仪活动得以进行的特定的时空条件。大体说来，它可以分为礼仪的自认环境与礼仪的社会环境。礼仪的环境，通常制约着礼仪的实施，不仅实施何种礼仪由其所决定，而且具体礼仪的实施方法也由其所决定。

（二）礼仪的功能

礼仪的功能概括说来，包括提高自身修养、协调人际关系和维护社会安定三个方面。

礼仪学习有助于提高人们的自身修养，主要表现在两个方面：一方面是礼仪的尊重和约束作用；另一方面，礼仪的形成、礼仪的完备和凝固，会成为一定社会传统文化的重要组成部分，它以“传统”的力量不断地由老一辈传给新一代，世代相继、世代相传。在社会进步中，礼仪的教化作用具有极为重大的意义。

在协调功能方面，礼仪具有协调人际关系、促进人际交往的功能。礼仪作为一种规范、程序和文化传统，对人与人之间相互关系模式起着规范、约束和及时调整的作用。一个人只要同他人打交道，就不能不讲礼仪。运用礼仪，除了可以使个人在交际活动中充满自信、胸有成竹、处变不惊外，还能帮助人们规范彼此的交际活动，更好地向交往对象表达自己的尊重、敬佩、友好和善意之情,增进彼此间的了解与信任。

在社会功能方面,礼仪能够净化社会风气、维护社会的和谐安定。礼仪是社会文明发展程度的反映和标志,同时也对社会风气产生广泛、持久和深刻的影响。礼仪通过评价、劝阻、示范等教育形式纠正人们不正确的行为习惯,维护社会正常生活。讲礼仪的人越多,社会便会越和谐安定。提倡礼仪学习,与建设和谐社会是殊途同归、相互配合、相互促进的。

(三)学习礼仪的意义

首先,加强个人礼仪修养有助于提高个人素质,体现自身价值。“金无足赤,人无完人”是人所共知的。现实生活中,人们却都以各种不同的方式追求自身的完美。但是,只有将内在美与外在美统一于一身的人,才能称得上是唯真唯美。加强个人礼仪修养是实现完美的最佳方法,它可以丰富人的内涵,增加人的“含金量”,从而提高自身素质,使人们面对纷繁复杂的社会时更具信心与实力,更充分地实现自我。

其次,加强个人礼仪有助于增进人际交往,营造和谐友善的气氛。人称个人礼仪是人际交往的“润滑剂”。作为社会人,我们每天少不了要与他人交往。假如你不能很好地与人相处,那么在生活中、事业上就会寸步难行。加强个人礼仪修养,处处注重礼仪,在尊敬他人的同时也赢得他人的尊敬,从而使人与人之间的关系更加融洽,使人们的生存环境更为宽松,使人们的交往气氛更加愉快。

第三,加强个人礼仪有助于促进社会文明,加快社会发展进程。人与社会密不可分,社会是由个人组成,文明的社会需要文明的成员一起建设,文明的成员则必须要用文明的思想来武装、靠文明的观念来教化。个人礼仪修养的加强,可以使每位社会成员进一步强化文明意识、端正自身行为,从而促进整个国家和全民族文明程度的提高,加快社会的发展。

二、服务礼仪概述

(一)服务礼仪的内涵

学习服务礼仪知识不仅有助于塑造良好的形象,还有助于提高综合素质。若想尽快提高服务人员的水平,就必须重视服务礼仪的教育。

1. 服务礼仪的内容

在道德思想方面,要加强服务人员的世界观和人生观改造,加强其思想品质和职业道德的培养,使其提供的服务是发自内心的、真诚的奉献。

在语言修养方面,服务人员应使用文明礼貌用语,尽量提高个人谈吐修养和口头表达能力。

在表情训练方面,开展文明优质服务,不仅要强调语言文明,还必须要强调表情优雅。优质服务所要求的表情必须以微笑作为最基本内容,辅之以温柔、和气、谦逊和真诚。这是一种后天的气质,是靠经常训练得来的。

在姿态矫正方面,服务人员要随时注意自己的站、立、坐、行的姿态,使其尽量符合端正、大方、文明、优雅的标准。

在服饰搭配方面,服饰要整洁、得体、朴实、大方,有统一服装的,要着统一服装,杜绝一切不得体和过分的修饰打扮。

在礼仪禁止方面,包括的内容很多,主要有:职业道德方面的禁止,如要忠于职守、恪守信用、不得歧视客户、不得违反承诺等;服务语言方面的禁止,如不得使用任何不文明语言;服务

态度方面的禁止，如对待客户热情谦逊，不得与客户发生争执等；服饰方面的禁止，如女职工不准浓妆上岗、男职工不得留长发等；服务纪律方面的禁止，如不得泄露客户信息、禁止酒后上岗等。

可见，服务礼仪是一个人的综合素质体现。提高服务人员的服务礼仪水平，需要全方位提高服务人员的综合素质。

2. 服务礼仪的实质

服务礼仪的基础是知识素养。正如人们所说："知识可以弥补外表的缺陷，美貌却永远无法弥补知识的缺陷。"服务礼仪作为人的一种内在素质的自然流露，知识素质是它本质的基础。作为一名服务人员，只有注重平时自身知识素养的全面提高，才能从内而外地自然流露出良好的服务礼仪。

(二)服务礼仪的基本要求

服务礼仪的基本要求主要包括语言修养和非语言修养两个方面的内容。

1. 语言修养

"言为心声"，有声语言是人们在交往过程中表达情意的工具。一个现代化的服务人员必须具备良好的语言修养，准确地把握住语言的技巧，要努力使自己的语言完美化，使服务对象对服务人员产生敬重感，从而树立起良好的"服务礼仪形象"。语言修养主要有以下几点：

从语言规范方面来说，在服务工作中应要求服务人员讲普通话。因为普通话可以准确、快捷地把需要传达的信息传递给对方；不要因为使用方言而使别人听不懂，耽误对方宝贵时间，甚至产生误解，从而引起不必要的矛盾和冲突。

从语言表达方面来说，要求服务人员在掌握好本岗位专业知识之外，还应具备较强的语言表达能力及高水平的沟通技巧。在与客户沟通时，应学会认真倾听，对对方的疑问能够快速反应并简洁、准确地做出回答，切忌啰嗦、语无伦次和答非所问。

从语言礼貌方面来看，应当将敬语"您好"、"请"、"对不起"、"不客气"、"谢谢"等常挂在嘴边。这些语言看似简单、普通，但所起到的作用却不简单。面对客户，轻轻一声"您好"，可使双方距离拉近；一句"您请"并伴以由衷的微笑，会使对方内心充满亲切和温馨；一句"谢谢"，会促进双方相互的尊敬和理解。

在语句选择上，服务人员在对客户的服务过程中，一般应多用陈述语句和一般疑问句，少用或不用祈使句和反问句；多用委婉征询语气，少用或不用命令式语气，责己不责人，尽量把责任推给自己。

2. 非语言修养

研究非语言沟通的心理学家通过实验得出结论认为，在信息传递的全部效果中，55%靠面部表情，38%靠语言，而真正的有声语言效果只占7%，由此可见非语言修养在人际交往中的重要作用。要想树立良好的服务礼仪形象，非语言修养不容忽视。其内容主要包括以下方面。

(1)**衣着要得体**　一个人的衣着是其修养和文明程度的外在标志。服务人员衣着整洁、合体，对客户有着导向和潜移默化的影响。不修边幅、衣冠不整、蓬头垢面会带来许多负面影响。

(2)**仪表要大方**　如果一个服务人员仪表端庄、气质高雅、学识渊博，能做到有问必答、笑脸相迎、主动服务，那么客户就会愿意与之交谈、接受帮助，从而更好地进行双方的合作。

(3)**举止要文明**　服务人员在工作中，要注意服务行为中每个动作的礼貌性，态度要温和,行为要端正。

(4)**心境要良好** 服务人员在服务工作中要始终保持良好的心境。良好的心境来源于自身的虚心修炼、准确的职业定位和丰富的经验。具有良好的心境,就会有温文尔雅、平心静气、和蔼可亲的态度,而且仪表也会越显得自然、不矫揉造作。另外,在出现矛盾时,良好的心境还有助于理智地、平心静气地去解决问题。

第二节 快递服务礼仪

在快递服务过程中,快递服务人员,尤其是与客户发生直接联系的收派人员,其仪表对于完成好工作具有十分重要的作用。仪表传达出最直接、最生动的第一信息,快递业务员良好的仪表会起到开发新客户与巩固老客户的双重作用。因此,快递业务员良好的仪表有助于其完成好工作,而企业全体员工的仪表也反映了企业的整体形象,从某种程度上说也有助于企业的发展。

一、快递服务人员一般礼仪

俗话说"站有站姿、坐有坐姿",就是要求大家的仪态要落落大方,站、坐、行都要有度。一般人认为,基本的礼仪仪态有站姿、行姿、坐姿、手势和表情五个方面,这五个方面作为一个整体构成了基本的礼仪形象。

(一)站姿

站姿是一个人全部仪态的根本之点。良好的站姿应有挺、直、高的感觉,真正像松树一样舒展、挺拔、俊秀。标准的站姿为:头部抬起,双眼平视,颈部挺直,双肩放松,自然呼吸,双臂自然下垂,放于身体两侧,手部虎口向前,手指稍许弯曲,指尖朝下,两脚呈"V"状分开,二者之间相距一个拳头的宽度。采取站姿后,从正面看,主要特点是头正、肩平、身正。给人以稳重、大方、俊美、挺拔之感。

在遵守基本站姿的基础上,还可以有一些局部的变化。男性与女性在站姿方面的差异主要表现在以下方面:

男性应表现出刚健、潇洒、英武、强壮的风采,体现出一种壮美感,见图 4-1。站立时,也可以将双手相握,叠放于腹前,或者相握于身后;双脚可以叉开,与肩同宽。

女性则要表现出轻盈、大方、娴静、典雅的韵味,给人一种优美感。双手可相握或叠放于腹前,双脚可以在以一条腿为重心的前提下稍许叉开。同时,女士需要注意一点,不论是在什么场合,也不管以何种站姿站立,均应有意识地双膝靠拢,见图 4-2。

与人交谈过程中,可视情况,适当调整站姿。比如,在与人短时间交谈、倾听他人诉说时,可适当调整站姿,头部微微侧向对方,双脚一前一后站成"丁字步",略微收腹、收臀,这样站看起来较为优雅。采用此姿势,重心不要频繁转换,否则给人不安稳的感觉。

站立时切忌东倒西歪,耸肩驼背,左摇右晃,两脚间距过大。站立交谈时,身体不要倚门、靠墙、靠柱,双手可随说话的内容做一些手势,但不能太多太大,以免显得粗鲁。在正式场合站立时,不要将手插入裤袋或交叉于胸前,更不能下意识地做小动作,如摆弄衣角、咬手指甲等,这样做不仅显得拘谨,而且给人一种缺乏自信、缺乏经验的感觉。男性站立时注意双脚距离不能过大,女性站立时不要让臀部撅起。

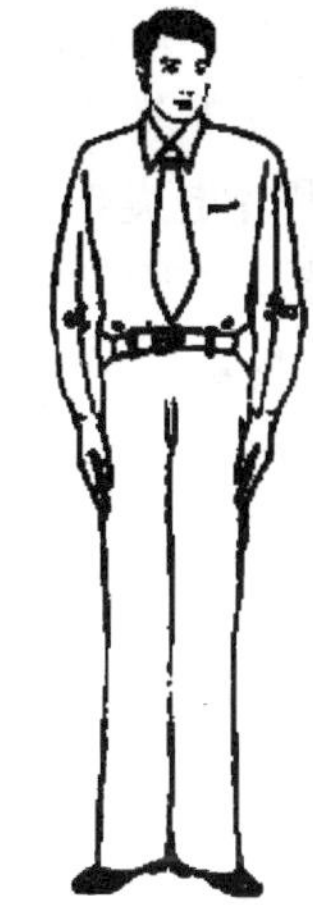

图 4-1　标准男士站姿

图 4-2　标准女士站姿

优美的站姿不是天生就有,人们可以通过以下训练来培养良好的站姿。

一是对镜训练法。要求每人面对镜子检查自己的站姿:正面看是否有歪头、斜肩,侧面看是否有含胸、驼背、挺腹、弯腿等,如发现问题要及时调整。同时对镜训练自己在站立时的面部表情,要保持自然微笑。

二是贴墙训练法。要求后脑勺、双肩、臀部、小腿、脚后跟都紧贴墙壁,并在这几个部位的贴墙处,各放置一张卡片,训练中不能让其掉下。这种训练方法可使人的后脑、肩部、臀部、小腿、脚跟保持在一个平面上。

三是背靠背训练法。要求两人一组,背靠背站立,两人的头部、肩部、臀部、小腿、脚跟靠紧,并在两人的肩部、小腿部和各自的膝间相靠处各放置一张卡片,训练中不能让其滑动或掉下。这种训练不仅要让训练者有身体上下处于一个平面的感觉,而且更强调训练者整个身体的平衡、协调和自然。

四是顶书训练法。要求无倚靠站立,把书本放在头顶中心。这种训练方法可使训练者的头和躯体保持平稳。

需要强调的是,站姿的训练不可能一蹴而就,优美的站姿靠的是日积月累。短期培训尽管能取得一定的效果,但平时若不有意识地去保持或不能坚持长期的训练,那么不良的姿势很快就会重现。

(二)行姿

行走姿势,又称行姿或走姿。它指的是人在行走的过程中所形成的姿势,它是站姿的延续动作。优美的行姿能展示人的动态美,体现出一个人的精神风貌。

行姿的基本要点是:身体协调,姿态优美,步伐从容,步态平稳,步幅适中,步速均匀,走成直线。行走方向要明确,给人以稳重之感;最佳步幅应为本人的一脚之长;速度均匀,不宜过快或过慢、忽快或忽慢,正常情况下,每分钟 60 ~ 100 步左右是比较恰当的;重心放准,起步之时,身体的重量要落在前脚掌。由于男女风格不同,男性行走速度稍快,步幅较大,步伐奔放有力;女性速度较慢,步幅较小,步伐轻快飘逸,见图 4-3。

图 4-3　标准行姿

行姿不好，不仅影响人的整体美感，还会导致腿部变形。行走的不良姿势有：踢着走，踢着走的时候身体会向前倾，走路时只有脚尖踢到地面，然后膝盖就一弯，脚跟往上一提，这样走路腰部很少出力，一般走小碎步，行姿很不雅；压脚走，与踢着走类似，但此类走路方式双脚着地时间比踢着走的长，走路时身体重量会整个压在脚尖，然后再抬起来，此种走法会形成萝卜腿；内八字走法，会造成O形腿；外八字走法，会产生X形腿；垫脚尖走，本意是为使步伐更为美妙，实际由于脚尖的用力造成膝盖用力于腿肚，导致萝卜腿。

行姿的训练有走直线训练法和顶书训练法两种。走直线训练法是在地上画一条直线，要求双脚踩着直线走。这种训练可纠正错误的步位，控制不当的步幅、速度，还可协调各种动作。训练宜循序渐进，最好配上节奏感较强的音乐。顶书训练法是将书本平稳地放在头顶上，然后起步，要求在行走中书本不滑落。这种训练是为了纠正走路时摇头晃脑、东张西望的毛病。

(三)坐姿

坐姿，指人就座时和坐定之后的一系列动作和姿势。坐姿文雅、大方，坐得端庄、自然，不仅给人以沉着、稳重的感觉，而且也是展现自己气质与风范的重要形式。

就座时，通常从左侧走向自己的座位，然后落座。若是走向他人对面的座位落座，最好是采用后退法，待腿部接触到座位边缘后，再随势坐下。穿裙装的女士就座，应先用双手向前拢平裙摆，然后再坐下。在就座的整个过程中，不管是移动座位还是放下身体，都不应发出噪声。

落座后，依照双腿与双脚所处的不同位置，可以采取以下几种坐姿。

正襟危坐式，又称基本坐姿或双腿垂直式，适用于最正规的场合，应为：上身与大腿、大腿与小腿都应形成直角；小腿垂直于地面；双膝、双脚(包括两脚跟)都要完全并拢(图4-4)。

双腿叠放式，适合穿短裙的女士使用，造型极为优雅，应为：将双脚完全的一上一下交叠在一起，交叠后的双脚之间没有任何缝隙，犹如一条直线；双脚斜放于左右一侧；斜放后的腿部与地面呈45°夹角；叠放在上的腿的脚面垂直地面(图4-5)。

图4-4 正襟危坐式

图4-5 双腿叠放式

双腿斜放式，适合穿裙子的女士在较低处就座时使用，应为：双脚首先并拢，然后双脚向左或向右侧斜放，力求使斜放后的腿部与地面呈45°夹角。

前伸后曲式，适用于女性的优美坐姿，应为：大腿并紧后，向前伸出一条腿，并将一条腿曲后，双脚脚掌着地，双脚前后保持在一条直线上。

大腿叠放式，适合于男性在非正式场合使用，应为：两条腿在大腿部分叠放在一起，叠放后位于下方的一条腿的小腿垂直于地面，脚掌着地；位于上方的一条腿的小腿则内收，同时脚尖

向下。

双腿交叉式，男女皆可选用，适用各种场合，应为：双膝并拢，然后双脚在脚踝处交叉；交叉后的双脚可以内收，也可以斜放，但不宜向前方伸出去。当与客户面对面就坐时，以正襟危坐式的方式最佳见图4-6。

图4-6　双人面对面坐姿

离座时，起身时动作应轻缓，要保持上身是直立状态，可将右脚向后收半步，而后站起，待站定后，从座位的左侧离去。

蜷缩一团、半坐半躺、翘二郎腿和单脚踩凳等都是不良坐姿。蜷缩一团的坐姿会使脊柱向前弯曲，背肌受到牵引，长期如此，腰背肌过度疲劳形成劳损，脊柱也会失去正常生理弯曲，易损伤致痛；坐在靠椅边缘、背部靠在靠背上的半坐半躺姿势，腰部以下没有支撑，腰部悬空，向后受力加重，易引起腰痛；翘二郎腿则是"有姿势，无实际"的坐姿，经常固定架起一侧腿的人，该侧臀部及大腿外侧的肌、筋过劳而造成慢性损伤，同时也会一定程度的造成盆骨侧倾；单脚踩凳的坐姿是坐下后缩起一腿踩在凳上，这种姿势会使盆骨向一边倾斜、腰部弯向一侧，导致双侧腰肌力平衡失调，易造成腰肌劳损、腰椎错位等伤害。

由此可见良好的坐姿对人的气质修养及身心健康都有着重要作用，要通过不断的坐姿自我控制练习来培养良好的坐姿。

（四）手势

手势是一种无声的语言，在交往中有着丰富的含义，是一种表现力很强的体态语。使用手势时，需要注意把握好以下三个原则。

一是规范原则。根据惯例，人们在交往中，表示"再见"、"请进"，或"鼓掌"、"介绍"等，都有其规范的手部动作，不能随意改变和乱加使用，以免产生误解，引起麻烦。

二是贴切原则。手势语的使用要适应交往情境和环境，适合不同的交往对象，要考虑到双方关系、年龄、地位、心理及文化背景等方面的差异。例如，与老年人交谈时，若将双手背于身后，有不敬之嫌。又如，在我国，招呼他人过来时，习惯于伸出右臂，掌心向下动，这手势在英国被认为是"去那边"的意思，而在美国，则只能用于唤狗过来。

三是适度原则。手势语在交际中的作用显而易见，但这并不意味着多多益善。多余的手势，不仅不能表情达意，反而是画蛇添足。

而当众搔头皮、掏耳朵、抠鼻孔、剔牙齿、修指甲、挠痒痒、摸脚丫、搓泥垢等不卫生的手势，以及在与人交谈时，用手指指点他人，或在桌子上乱涂、乱画等都是不良行为，有损服务人员形象，应极力避免。

（五）交谈

与客户交谈是快递服务人员不可避免的行为，如何得体地完成每一次交谈尤为重要。在与客户交谈时，应注意以下一些方面。

在表情方面，眼神可以流露出内心的情感，给人以不同的感受：在与人交谈中，热情、真诚的目光，会让人感到你对他的欢迎、尊重；狡黠、游离不定的目光，会使对方产生不信任；目不转睛、长久地瞪视，甚至可能激起对方的愤怒。在与别人交谈中，应注意注视他人的部位与注视的角度。注视对方的常规身体部位有：对方的眼睛，但时间不宜过久，否则双方都会难堪；对方的面部,注视他人的面部时,最好不要聚集于一处,而以散点柔视为宜;如没有任何理由而注视对方的头顶、胸部、腹部、大腿都是失礼的表现。人们运用目光来进行交流,但若目光运用不当,不仅会影响信息的传递、感情的交流,而且容易引起误会,甚至可能带来麻烦。因此,在运用目光时要特别注意。

除了前面提到的,运用不当的目光还有:第一,当别人说错了话或拘谨不安时,仍直视对方。这种目光会被误解为对他的讽刺和嘲笑。第二,在与多人共处时,只注视着某一个人。这种目光会使别人觉得受到冷落。此时,应保证重点、兼顾多方,要让每一个人都能得到你的注视。第三,对别人浑身上下反复打量,尤其是对陌生异性。这种目光易被理解为有意寻衅闹事。第四,与人见面,不是正视对方而采用俯视。这是一种居高临下的目光,让人有不平等、受歧视的感觉。第五,窥视他人。这种目光表明了你心中有鬼。第六,频繁地眨眼,快速转动眼球。这就是挤眉弄眼,会给人留下轻浮、不稳重的印象。

除了眼神,微笑也是一种生动的表情,会创造出令人倍感轻松的氛围。它是人们领会的最快最好的一种情感,是人际交往的最佳入场券。快递服务人员应该做到:一到岗位,就把个人的一切烦恼和不安置于脑后,振作精神,把微笑服务贯穿于工作的全过程中。微笑的基本方法是:面部肌肉放松,嘴角两端微微向上提起,唇部略呈弧形,不发声、不露齿地轻轻一笑。除此之外,还应注意面部其他部位的相互配合。通常,微笑时,眼睛略微张大,目光亮而有神,眉头自然舒展,眉毛微微上扬。微笑虽然是“世界通用语言”,但也不能不分场合、不看对象地随意使用。微笑要兼顾对象,当对方存在生理缺陷、满面哀愁,或当对方由于说错了话、做错了事、出了洋相而颇感尴尬时,都不应该面带微笑。

在与客户交谈的动作举止上,应该控制和规范自己的一些有意和无意的动作。如果快递服务人员在讲话时,可用适当的手势来补充和说明所阐述的具体事情;若倾听客户讲话时,则可以用点头、微笑等来反馈“我正在注意听”、“我很感兴趣”等信息。适度的举止既可表达敬人之意,又有利于双方的沟通和交流。

在适当的运用一些动作时,快递服务人员也应避免过分、多余的动作。与人交谈时可有动作,但动作不可过大,更不要手舞足蹈、拉拉扯扯、拍拍打打等行为。为表达敬人之意,切勿在谈话时左顾右盼,或是双手置于脑后,或是高架“二郎腿”。交谈时应尽量避免打哈欠,如果实在忍不住,也应侧头掩口,并向他人致歉。尤其应当注意的是,不要在交谈时以手指指人,因为这种动作有轻蔑之意。

二、快递形象礼仪

(一)面部卫生

面部清洁与护理是保持良好仪表仪容的基础。面部清洁的标准是:无灰尘、无污垢、无汗渍、无分泌物,无其他不洁之物。快递服务人员在进行面部修饰时注意保持清新自然而不过分做作。

因为男性户外活动多,加上油脂分泌较旺盛,皮肤较粗糙,更易产生黑头、皱纹等,如果皮肤护理不当,容易在社交中给人不好的印象。男性服务人员应该刮净胡须;面部保持清洁,眼角不留有分泌物,如戴眼镜,应保持镜片的清洁;保持鼻孔清洁,平视时鼻毛不得露于鼻孔外。

女性服务人员则要求在工作中化淡妆,淡妆以突出五官中最美的部分、掩盖或矫正缺陷部分为目的,通过恰当的淡妆修饰,实现自然、清晰、大方的美,满足上班的需求。女性化淡妆的程序有隔离肌肤与彩妆、修正肤色、画眉妆、化眼妆、化唇妆和定妆六步。

(二)口腔卫生

保持口腔清洁是与人交际必需的环节,也是当今文明社会交往所必须要求的。口腔清洁的目标是拥有一口洁白清新的牙齿。

在工作中应预防口臭。因口臭从口腔里发出的难闻的气味,不仅致使对方不悦,也会使自己难堪。故在存在口臭问题时,应避免用嘴呼吸,以免呼出的异味影响到他人,在工作时也应注意保持一定的距离,必要时也可用手来遮掩,或用口香糖减少异味,但应避免在客户面前嚼口香糖这种不礼貌的行为。口臭作为一种疾病,即可能是内脏疾病引起的,也可能是不注意口腔疾病或卫生引起的,应在保持良好口腔卫生习惯基础上查明口臭的原因,尽早治愈。

同时注意,在工作前不吃有异味的食品,如蒜、葱、韭菜和臭豆腐等,不饮酒或含有酒精的饮料,谨慎处理饭后食物残渣;工作中应尽量不抽烟,以此来避免工作时的口臭问题。

(三)头发卫生

头发反映着一个人的道德修养、审美水平、知识层次及行为规范,可以通过个人的发型来判断其工作单位的高低层次。快递服务行业人员的发型要给人以亲切感,要勤洗,无头皮屑,且梳理整齐。

男士头发长短要适中,不剪怪异发型,不留长发,以前不盖额、侧不掩耳、后不及领为宜;女士宜选轻便式短发、自然式束发,但不宜披发。

(四)耳、鼻部卫生

耳、鼻部是很多快递服务人员容易忽视的部位,需要更加注意清洁卫生。

服务人员要对耳廓、耳根后及耳孔边经常进行除垢,不可在此处留皮屑。但此举不宜在工作岗位上进行,特别是不要在客户面前掏自己的"耳屎"。

快递服务人员切勿当众用手去擤鼻涕,更不要用力吸入腹中,去除鼻涕宜在无人在场时进行,以手帕或纸巾进行辅助。注意不要将此举搞得响声太大。

有的快递服务人员耳孔周围会长出一些浓密的耳毛,有人鼻毛长到一定程度也会冒出鼻孔之外,一经发现应对其进行修剪。

(五)手部卫生

在快递服务里,手臂通常被视为快递服务人员所拥有的"第二枚名片",一双清洁的手是快递服务人员的基本要求。工作中,握手等手部姿态都会使对方由手对你产生第一印象,所以手部卫生在仪容中占有很重要位置。人们很容易将手的形象与个人形象乃至个人修养相联系。

快递服务人员要求手臂干净整洁,饭前便后要洗手。指甲要经常修剪,指甲的长度不应超过指尖。长指甲不仅不利健康,服务中还容易伤到他人。指甲缝中不能有污垢。不能用牙齿啃指甲,也不能在公共场合修剪指甲,这都是不文明、不雅观的举止。此外,快递服务人员不能在工作岗位上乱用双手,如揉眼、挖耳、抠鼻、剔牙、抓痒等,也不能用双手四处乱摸。在手臂上刻字刻画更是在严禁之列。

三、快递服饰礼仪

(一)着装

快递服务人员应着公司统一工装。工装,一般泛指人们在工作场合的着装,对快递服务人员来说,工装就意味着在其工作之时,按照有关规定应当穿着与本人所扮演的服务角色相称的统一制作的正式服装。上岗时着工装,不仅减少了快递服务人员在服饰搭配上的精力消耗,保证全体员工着装的整齐划一,而且还可以同时增强其归属感、向心力和凝聚力。快递服务人员身着的工装要熨烫整齐,不得有污损;衣服袖口须扣上,衣领要摆好,上衣下摆须束在裤内;系深色皮带,鞋带要系好,保持鞋面干净,穿深色袜子,不得穿着拖鞋或高跟鞋上班。

(二)配饰

按公司的不同规定,若有需要,工牌应时刻佩戴于胸前。可以不佩戴任何饰物;但是如果佩戴了饰物,则一定要合乎身份,不得佩戴装饰性很强的装饰物、标记和吉祥物。手腕除了手表外最好不再戴有其他装饰物。

四、快递行为礼仪

行为礼仪是快递服务人员最应注意的一个方面,直接影响着客户对快递服务人员及快递公司的价值判断。作为一名快递服务员,一言一行不但代表自己、更代表着公司的企业形象,如果在服务过程中语言不规范,态度不佳,行为让人难以接受,不但会导致公司的信誉下降,也会影响到个人的工作业绩。

(一)公共场合礼仪

在公共场合,快件业务员应遵纪守法、尊老爱幼、乐于助人、见义勇为;应爱护公共设施;爱护园林设施,爱护公共绿地;在使用公共卫生间时,应保持卫生间清洁,便后随手冲水,洗完手后随手关上水龙头。

(二)上门服务礼仪

打招呼是与客户沟通的第一步,积极、主动、愉快地与客户打招呼,将有助于与客户进行沟通。打招呼时看着对方的眼睛,会让对方觉察到对他的尊重;即便当对方看不到你的眼睛,也要看着对方打招呼。若仓促打招呼,即便穿着整洁、神清气定地去上门收派件,客户也会怀疑你的专业性与真实性。如果是在路途中遇到客人,不论你是否能够记得起是哪位客户,如果你鼓足勇气先行打招呼,你会给客户留下美好的印象。来到客户处,主动向前台门卫、客户或其他靠近的人员打招呼,这是体现对客户的尊敬。当对方在接电话或接待其他人员时,稍稍点下头或使用某些恰当的肢体语言会比唐突地打招呼更有效,等客户忙完了,再进行工作。

在与对方交谈时,开朗、清晰地说话,也是对对方的尊重,仅做姿势,会让对方不知所措。即使是很小的差错,有效地使用委婉的语言,也可以缓和双方的气氛,让对方更能接受你的歉意。在答话过程中,不论是对客户,还是公司的同事及生活中的亲人或朋友,如果有意或无意地发出轻蔑的语调,或丢下刺耳的话,都会给你带来意想不到的麻烦。

点头是其中的一种答话方式,当交谈时,对方看得见会有很好的效果,如果对方看不见,还使用点头的方式答话,会被对方认为是不礼貌的行为。即使只是随声附和:是、明白、听到了、知道了,也会让交谈对方感受到你在认真听他们说话。

在上门服务时,应将手机设置到振动或无声状态,以免由于手机铃声突然响起而影响你的服务质量或引发客户的不满情绪。

(三)窗口服务礼仪

窗口是客户了解快件企业最直观的渠道。能够准确、迅速地接待客户是对窗口服务人员最基本的要求。在客户向窗口靠近的过程中,窗口服务人员应迅速做出反应,主动向客户问好、询问客户需求并帮助和指导客户完成快件寄递业务。

(四)接、递物品礼仪

快递业务员在向客户递送或接收快递物品、运单、宣传单或其他票据时,都应采取双手递上或接过来的方式,以示对客户的尊重。如果是需要客户签字,应双手将文件递上,并使文件的正面对着客户一方。

如果向客户发放宣传单页被拒绝时,快递业务员也应双手从客户手中接过宣传单页,并说:"如果您今后有这方面的需要,我将随时为您送上业务介绍单"。快递业务员切忌单手用力抽回单页或做出其他气愤动作。

五、快递服务用语礼仪

快递服务人员与客户交谈时,应使用文明语言,尽量少用专业术语,让客户有亲切感,避免出现影响交流效果的情况。

(一)日常服务用语

在快件服务中,语言要亲切,招呼要热情,待人要诚恳有礼貌,主动、恰当、自如地使用文明用语。常见的礼貌用语有:"您好;请;对不起;麻烦您…;劳驾;打扰了;好的;是;清楚;请问…;请稍等(候);抱歉…;没关系;不客气;有劳您了;非常感谢(谢谢);再见(再会)等等。"快递业务员在与客户打交道时应分别使用以下文明礼貌用语。

在同客户打招呼时,可以说:

◆早上好/下午好！我是××快递公司快递服务人员。

◆您好,我是××快递公司快递服务人员,让您久等了!

称呼客户时,可以用:

◆贵公司/贵部门(对方公司的称呼);

◆姓氏+先生/小姐(对客户本人的称呼);

◆我们(对自己公司的称呼);

◆我(对自己的称呼)。

同客户交流时,可以说:

◆您说/请讲;

◆是的/嗯/知道/明白;

◆还请您阅读一下……;

◆打扰一下,请您在这里签个字;

◆请让我来帮您包装快件吧;

◆真是对不起,刚才是我搞错了,我马上更正,请您谅解;

◆谢谢您的信任,我们会准时将所寄物品送至收件方的,打扰您了;

◆谢谢您了,总是承蒙关照,希望下次再为您服务。

当遇到客户寄递的物品属于违禁品时,可以解释和劝阻说:

◆对不起/非常抱歉,这种(类)液体属于易燃液体,是航空违禁品,不能收寄,请您谅解;

◆对不起/非常抱歉,这种(类)粉末会被认为是违禁品而被有关部门查扣,不能收寄,请您谅解;

◆非常抱歉,这种(类)物品在运输途中可能会存在安全隐患,不能收寄,请您谅解。

在任何情况下,都应避免使用以下粗俗或带有攻击或侮辱性的语言:

◆你家这楼真难爬！

◆运单怎么还没有准备好啊，我很忙！

◆每次到您这里都耽误我好多时间，您看，今天又是这样！

◆你怎么这么笨，都教过您好多次了，还要问如何填写运单！

◆你们公司到底在哪里啊，我的腿都要走断了还找不到！

◆我们公司不是为你家开的，说怎样就怎样！

◆嫌贵，就别寄了！

◆我没时间，自己填写！

◆找领导去/您找我也没用，要解决就找领导去！

◆有意见，告去/你可以投诉，尽管去投诉好了！

(二)电话礼仪

电话已是现代社会最重要的沟通渠道。为更好地开展业务，也要求快递服务人员掌握正确的电话礼仪，来更好地处理客户、自身和公司的关系。

快递业务员应时刻保持手机畅通，及时接听电话。接、打电话时，都应当马上告知自己的身份，如："您好，我是××快递公司。"这样就不会让客户产生猜疑，并可节省时间。如果对方没有告诉你他的姓名，而你主动告诉他时，可以减少敌对的气氛。

在通话过程中要专心，边吃东西或喝饮料边打电话是对客户的极端不尊敬，如果你真得必须分神来照顾其他事，请向客户解释清楚并请客户稍等。用手捂住听筒讲话也会让客户感觉不礼貌。在与客户通电话时，尽量减少其他声音。

如果因故无法按时到达客户处，要在第一时间通知公司客服部门，向客户致电表示歉意，争取得到客户谅解。

在确定对方确实已经讲完时，再结束电话，并让对方先挂断电话后自己再挂断电话。

常用的电话文明礼貌用语有：

◆早上好/下午好/打扰您了，我是××公司快递服务人员，前来收件/派件。

◆您好，打扰您了，我是××公司快递服务人员，现在为您派件，但不知您的具体位置是在哪？

◆您好，打扰您了，我是××公司快递服务人员，您是在××大厦A座×楼吗？

◆很高兴与您通话，×先生/小姐。

◆不好意思，我马上到您那派件，请您稍等。

第三节　快递业务员服务规范

一、准备工作

出发前检查交通工具，轮胎、绳子、存放物品的架子、遮阳挡雨等物品。检查是否佩戴工牌，工具(运单、笔、秤、封箱纸、胶袋)、发票、零钱等是否配备齐全，避免在客户处出现慌乱。

对于第一次上门或地址不详的陌生客户，最好事先电话确认客户是否在家。这样做能够使快递服务人员规划好具体的收派行程，节约时间，提高收派件的效率。

发生意外情况时，如车坏、交通意外或不能在预定的限时服务时间内到达客户所在场所收

派件时,应在第一时间通知客户和公司相关负责人。做出快速调整或安排其他快递服务人员接替工作,置之不理或无视这种情况将会导致客户的不满和投诉。

自行车(摩托车)上的快件应捆扎牢固,在路上随时注意,避免快件掉落。

到达目的地后,妥善存放与保管好交通工具和快件,以免造成客户快件遗失或影响他人。在进入客户办公场所前,要保持衣着整齐和头发整洁,擦去面部和头发上的汗水、雨水、灰尘等。

二、快件收派

到达目的地后,就要进入客户单位或小区里进行快件收派工作。在工作中,快递业务员代表公司,以工作身份进入客户所在场所,不应私带亲属、朋友,避免给客户带来困扰。

1.等待进门

在客户单位或小区时,应主动出示工牌,礼貌地与客户处的员工打招呼并进行自我介绍,如:“您好!我是××快递公司快递服务人员,我是来给×先生/小姐收/派快件的。”

在客户场所需配合客户公司或小区的要求办理相关进出入登记手续,及时归还客户公司的相关证明,如放行条、临时通行证等。

若由收发室(小区物业等)统一办理收派快件的,事先应向客户确认,并得到客户许可,否则应向工作人员说明快件重要性和责任,尽量由客户亲自签收,但无论何种情况都不得与前台人员发生任何口角和冲突。

当前往客户办公室(房间)时,无论客户办公室(房间)的门是打开还是关闭,都应该按门铃或敲门向客户请示。若按门铃,用食指按门铃,按铃时间不超过3秒,等待5~10秒后再按第二次;若需要敲门时,应用食指或中指连续敲门3下,等候5~10秒门未开,可再敲第二次,敲门时,应用力适中,避免将门敲得过响影响其他人;在等候开门时,应站在距门1m处,待客户同意后方可进入房间内。

2.进门

进门后,在客户场所应遇事礼让、和平共处,不东瞅西望,对除客户外的相关人员,如客户的同事、朋友应礼让三分,在征得客户同意后,才能进出客户办公场所或其他地方;在客户处的走廊、大厅、电梯里遇到客户处的员工都应主动让路,如确需超越时应说:“对不起,麻烦一下”。快递服务人员切忌出现手把门框、脚踏墙壁的动作。

针对与客户的熟悉程度不同,应采用不同的自我介绍方式。如是上门服务次数较少,不认识客户或与客户不熟悉,应面带微笑、目光注视客户,采用标准服务用语,自信、清晰地说:“您好,我是××快递公司快递服务人员××,我是来为您收件的”,介绍的同时出示工牌,把工牌有照片一面朝向客户,停顿2秒,让客户看清楚照片和姓名;如上门服务次数较多,与客户很熟悉或属于公司经常服务的客户,可省略自我介绍,但应热情主动与客户打招呼,并直接表示:“您好,×先生/女士,我是来为您收件的”。

当对方正在打电话或正在接待其他人员,稍稍点下头或使用某些恰当的肢体语言会比唐突地打招呼更有效,等客户忙完了,再进行工作。

3.收派等待

当到达客户所在场所,遇到不能马上收取快件时,要态度谦逊、礼貌地上前询问,并视等候时间做出调整,责怪、不耐烦的询问语气只会增加客户的反感而不会得到帮助。千万不要埋怨客户,对服务行业来说,这可是大忌。

如果快递服务人员到达客户处,客户还没有把需要托寄的物品准备好,收件员应礼貌地询问还需多长时间,如果在15分钟内不能准备好的话,应做到:一是向客户解释因时间紧张,还需去其他公司收取快件,不能长时间等候,告知客户准备好后再打公司接单电话,同时快递服务人员本人应打电话跟公司讲明情况,说明已去过但客户未准备好。二是与客户约定收件时间,在约定时间内一定要赶回客户处收取快件,同时也应向公司备案。

在短时间的快件收派等待时间内,快递服务人员未经客户允许,不得随意就坐或随意走动,任意翻看客户处的资料、表示不耐烦、私喝客户处的水、与前台小姐开玩笑、吸烟等,也不得在客户处大声喧哗,私自使用客户电话,这都将会引起客户怀疑甚至反感。在客户处使用手机时也应尽量小声,以不影响到客户为原则。

4. 快件签收

将快件双手递给客户,并说"×先生/小姐,这是您的快件,请确认一下。"

若客户没有疑问,则用右手食指轻轻指向运单上收件人签署栏,"×先生/小姐,麻烦您在这里签收,谢谢";若客户对快件有疑问,应礼貌提醒客户:"请您和寄件客户再联系确认一下好吗?"

在签收过程中,如发生快件损坏、部分遗失、货件数量不符等情况,导致客户拒绝签收时,需做耐心解释,态度要不卑不亢、不温不火、有礼有节,不能与客户发生任何争执,及时与公司联系,协商处理办法。

5. 快件收取

询问客户,"×先生/小姐,这是您要寄的快件吗?",并双手接过客户递过来的快件。

将运单双手递给客户,"请您填写运单"或"请问运单填好了吗?"

6. 快件验视

无论货物是否包装好,快递服务人员都应礼貌地询问和验视客户所托寄物品的内容,"×先生/女士,为了对您负责,请允许我帮您确认一下包装内的物品、数量或内包装是否完好,以免有什么遗漏"。

如若验视出所寄物品为违禁物品时,应礼貌地告知客户,公司不予受理的物品,并给予解释,"对不起/非常抱歉,这种(类)物体属于易燃液体(危险物品),是航空违禁品,不能收寄,请您谅解"。

验视快件时应尽量小心,要让客户感觉到你对客户托寄物品的爱护。

7. 快件包装

对于验视确认能够快递的快件,如果客户已提供包装,要仔细检查其严实性与牢固程度。在客户面前做好易碎品的相应防护措施及标识,并主动提醒和协助客户加固包装,客户心理会更加踏实和放心。

如果客户没有进行包装,则应当着客户的面进行包装,按照公司规定操作,操作时不要影响客户的办公,如有纸屑或其他杂物落下应及时拣起并放入纸篓中或带到外面投入垃圾箱中。

8. 快件称重

如在客户处称重或计算轻抛重量,应主动提示客户:"×先生、小姐,请您看一下,计费重量是×千克,运费是××元"。

如无法在客户处称重,应在征得客户同意后将货物带回公司称重,并于第一时间通知客户

最终的计费重量和实际运费。如遇客户不信任的情况,快递服务人员应向其说明,"×先生/小姐,请您放心,我们会在第一时间将准确的计费重量通知您,另外,我们公司在这方面监督是非常规范和严格的。"

9. 填写运单

在客户不明白运单填写的相关内容时,应主动做出合理解释。

当运单填写不详细时,快递服务人员应耐心解释,"×先生/小姐,为了保证您的快件准时、安全、快捷地送达,麻烦您把××栏目详细填一下,谢谢您。"

10. 客户签字

将运单双手递给客户,并用右手食指轻轻指向寄件或收件人签署栏,"×先生/小姐,麻烦您在这里签名,谢谢!"

将客户留存条递给客户,"请您收好,这是给您留底,作为查询的凭证",并告知客户,"这次快件的运费一共是××元。"

11. 收费

快递服务人员须按运单上的应收运费进行收取,不得以任何理由收取任何额外费用,如联系电话费、过路费、过桥费等,当客户付运费时,应双手接受客户交付的运费。根据客户的要求开出收据或回公司开具发票并及时交给客户。

12. 辞谢与道别

所有收派工作完成后,一定要进行辞谢和道别。辞谢时,可以说"谢谢您,希望下次再为您服务。"此时,眼睛一定要看着客户,即使客户背对着你或低着头,也要让对方清楚地听到(但不能影响客户处其他的人员),这样不但让客户感觉到对他的尊重,同时也不会给客户带来不必要的麻烦。

之后微笑着道别,"还有快件要发吗?谢谢您,如有需要请随时致电我们,再见。"离开办公室时应把门轻轻带上。与客户道别,如果说话得体,会让客户很受用;不与客户道别,扬长而去,会给客户多少好像少点什么的感觉,最后客户会总觉得不放心。

三、窗口收寄人员服务规范

1. 准备工作

窗口收寄人员应提前到岗,穿着工装、佩戴工牌,检查各项准备工作是否完成,在规定时间准时对外办理业务。

当客户走近窗口时,临近窗口服务人员应分辨身份、起身对客户打招呼:"您好,请问您办理什么业务?"

2. 窗口服务

(1)收寄

问清楚客户如果是前来寄送快件的,窗口服务人员应说:"×先生/小姐,这是您要寄的快件吗?并双手接过客户递过来的快件。"

将运单双手递给客户,"请您填写运单"或"请问运单填好了吗?"

无论货物是否包装好,快递服务人员都应礼貌地询问和检查客户所托寄物品的内容,"×先生/女士,为了对您负责,请允许我帮您确认一下包装内的物品、数量或内包装是否完好,以免有什么遗漏"。

如若检查出所寄物品为违禁物品时,应礼貌地告知客户公司不予受理的物品,并给予解释,“对不起/非常抱歉,这种(类)物体属于易燃液体(危险物品),是航空违禁品,不能收寄,请您谅解”。

检查快件时应尽量小心,要让客户感觉到你对客户托寄物品的爱护。对于检查确认能够快递的快件,如果客户已提供包装,要仔细检查其严实性与牢固程度。在客户面前做好易碎品的相应防护措施及标识,并主动提醒客户并加固包装,客户心理会更加踏实和放心。如果客户没有进行包装,则应当着客户的面进行包装。

快件在秤上显示重量后,应主动提示客户:“×先生、小姐,请您看一下,计费重量是×公斤,运费是××元”。

在客户不明白运单填写的相关内容时,应主动做出合理解释。当运单填写不详细时,快递服务人员应耐心解释,“×先生/小姐,为了保证您的快件准时、安全、快捷地送达,麻烦您把××栏目详细填一下,谢谢您。”

将运单双手递给客户,并用右手食指轻轻指向寄件或收件人签署栏,“×先生/小姐,麻烦您在这里签名,谢谢!”

将客户留存条递给客户,“请您收好,这是给您留底,作为查询的凭证”,并告知客户,“这次快件的运费一共是××元。”

(2)签收

如果问清客户是前来取快件的,窗口服务人员应说:“请您出示您的有效证件”。双手接过客户证件后,对客户说:“请您稍等,我给您查找您的快件。”

找到快件后,双手将快件递给客户,“这是您的快件,请确认一下。”若客户没有疑问,则用右手食指轻轻指向运单上收件人签署栏,“×先生/小姐,麻烦您在这里签收,谢谢”;若客户对快件有疑问,应礼貌提醒客户:“请您和寄件客户再联系确认一下好吗?”

在签收过程中,如发生快件损坏、部分遗失、货件数量不符等情况,导致客户拒绝签收时,需做耐心解释,态度要不卑不亢、不温不火、有礼有节,不能与客户发生任何争执,及时与公司联系,协商处理办法。

3. 送别客户

当客户办理完业务离开柜台时,窗口服务人员应对客户道别:“谢谢您,请慢走!”

第五章　安全知识

第一节　国家安全知识

一、国家安全的概念

国家安全,是维持主权国家存在和保障其根本利益的各种要素的总和,既包括传统的政治安全和军事安全,也包括非传统的、非军事领域的经济安全、社会安全、科技安全和资源环境安全等。

二、国家安全的重要性

国家安全直接关系社会主义制度的稳定以及改革开放和社会主义现代化建设的顺利进行。任何个人和企业都有维护国家的安全、荣誉和利益的义务,不得做出有危害国家安全、荣誉和利益的行为。因此作为快递业务员,必须了解并掌握国家安全的相关知识。

三、快递企业及其从业人员维护国家安全的权利和义务

(一)权利

根据《中华人民共和国国家安全法》的规定,国家对支持、协助国家安全工作的公民和组织给予保护,对维护国家安全有重大贡献的给予奖励;快递企业及从业人员对国家安全机关及其工作人员的超越职权、滥用职权和其他违法行为,都有权向上级国家安全机关或者有关部门检举、控告;对协助国家安全机关工作或者依法检举、控告的公民和组织,任何人不得压制和打击报复。

(二)义务

由法律规定的公民和组织的义务,是国家运用法律的强制力保障实施的,是必须履行的,违反法律规定、不履行义务者就要承担相应的法律责任。快递企业作为一个社会组织、快递业务员作为一个公民,同样承担着维护国家安全的义务。

《中华人民共和国国家安全法》对公民和组织维护国家安全所必须承担的义务作了如下七条规定:

(1)教育和防范、制止的义务;

(2)提供便利条件和协助的义务;

(3)及时报告的义务;

(4)如实提供情况和协助的义务;

(5)保守秘密的义务;

(6)不得非法持有属于国家秘密的文件、资料和其他物品的义务;

(7)不得非法持有、使用窃听、窃照等专用间谍器材的义务。

第二节　信息安全知识

快件的信息安全,是指通过制定规章制度和技术措施,防止在未经许可的情况下,修改、盗窃客户快件的信息或对快件进行物理破坏。保证客户快件中的个人和商业信息安全,是快递业务员必须履行的职责和义务。

一、快件信息安全的重要性

随着信息化建设的不断深入,国民经济和社会发展对信息化的依存度越来越高,信息安全已成为国家安全、城市安全、公共安全的关键环节。快件中的某些重要信息,一旦发生信息安全问题,就有可能影响社会稳定和经济运行,其后果将是灾难性的。快递企业能否保证快件中的信息安全,将直接影响到快件能否安全、及时地送达客户,关系到快递企业的服务质量和信誉。

二、保障快件信息安全的基本要求

(1)快件在处理过程中,除指定的有关工作人员外,不准任何人翻阅信息。

(2)快递从业人员不得私自抄录或向他人泄露收、寄件人名址、电话等快件信息。

(3)处理快件的工作场所,除有关工作人员外,其他人员不得擅自进入。

(4)严禁将快件私自带到与工作无关的任何场所。

(5)严禁隐匿、毁弃或非法开拆快件,发现此类现象时应立即制止,并及时向主管部门报告。

(6)申请改寄、撤回或更改收件人地址、姓名,必须严格审阅有关证件,在未确认寄件人和办妥手续前不得将快件交申请人阅看。

(7)发现包装破损并有可能暴露内件信息时,应立即报告主管人员。

第三节　职业安全知识

职业安全,是企业和单位为防止职工在工作过程中发生各种伤亡事故等情况而采取的相应措施,包括法律、技术、设备、组织制度和教育等方面。职业安全应按照国家有关职业安全与卫生法规的要求,为职工提供一个符合国家职业安全和卫生标准的工作场所或作业环境,劳动者则应懂得有关职业安全与卫生的法规和相关知识,正确掌握安全使用生产设施和劳动保护用品的方法,以保护自己免受职业事故或职业病的伤害。职业安全不仅关系到广大职工的切身利益,也是快递企业安全、高效生产的有力保障。职业安全在现代企业管理中已显得日益迫切和重要。

一、职业病和工伤事故的预防

(一)职业病的预防

(1)建立劳动卫生职业病防治网。由各级领导负责,有关方面大力协作,建立一个专业防

治机构以及劳动保护专职人员组成的防护网，开展职业病的防治工作。

（2）建立空气中毒物浓度测定制度。定期测定，以提供改进预防措施的依据。

（3）建立工作前体检、定期体检制度。工作前体检目的在于防止患有某些疾病而不适于从事快递业务员工作，如腰部受过重伤的工人不宜从事搬运工作；定期体检目的在于早期发现职业危害对人体的影响，早期诊断，早期治疗。

（4）合理使用劳动防护用品，尽量减少快递企业常见的职业伤害。

（5）技术革新、工艺改造。这是预防职业病的重要途经，从根本上改善劳动条件，控制和消除某些职业性毒害。

（6）增加通风排气设备，将有毒气体及时排出；对少数高毒物质，必须采取严格密闭，隔离式操作，以避免或减少直接接触。

（二）工伤事故的预防

工伤预防措施可分为工程技术措施、教育措施、管理措施和经济措施等。

1. 工程技术措施

工程技术措施，是指对设备、设施、工艺、操作、防护用品等，从安全角度考虑计划、设计、安装、佩戴、检查和保养的措施。

对新设备、新装置，从设计阶段开始就应充分考虑安全问题。一般新设备开始时能满足安全要求，但使用以后，因磨损、疲劳或腐蚀等因素的影响，设备也会转变为不安全状态。因此必须根据生产的发展和设备的使用情况，及时改进或采取相应的工程技术措施。工程技术措施是最基本的预防措施。

2. 教育措施

教育措施是指通过不同形式和途径的安全教育，使职工掌握安全方面的知识和操作方法。安全教育不仅仅是为了学习安全知识，更重要的是要学会应用安全知识。

在开展思想教育方面，要使企业领导、管理人员和操作人员从思想上认识到安全工作对生产的促进和保护作用，正确处理好安全与生产的关系，自觉地去组织和落实安全措施。加强法制观念，严格执行规章制度，是做好安全工作的基础。通过提高各级领导和广大职工的政策水平，正确理解安全生产方针，严格认真执行安全生产法规，做到不违章指挥、不违章作业。

在开展安全技术知识教育方面，应包括开展生产技术、安全技术和专业安全技术三个层次的教育。生产技术教育包括企业的基本生产概况、生产工艺流程、操作方法、设备性能以及产品的结构、质量和规格。安全技术知识教育包括企业生产过程中的不安全因素及其规律性、可预防性、安全防护基本知识和尘毒防治的综合措施，个人防护用品的正确使用、发生事故时的紧急救护及自救措施等。而专业安全技术知识教育是对特种作业人员进行的专门教育。掌握先进、实用的安全技术是进行安全生产的另一重要前提。

3. 管理措施

管理措施是指由国家机关、企业单位组织制订有关的安全规程、规范和标准，从制度上采取的措施。管理措施包括贯彻实施有关法规、规章、标准、规范、安全操作规程，组织安全检查，落实岗位责任制，交接班制度以及各种安全认证制度，如挂牌操作等。

4. 经济措施

经济措施是指采用经济手段辅助进行工伤预防。比较行之有效的措施是在企业内部设立各种安全奖。对安全生产落实到位的单位和个人进行物质奖励，反之，则进行相应的经济惩罚。

(三)工伤保险

工伤保险也称职业伤害保险,是指劳动者在生产劳动和其他工作过程中遭受意外伤害或因长期接触有毒有害因素引起职业病伤害后,由国家或社会为负伤、致残者和死亡者生前供养亲属提供必要的物质保障制度。这种补偿既包括受到伤害的职工医疗、康复的费用,也包括生活保障所需的物质帮助。工伤保险是社会保险制度的重要组成部分,是国家的一项基本的劳动保障政策。工伤保险遵循无过失责任原则,即只要发生事故,不论劳动者是否存在过错,只要责任事故不是受害者本人故意行为所致,都应该按照规定标准得到伤害赔偿。

《工伤保险条例》第十条规定:用人单位应当按时缴纳工伤保险费。职工个人不缴纳工伤保险费。用人单位缴纳工伤保险费的数额为本单位职工工资总额乘以单位缴费费率之积。

《工伤保险条例》第四条第3款规定,职工发生工伤时,用人单位应当采取措施使工伤职工得到及时救治。对受伤较轻的,可以到本单位的内部医疗机构进行简单处理;但对伤害严重的,应当将伤者尽快送到四周有相应处理能力的医疗机构进行抢救。一方面,用人单位的抢救要抢时间,以满足紧急救治工伤职工的需要;另一方面,用人单位在运送伤员时,要运用科学的卫生防护手段和技术,使伤情得以控制,而不加重病情。此外,根据1991年国务院制定的《企业职工伤亡事故报告和处理规定》,用人单位要及时地向有关部门报告,否则要受相应的处罚。

二、职业安全中的劳动防护用品

(一)劳动防护用品的概念

劳动防护用品,是指为使劳动者在生产过程中免遭或减轻事故伤害和职业危害而提供的个人随身穿(佩)戴的用品。劳动防护用品除个人随身穿用的防护性用品外,还有公用性的防护设施和用具,如安全网、护罩、护栏等。

(二)快递业务员常用的劳动防护用品

(1)护腰带或护腰背心。用于腰的保护,防止快递业务员因长期搬运快件弯腰或腰部负力过重而引起腰肌劳损。

(2)口罩。快递业务员在粉尘较多的作业环境中,需要佩戴防护口罩,减少粉尘对身体的直接危害,预防尘肺病。

(3)防护鞋。用于保护足部免受伤害。快递业务员进入处理场地,需要穿上防护鞋,防止足部砸伤;雨雪天气,路面较滑时,应该穿上防滑鞋,防止摔倒。

(4)防护手套。用于手部保护,防止手部撞击、切割、擦伤。快递业务员在搬运有可能对手部造成伤害的(表面粗糙、锋利等)快件时,应该戴上防护手套。

三、企业的职业安全文化

企业的职业安全文化,是指企业为了安全生产所创造的文化,是安全价值观和安全行为准则的总和,是保护员工身心健康、尊重员工生命、实现员工价值的文化,是得到企业每个员工自觉接受、认同并自觉遵守的共同安全价值观。企业安全文化体现为每一个人、每一个单位、每一个群体对安全的态度、思维及采取的行为方式。

企业的职业安全文化是实现职业安全的灵魂，当前，有的企业存在着这样的怪现象：一方面有严格的安全管理制度，另一方面员工对制度却熟视无睹，违章作业屡见不鲜，究其原因，主要是由于企业的职业安全文化基础不牢固。如果说制度的约束对安全工作的影响是外在的、冰冷的、强制执行的、被动意义上的，那么安全文化的作用则是内在的、温和的、潜移默化的、主动意义上的。企业的职业安全文化所具有的凝聚、规范、辐射等功能不仅对企业安全生产，甚至对提升整个企业管理水平会产生巨大的推动作用。

良好的企业职业安全文化不仅会使企业的安全环境长期处于相对稳定状态，更重要的是经过职业安全文化的建立，能使员工的思想素质、敬业精神、专业技能等方面得到不同程度的提高，同时也会带动与安全管理相适应的经营管理、科技创新、结构调整等中心工作的平衡发展，这对树立企业的品牌形象和增强企业的综合实力等都将大有裨益。

第四节　快件安全知识

保证快件的安全是快递服务中的一个非常重要的内容，快件的安全直接影响到快递企业的服务质量和企业形象。

一、快件安全的内容

(1)防止损毁。即防止快件受潮、污染、虫咬、鼠咬、火烧等造成损毁。

(2)防止被盗。防止快件整件或部分内件在收派过程中被盗。既要防止社会人员盗窃快件，也要加强内部快件安全管理。

(3)防止泄密。保守快件信息秘密，确保快件的安全。

(4)防止丢失。在外部收派过程中防止因夹带快件、外包装破损等造成的快件丢失。

二、保证收派快件安全的注意事项

(一)利用非机动车收派

(1)快件不交由他人捎转带，不乱扔乱放，不让他人翻阅。

(2)进入单位或居民区内，车辆及快件应尽量放在视线可及或有人看管的相对安全的地方，做到快件不离身。

(3)收派快件时，不出入与工作无关的场所。

(4)雨雪天气准备好防水防冻物品，防止快件被淋湿。

(5)派送时，将快件捆扎牢固，在路上随时注意，避免快件掉落。

(二)利用机动车收派

(1)派送快件用的机动车后厢玻璃窗应安装防护网，摩托车装快件的容器应加装锁具。

(2)机动车递送快件时要将车辆放在适当的位置(视线可及或有人看管的较为安全的地方)。驾驶员下车时必须将车钥匙取下并锁好车辆，以确保快件和车辆的安全。

除此之外，快递业务员需要加强安全防范意识，克服麻痹思想，确保人身安全和快件安全。如发生快件、车辆被盗抢的情况，快递业务员应立即报警，并及时向领导汇报，妥善处理好被盗快件的善后工作。

第五节　交通安全知识

严格遵守交通安全规则是人身安全的重要保证,无论是汽车、摩托车还是自行车都要严格遵守交通法律法规,做到既保证自身的安全,又不对他人造成伤害。

一、驾驶汽车的安全注意事项

1. 预见性驾驶

许多交通事故都是由于驾驶员对险情确认迟缓或判断失误所致。为了避免交通事故的发生,预测在什么场合会有怎样的险情,对于安全驾驶非常重要。

学会判断——不要因错误判断或盲目自信导致事故;及时确认——对复杂的交通环境中可能出现的险情进行及时确认;有效操作——根据险情的程度,理智地采取相应驾驶操作。

2. 应急驾驶

很多交通事故往往是因为一些突然情况所致,比如:爆胎、转向失控、制动失灵、火灾、碰撞、天灾(地震、发大水等)。驾驶员一旦遇上这些紧急情况,一定要采取必要的应急技术措施,最大限度地减轻或化解事故带来的损失和伤亡。

二、使用自行车的交通安全注意事项

(1)自行车驮载快件,长宽高不准超过规定限度:高度自地面起不宜超过1.5m,宽度左右不宜超出车把0.15m,长度前端不宜超出车轮,后端不宜超出车身0.3m。

(2)收派途中自行车应当在非机动车道内行驶。

(3)在没有区分机动车道与非机动车道的道路上,应当靠车行道的右侧行驶,并注意观察瞭望,避让机动车辆。

(4)转弯前,减速慢行,向后瞭望并伸手示意,确认安全后方可转弯。

(5)不牵引其他车辆,也不被其他车辆牵引;不攀扶其他车辆;双手不离车把。

(6)通过陡坡或交通情况复杂地段时,下车推行通过。

(7)超越其他车辆时,不能影响被超车辆和其他车辆的正常行驶。

三、使用摩托车的交通安全注意事项

(1)摩托车载物,高度从地面起不得超过1.5m,长度不得超出车身0.2m。两轮摩托车载物宽度左右不得超出车把0.15m;三轮摩托车载物宽度不得超过车身。

(2)按规定线路行驶。在道路同方向画有两条以上机动车道的,左侧为快速车道,右侧为慢速车道。在快速车道行驶的机动车应当按照快速车道规定的速度行驶,未达到快速车道规定的行驶速度的,应当在慢速车道行驶。摩托车应当在最右侧车道行驶。

(3)驾驶摩托车,双手不得离开车把。

(4)不许在车把上悬挂物品。

(5)行车途中不准挂拨或接听电话。

(6)不准下陡坡时熄火或者空挡滑行。

第六节　消防安全知识

快递服务工作，尤其是快件处理场地同消防安全工作联系十分紧密。作为快递业务员，必须增强消防安全意识，掌握消防安全相关知识，以杜绝消防隐患。

一、处理场地的消防安全注意事项

(1)场地内要保持环境清洁，各种物料码放整齐并远离热源，注意室内通风。

(2)保证场地内防火通道的畅通，出口、通道处严禁摆放任何物品。

(3)场地内不得私接乱拉电源、电线，如确实需要，需报相关部门批准和办理。

(4)使用各种设备必须严格遵守操作规程，严禁违章作业。

(5)电气设备运行期间，要加强巡视，发现异常及时处理。

(6)避免各种电气设备、线路受潮和过载运行，防止发生短路，酿成事故。

(7)场地内禁止使用明火，如确实需要须征得安保部同意，在采取有效安全措施后，方可使用。使用期间须由专人负责，使用后保证处理妥当无隐患。

(8)负责消防安全人员按时对本部门内各部位进行检查，出现问题及时报告。

(9)场地内，消防灭火器等消防器材及设施必须由专人负责，定点放置。定期检查自动报警系统、喷淋设备能否正常使用，

(10)当日工作结束前，应检查场地内所有阀门、开关、电源是否断开，确认安全无误后方可离开。

(11)发现火灾险情要积极扑救，并立即报警。

二、几种常见的灭火器

(1)二氧化碳系列灭火器：适用于扑灭油类、易燃液体、可燃气体、电器和机械设备等的初起火灾，具有结构简单、容量大、移动灵活、操作方便的特点。使用时，它喷出的二氧化碳灭火剂能使燃烧物的温度迅速降低，并隔绝空气，使燃烧停止，灭火后不留污渍。

(2)泡沫灭火器：适用于扑灭A类(木材、棉麻等固体物质)和B类(石油、油脂等自然液体)的初起火灾，是目前国内外油类火灾基本的扑救方式。泡沫与着火的油面接触，在油的表面形成一层抑制油类蒸发与氧气隔绝的保护膜，泡沫与保护膜起到双重灭火作用，具有操作方便、灭火效率高、有效期长、抗复燃等优点。适用于油田、炼油厂、原油化工企业、车库、飞机库、港口和油库等场所。

(3)干粉灭火剂：适用于扑灭可燃固体(如木材、棉麻等)、可燃液体(如石油、油脂等)、可燃气体(如液化气、天然气等)以及带电设备的初起火灾。在一般场所作为机动灵活的消防设备。

三、处理场地灭火器放置环境条件的规定

(1)灭火器放置环境温度应与其规定的使用温度范围相符。灭火器不得受烈日暴晒、接近热源，或者受剧烈振动。因为温度过高或剧烈振动会使灭火器内压力剧增而影响安全。对于化学反应式灭火器，温度过高可能导致药粉分解而失效，而温度过低，又会影响喷射性能。

水型灭火器，温度过低还可能导致药剂冻结，失去灭火能力，并可能损坏灭火器筒体。

（2）灭火器应放置在通风、干燥、清洁的地方。灭火器会因受潮或受化学腐蚀的影响而锈蚀，造成开关失灵，喷嘴堵塞，降低灭火器的使用寿命。

（3）灭火器放置地点应明显，距离地面高度为50cm，便于取用，且不影响安全疏散，推车式灭火器与保护对象之间的通道应保持畅通无阻。

四、灭火和报警的基本方法

物质燃烧必须同时具备三个必要条件，即可燃物、助燃物和着火源。根据这些基本条件，一切灭火措施都是为了破坏已经形成的燃烧条件，或终止燃烧的连锁反应而使火熄灭。

灭火的基本方法有：冷却法，如用水扑灭一般固体物质的火灾，通过水吸收大量热量，使燃烧物的温度迅速降低，最后使燃烧终止；窒息法，如用二氧化碳、氮气、水蒸气等降低氧气浓度，使燃烧不能持续；隔离法，如用泡沫灭火剂灭火，泡沫覆盖燃烧体表面，在冷却的同时让火焰和空气隔离开来，达到灭火的目的；化学抑制法，如用干粉灭火剂通过化学作用，破坏燃烧的链式反应，使燃烧终止。

接通“119”火灾报警电话后，报警人要向接警中心讲清失火单位的名称、地址、什么东西着火、火势大小等。同时，报警人要注意听对方提出的问题，以便正确回答；把自己的电话号码和姓名告诉对方，以便联系；打完电话后，立即派人到主要路口迎接消防车；迅速组织人员疏通消防通道，使消防车到达火场后能立即进入最佳位置灭火救援；如果着火地区发生了新的变化，要及时报告消防队，使其能及时改变灭火战术，使灭火救援工作取得最佳效果。

第六章 地理与百家姓知识

第一节 中国地理概况

一、中国自然地理概况

中国位于赤道以北，亚洲东部，太平洋西岸，它的版图被形象地比作一只头朝东尾朝西的金鸡。

中国陆地总面积约960万平方公里，在世界各国中，仅次于俄罗斯和加拿大，居第三位，差不多同整个欧洲面积相等，是亚洲面积最大的国家。中国领土东西距离约5 200km，南北距离约5 500km，最东端在黑龙江省的黑龙江和乌苏里江主航道中心线的相交处，最西端在新疆帕米尔高原，最南端在南海南沙群岛的曾母暗沙，最北端在黑龙江省漠河以北的黑龙江主航道中心线上。

中国的大陆海岸线全长18 000多公里，北起中朝边界的鸭绿江口，南到中越边界的北仑河口，沿海有许多优良港湾。我国所濒临的海洋，从北到南依次为渤海、黄海、东海和南海。

与中国陆地相邻的国家有14个，东邻朝鲜，西邻阿富汗、巴基斯坦，南邻缅甸、老挝、越南，北邻俄罗斯、蒙古，西北邻哈萨克斯坦、吉尔吉斯斯坦、塔吉克斯坦，西南邻印度、不丹、尼泊尔。同中国隔海相望的国家有6个，东面是韩国、日本，南面是马来西亚、文莱、印度尼西亚，东南面是菲律宾。

二、中国的区域划分

（一）中国现行的行政区域划分

行政区域划分是一个国家为了进行分级管理而实行的国土和政治、行政权力的划分。具体地说，就是国家根据政治和行政管理的需要，根据有关法律规定，充分考虑经济联系、地理条件、地区差异、民族分布、风俗习惯等客观因素，将全国的地域划分为若干层次大小不同的行政区域，设置相应的地方国家机关，实施行政管理。行政区域划分以国家或次级地方在特定的区域内建立一定形式、具有层次唯一性的政权机关为标志。

根据《中华人民共和国宪法》规定，我国的行政区域划分如下：

（1）全国分为省、自治区、直辖市和特别行政区；

（2）省、自治区分为自治州、县、自治县、市；

（3）县、自治县分为乡、民族乡、镇；

（4）自治州分为县、自治县、市；

（自治区、自治州、自治县都是民族自治地方）

（5）直辖市和较大的市分为区、县；

(6)特别行政区是根据《中华人民共和国香港特别行政区基本法》和《中华人民共和国澳门特别行政区基本法》设立的香港和澳门两个特别行政区。

目前中国有34个省级行政区,即23个省、4个直辖市、5个自治区和2个特别行政区,见图6-1。

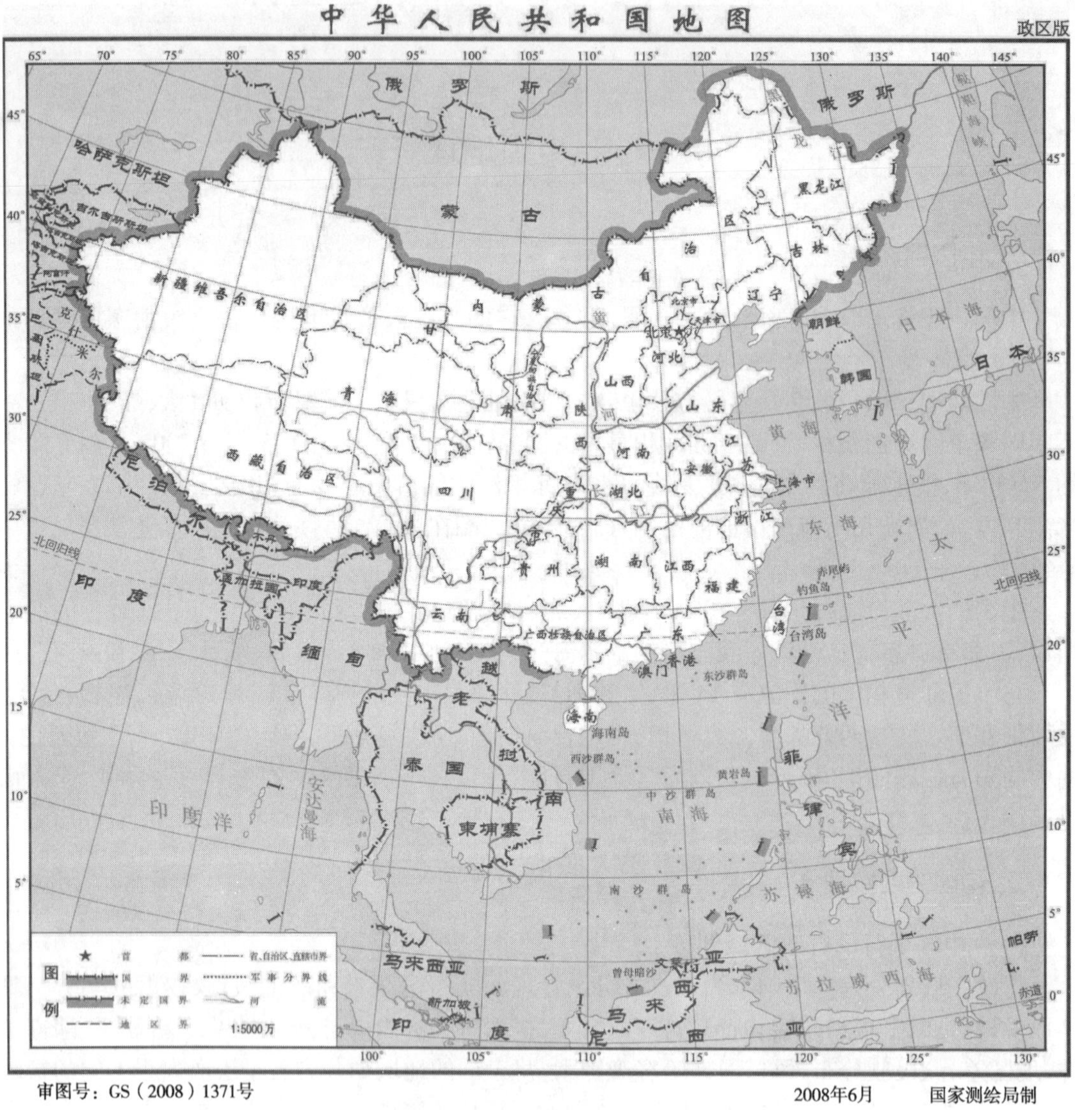

中华人民共和国地图

政区版

审图号:GS(2008)1371号　　2008年6月　　国家测绘局制

图6-1　中国行政区划图

资料来源:国家测绘局网站

(二)主要经济发展区划分

长江三角洲(简称长三角)、珠江三角洲(简称珠三角)和环渤海地区是目前我国三大主要的经济发展区域。

长三角包括上海市、江苏省和浙江省。它紧临东海,是长江和钱塘江在入海处冲积成的三角洲,长江三角洲城市群是我国城市化程度最高、城镇分布最密集、经济发展水平最高的地区。

珠三角,位于广东省东部沿海,是西江、北江共同冲积成的大三角洲与东江冲积成的小三

角洲的总称,包括广州、深圳、珠海、佛山、东莞、江门、中山、惠州市区、博罗县、惠东县、肇庆市区、四会市和高要市。水陆交通发达,与海外联系便捷,是内地沿海南部通向世界的重要门户地区。近些年来又提出了"泛珠三角"的概念,其中包括广东、福建、湖南、江西、广西、四川、海南、云南、贵州九个省区和香港、澳门两个特别行政区,简称为"9+2"。这说明了珠三角的迅速崛起以及有着巨大的拓展空间,并且有望成为世界瞩目的特大经济区。

环渤海地区,是指环绕着渤海全部及黄海的部分沿岸地区所形成的经济区域,位于中国沿太平洋西岸的北部,在中国对外开放的沿海发展战略中,占有重要地位。环渤海地区包括北京、天津两大直辖市以及辽宁、河北、山东、山西和内蒙古中部地区,共五省(区)二市。国家有关部门正式确立了"环渤海经济区"的概念,并对其进行了单独的区域规划。环渤海地区是中国交通网络最为密集的区域之一,是我国航空、海运、公路、铁路、通信网络的枢纽地带,是沟通东北、华北、西北经济和进入国际市场的重要集散地。

(三)难认地名拼音注释

1. 东北区

省	市、县名称读音		
辽宁	阜(fù)新	桓(huán)仁	岫(xiù)岩
吉林	磐(pán)石	乾(qián)安	镇赉(lài)
黑龙江	肇(zhào)东	穆陵(líng)	

2. 华北区

省、直辖市、自治区	市、县名称读音		
天津市	蓟(jì)县		
河北省	滦(luán)县 藁(gǎo)城	井陉(xíng) 蔚(yù)县	蠡(lí)县 任(rén)丘
山西省	临猗(yī) 隰(xí)县 繁峙(shì)	岢(kě)岚 忻(xīn)州 芮(ruì)城	稷(jì)山 襄垣(yuán) 盂(yú)县
内蒙古自治区	巴彦淖(nào)尔	磴(dèng)口	扎赉(lài)特旗

3. 华东区

省	市、县名称读音		
江苏省	邳(pī)州 睢(suī)宁 盱眙(xū yí)	溧(lì)阳 沭(shù)阳 六(lù)合	如皋(gāo) 邗(hán)江
浙江省	诸暨(jì) 南浔(xún) 上虞(yú)	鄞(yín)州 嵊泗(shèng sì) 台(tāi)州	衢(qú)州 缙(jìn)云 丽(lí)水
安徽省	亳(bó)州 枞(zōng)阳 歙(shè)县 颍(yǐng)上	旌(jīng)德 蚌埠(bèng bù) 濉(suī)溪 宿(sù)州	砀(dàng)山 滁(chú)州 黟(yī)县

续上表

省	市、县名称读音		
福建省	闽侯(hòu) 诏(zhào)安	柘(zhè)荣	建瓯(ōu)
江西省	鄱(pó)阳	弋(yì)阳	婺(wù)源
山东省	莘(shēn)县 郓(yùn)城 牟(mù)平 淄(zī)博 茌(chí)平	济(jǐ)南 郯(tán)城 临朐(qú) 无棣(dì)	兖(yǎn)州 莒(jǔ)县 邹(zōu)平 鄄(juàn)城

4. 中南区

省、自治区	市、县名称读音		
河南省	荥(xíng)阳 郾(yǎn)城 泌(bì)阳 郏(jiá)县 杞(qǐ)县	渑(miǎn)池 濮(pú)阳 鄢(yān)陵 漯(luò)河 潢(huáng)川	浚(xùn)县 临颍(yǐng) 嵩(sōng)县 武陟(zhì)
湖北省	浠(xī)水 郧(yún)西	黄陂(pí) 秭(zǐ)归	蕲(qí)春
湖南省	郴(chēn)州 醴(lǐ)陵 澧(lǐ)县	耒(lěi)阳 汨(mì)罗 沅(yuán)陵	攸(yōu)县 芷(zhǐ)江
广东省	大埔(bù)	番禺(pān yú)	东莞(guǎn)
广西壮族自治区	岑(cén)溪	邕(yōng)宁	
海南省	儋(dān)州		

5. 西南区

省、自治区、直辖市	市、县名称读音		
重庆市	涪(fú)陵	酉(yǒu)阳	綦(qí)江
四川省	什邡(shí fāng) 汶(wèn)川 犍为(qián wéi) 阆(làng)中	郫(pí)县 荥(yíng)经 筠(jūn)连	珙(gǒng)县 邛崃(qióng lái) 华蓥(yíng)
贵州省	湄(méi)潭	瓮(wèng)安	石阡(qiān)
云南省	砚(yàn)山 牟(móu)定	漾濞(bì) 勐(měng)海	宁蒗(làng)
西藏自治区	察隅(yú)	贡嘎(gā)	

6. 西北区

省、自治区	市、县名称读音		
陕西省	阎(yán)良	柞(zhà)水	岚皋(gāo)
甘肃省	碌(lù)曲 迭(dié)部	宕(dàng)昌	泾(jīng)川
青海省	海晏(yàn)		
新疆维吾尔自治区	尉(yù)犁 焉耆(qí)	若羌(qiāng) 噶(gá)尔	鄯(shàn)善

第二节　中国的交通运输

目前我国快递运输采取航空、陆路(包括铁路和公路)和水路几种运输方式,其中主要以航空和陆路运输为主,水路运输使用相对较少。

一、航空运输

改革开发以来,我国的民用航空事业发展迅速。航线安排以大城市为中心,在大城市之间建立干线航线,同时辅以支线航线,由大城市辐射至周围小城市。航线按起讫点的归属不同分为国际航线和国内航线。国内航线又可分为干线航线和支线航线。干线航线是指连接北京和各省会、直辖市或自治区首府或各省、自治区所属城市之间的航线,如北京—上海航线、上海—南京航线等。支线航线则是指一个省或自治区之内的各城市之间的航线。2007 年我国国内航线达到 1 216 条(至香港、澳门 48 条),全国通航 146 个城市,已形成以北京为中心,以上海、天津、重庆、西安、广州等城市为起点的主要航空线,联系各省、自治区、直辖市的国内航空运输网。

目前我国有中国国际航空股份有限公司、中国南方航空股份有限公司和中国东方航空公司等主要航空公司(表 6-1),近些年来民营航空公司发展迅速,已有以春秋航空公司、奥凯航空公司、吉祥航空公司为代表的七家民营航空公司。有的快递企业具备自有飞机,大部分快递企业则依托航空公司进行快件的运输,主要采取班机运输、包机运输和集中托运等方式。

我国主要航空公司标志、代码及名称　　表 6-1

航空公司标志	代　码	航空公司名称
	CA	中国国际航空股份有限公司

续上表

航空公司标志	代　码	航空公司名称
	WH	中国西北航空公司
	CZ	中国南方航空股份有限公司
	MU	中国东方航空公司
	X2	中国新华航空公司
	SZ	中国西南航空公司
	CJ	中国北方航空公司

续上表

航空公司标志	代　码	航空公司名称
	FM	上海航空公司
	3U	四川航空股份公司
	MF	厦门航空有限公司

小　知　识

我国国内航空号的编排由航空公司的两字代码和四位阿拉伯数字组成。航空公司的代码由民航总局规定，后面的四位数字分别代表：第一位代表航空公司的基地所在地区，第二位代表航班终点所在地区（1是华北、2是西北、3是华南、4是西南、5是华东、6是东北、8是厦门、9是新疆），第三、四位代表航班的序号（奇数表示由基地出发向外飞的航班，偶数表示飞回基地的回程航班）。如深圳—北京航班CZ3151，CZ是南方航空公司的代码，第一位数字3表示华南地区，南航的基地在广州；1表示华北，北京在华北地区；51是航班号，由于末尾是奇数因此表示从基地广州出发向外飞的航班。

二、公路运输

公路运输是快递运输的另一主要方式，可以“从门口到门口”将快件直接送到家庭、单位、企业等，并且可以通达乡村，甚至是边远地区。

我国的公路按照技术指标要求可分为高速公路、一级公路、二级公路、三级公路、四级公路和等外级公路六级;按照在公路网中的地位和作用可分为国道、省道、县道、乡道和村道五级,其中国道是全国公路网的骨干道路,起到联系其他各级道路的重要作用;按照公路路面类型可分为铺装路面、简易铺装路面和未铺装路面。目前我国的公路已遍布全国各地,截至2007年底,公路通车总里程达358.37万公里,其中全国等级公路里程253.54万公里,占公路总里程的70.7%,二级及以上高等级公路里程38.04万公里,高速公路5.39万公里,一级公路5.01万公里,二级公路27.64万公里,三级公路36.39万公里,四级公路179.10万公里,等外级公路104.83万公里。国道13.71万公里,省道25.52万公里,县道51.44万公里,乡道99.84万公里,村道162.15万公里。全国铺装路面125.03万公里,其中沥青混凝土路面40.16万公里,水泥混凝土路面84.88万公里,简易铺装路面52.62万公里,未铺装路面180.72万公里。

1. 国道主干线——五纵七横

历时近15年,总规模约3.5万公里的"五纵七横"国道主干线于2007年年底基本贯通,见表6-2和图6-2。国道主干线由5条纵线和7条横线组成,这12条主干线全部都是二级以上的高等级公路,其中高速公路约占总里程的76%,一级公路约占总里程的4.5%,二级公路占总里程19.5%。主干线连接了首都、各省省会、直辖市、经济特区、主要交通枢纽和重要对外开放口岸,覆盖了全国所有人口在100万以上的特大城市和93%的人口在50万以上的大城市,是具有全国性政治、经济、国防意义的重要干线公路。

国道"五纵七横"主干线　　表6-2

五　纵	七　横
同江—三亚	绥芬河—满洲里
北京—福州	丹东—拉萨
北京—珠海	青岛—银川
二连浩特—河口	连云港—霍尔果斯
重庆—湛江	上海—成都
	上海—瑞丽
	衡阳—昆明

2. 国家干线公路路线

我国国家公路干线的编号是以1、2、3为字头的,1字头表示是以北京为起点的放射线状干线公路,2字头是南北纵向干线公路,3字头是东西横向干线公路。我国1字头的干线公路共有12条,如G101指的是京沈线,由北京发出,路经承德,到达沈阳。2字头的干线公路共有28条,如G212是兰渝线,由兰州发出,路经广元最后到达重庆。3字头的干线公路共有30条,如G308是青石线,从青岛出发,路经潍坊、济南最后到达石家庄,见图6-3。

三、铁路运输

铁路运输是我国综合运输网的主力,也是快递运输必不可少的方式之一。铁路网是由相互连接的铁路干线、支线、联络线和铁路枢纽构成的铁路网系统。目前我国铁路已基本形成以北京为中心,以四纵、三横、三网和关内外三线为骨架,可通达全国的省市区的铁路网。这里的

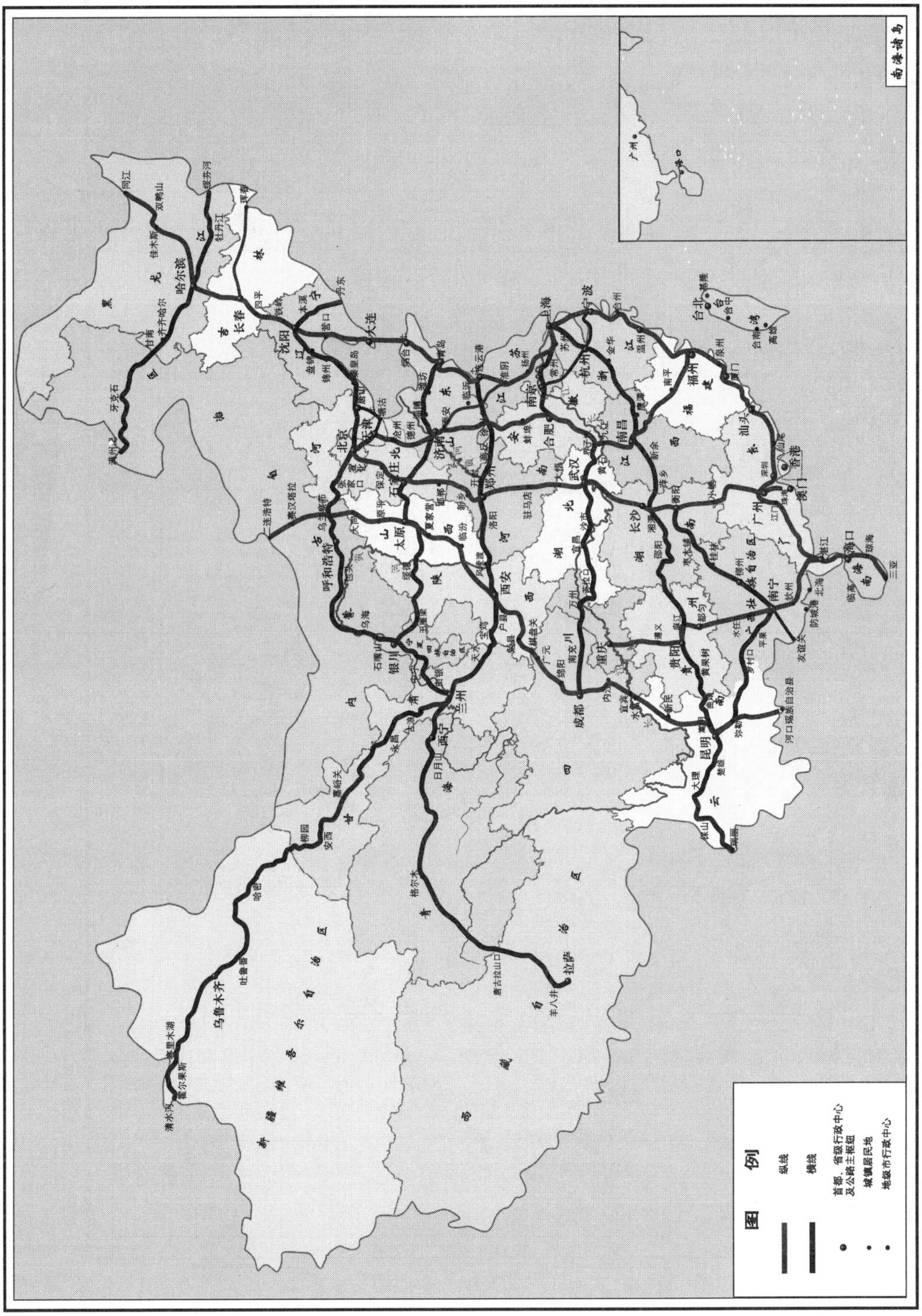

图 6-2 “五纵七横”图道主干线示意图

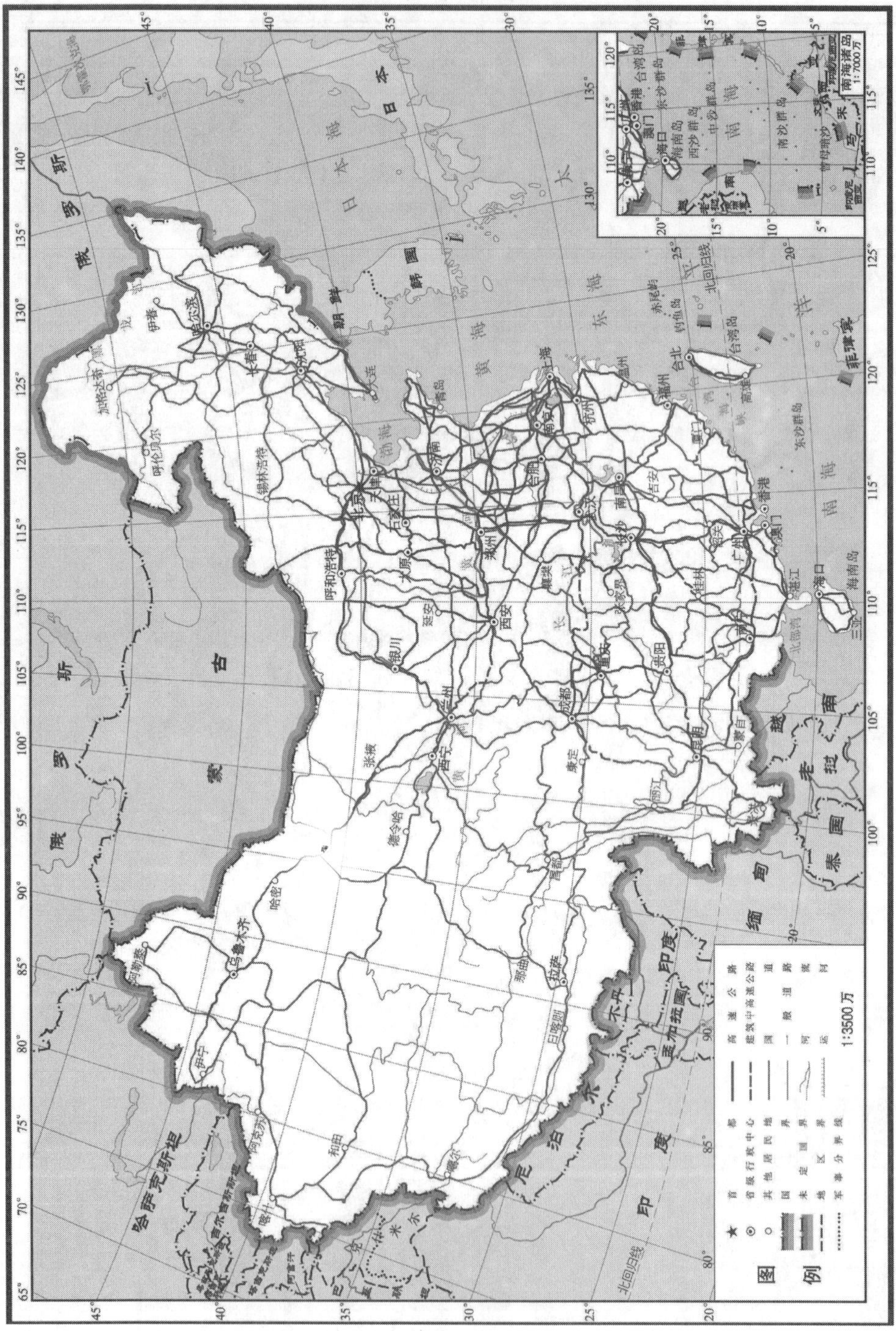

审图号：GS（2008）1321号　　2008年6月　　国家测绘局制

图6-3　我国公路交通图

资料来源:国家测绘局网站

四纵是指京广线、京九线、京沪线、北同蒲—太焦—焦柳线；三横是指京秦—京包—包兰—兰青—青藏线、陇海—兰新线、沪杭—浙赣—湘黔—贵昆线；三网指的是东北铁路网、西南铁路网和台湾铁路网；关内外三线是京沈线、京通线和京承—锦承线。

铁路枢纽是在两条或两条以上的铁路线交汇处，由若干个车站、线路及一系列设备组成的运输生产整体，任务是办理各线之间大量客货列车的解体、编组、转线等业务。我国铁路枢纽众多，比较大的有40多个，其中重要的有北京、广州、上海、徐州、哈尔滨、贵阳、重庆、昆明、西安、乌鲁木齐、呼和浩特等20个，见图6-4。

小　知　识

铁路列车的车次编排和上行、下行有关。进京方向或是从支线到干线称为上行车次，上行车次编为双号；离京方向或是从干线到支线称为下行车次，下行车次编为单号。如：T11次是北京开往沈阳北方向，为下行车次；T12是沈阳北开往北京方向，为上行车次。

列车编号前会出现"Z、T、K、D、N、L"等字母，分别代表不同的含义。Z开头的列车：简称直特，是直达特别快速旅客列车，字母Z是"直"字的汉语拼音简写。此种列车在行程中一站不停或者经停必需站但不办理客运业务。T开头的列车：简称特快，是特别快速旅客列车，字母T是"特"字汉语拼音的简写。这样的列车在行程中一般只经停省会城市或当地的大型城市。K开头的列车：简称快速，是快速旅客列车，此种列车在行程中一般只经停地级行政中心或重要的县级行政中心。D开头的列车是动车组列车。N开头的列车：简称管内快速，是管内快速旅客列车，字母N是"内"字汉语拼音的简写。L开头的列车是临时旅客列车，这样的列车一般经停一些重要车站。

四、水路运输

我国的水上运输有着悠久的历史，水上运输条件十分优越，是大宗货物的主要运输方式，但由于受自然条件的限制，而且速度慢、连续性较差，因此快递运输中采用水路运输方式较少。

我国的主要内河航道有长江航道、珠江航道和京杭大运河。长江航道有"黄金航道"的美称，干流航线与京广、京九、京沪等多条铁路线及京杭运河相交，既沟通内地和沿海，又联系了南北各大地区。珠江是我国南方最大的河流，流域面积达45.3万平方公里，水量仅次于长江。珠江三角洲航运最为发达，这里水网密布，沟通海洋，从广州到我国南方黄埔港，一般能通航远洋海轮。京杭大运河北起北京，南至杭州，史上曾是我国南北交通大动脉，流经京、津、冀、鲁、苏、浙6省市，全长近1 800km，沟通长江、黄河、海河、淮河、钱塘江五大水系。目前通航河段是山东济南以南河段，在我国内河航运中货运量居第三位。

我国海运分为沿海航线和远洋航线。沿海航线主要以国内城市间的运输运输为主，远洋航线则以国际运输为主。沿海航线分为南方沿海航区和北方沿海航区。南方沿海航区以广州为中心，主要通航海港有厦门、汕头、湛江、海口等。北方沿海航区以大连、上海为中心，主要通航海港有天津、秦皇岛、宁波、烟台、青岛、连云港等。

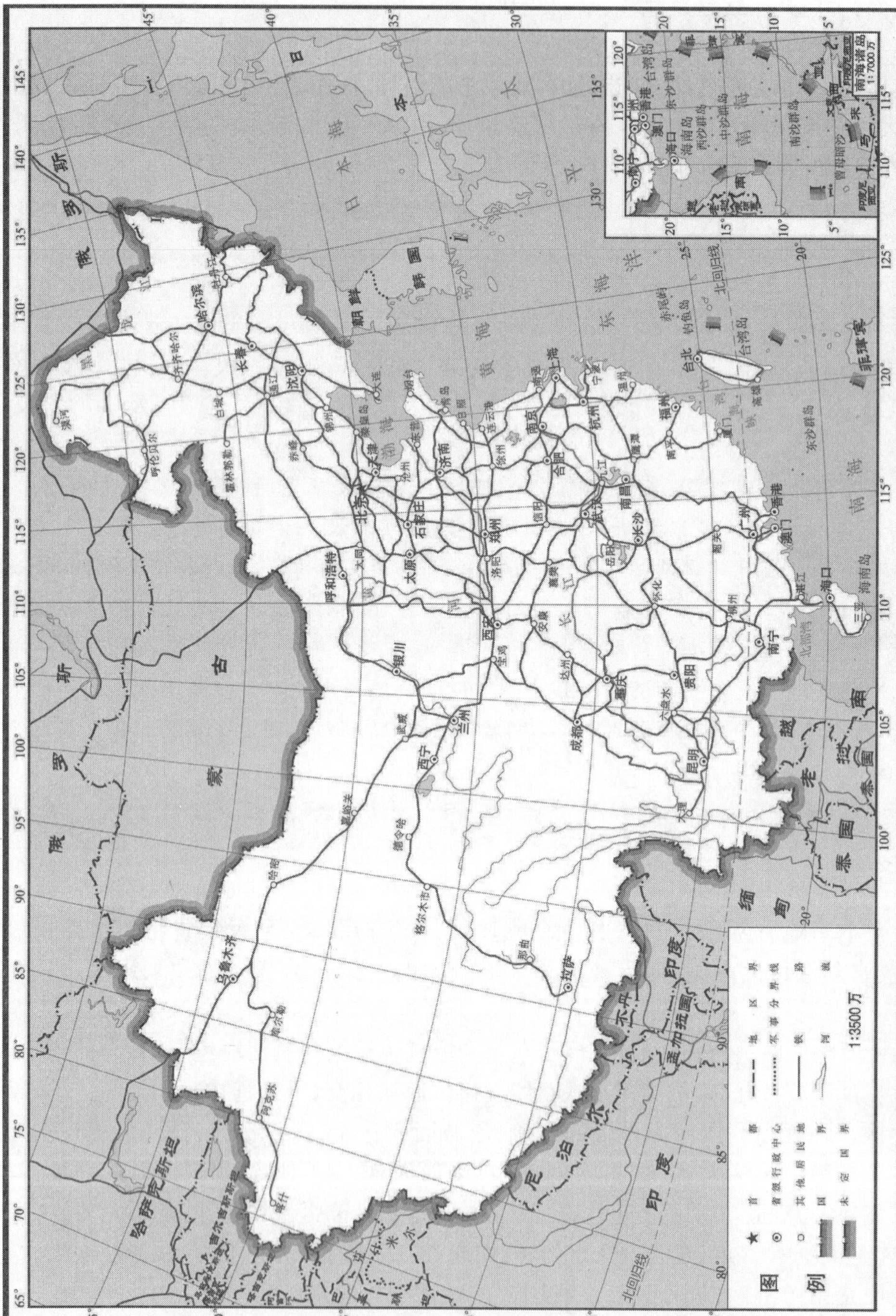

审图号：GS（2008）1267号　　2008年6月　　国家测绘局制

图 6-4　我国铁路交通图

资料来源：国家测绘局网站

第三节　世界地理概况

一、世界自然地理概况

(一)地球概貌

地球表面大部分是海洋,陆地只占一小部分。地球表面总面积约5.1亿平方公里,其中陆地面积约1.49亿平方公里,占地表总面积的29.2%,海洋面积约3.61亿平方公里,占总面积的70.8%。

地球表面的海洋是相互沟通的,形成了统一的世界大洋。根据海陆分布形势,世界海洋可分为四部分,即我们通常所说的四大洋,按面积大小依次为:太平洋、大西洋、印度洋、北冰洋。

地球表面的陆地被海洋分隔成大小不等的许多块,我们通常把海洋所包围的大面积陆地叫做大陆,小块陆地叫做岛屿。大陆及其附近的岛屿合称为洲。地球上有七大洲,按面积大小依次为:亚洲、非洲、北美洲、南美洲、南极洲、欧洲和大洋洲。

(二)世界区域划分

亚洲是世界第一大洲,位于东半球的东北部,按地理方位分为:东亚、东南亚、南亚、西亚、中亚和北亚。亚洲主要有中国、日本、韩国、印度、柬埔寨、伊朗、哈萨克斯坦等48个国家和地区。

非洲作为世界第二大洲,位于亚洲的西南,按地理方位分为:北非、西非、中非、东非和南非。非洲主要有埃及、肯尼亚、南非、尼日利亚等56个国家和地区。

北美洲位于西半球北部,是世界第三大洲,有37个国家和地区。主要有加拿大、美国、墨西哥、巴拿马等国家。

欧洲位于亚洲西面,按地理方位分为:东欧、西欧、南欧、北欧和中欧。欧洲主要有俄罗斯、英国、法国、荷兰、意大利、德国、芬兰、西班牙、瑞典等45个国家和地区。

南美洲位于西半球南部,有12个国家,主要有巴西、阿根廷、智利、乌拉圭等国。

大洋洲介于亚洲和南极洲之间,全洲有14个独立国家和十几个地区,主要有新西兰、汤加、斐济等国。

(三)时区

地球自西向东自转,东边总比西边先看到太阳,东边的时间也总比西边的早。假如根据当地的正午,也就是当天太阳位置最高时来决定的时间则只能适用于当地,并不适用其他国家,这就造成了种种不便。为了克服时间上的混乱,1884年在华盛顿召开的国际经度会议上,规定将地球表面按经线平均划分为24个时区,每个时区跨经度为15度,时间正好是1小时。世界时区划分以经过英国伦敦格林尼治天文台的经线即0度经线为标准,首先分别向东、西方向各跨7.5度,也就是西经7.5度到东经7.5度这一时区是中时区(零时区),然后中时区以东是东1~东12区,以西是西1~西12区。每个时区的中央经线上的时间就是这个时区内统一采用的时间,称为区时。例如,我国在东8区,时间就比在东7区的泰国的时间早1小时,而比在东9区的日本的时间晚1小时。因此,向西走,每过一个时区,就要把表拨慢1小时;向东走,每过一个时区,就要把表拨快1小时。我国把首都北京所在的东8区的时间作为全国统一的时间,称为北京时间。

(四)我国的国际运输

我国的国际运输是我国运输业的重要组成部分,是加强我国与其他国家联系,增强友好关系、实现共同发展的重要领域,在对外开放中发挥着重要作用。随着快递服务业的迅速发展,往来于国际间的快件不断增多,国际运输成为实现其快速发展的必要手段。

航空　我国的国际航线和国际航空业务发展迅速,航空班机已飞往五大洲的40多个国家,与180多个外国航空公司建立了业务联系。国际航线主要是从北京、上海、广州、天津等地发出,如北京至伦敦、纽约、悉尼、东京等地的国际航线。

陆路　目前,我国已与俄罗斯、蒙古、哈萨克斯坦、尼泊尔、缅甸、老挝、越南、柬埔寨和泰国等14个国家签署了政府间汽车运输协定。我国与周边国家商定开通了242条国际道路运输线路,已开通的国际道路客货运输线路共有201条,其中客运线路100条,货运线路101条。如今我国与地域相邻的俄罗斯、中亚各国等均有铁路相通。

水路　我国已开辟了30多条远洋运输航线,同世界150多个国家和地区的重要港口有航运联系。远洋航线以上海、大连、秦皇岛、天津、青岛、广州、宁波等沿海开放港口城市为出口岸,分为东行、西行、南行和北行航线。东行航线东至日本、横渡太平洋到达美洲各国港口,西行航线可达东南亚、南亚、西亚、非洲和欧洲各港口,南行航线到达东南亚和大洋洲各港口,北行航线到朝鲜、韩国和俄罗斯远东沿海港口。

第四节　百家姓知识

“姓氏”在现代汉语中是一个词,但在秦汉以前,姓和氏有明显的区别。先有姓后有氏。姓源于母系社会,同一个姓表示同一个母系的血缘关系。中国最早的姓,如:姜,姚,姒,妫,嬴等,大都是“女”字旁的。而氏是以父系来标识血缘关系,是在父权家长制确立后才出现的。

《百家姓》将常见的姓氏编成四字一句的韵文,像一首四言诗,便与诵读和记忆,因此,流传至今,影响极深。

但是谁创造了《百家姓》?它何时初具规模?又何时出版?这些问题直到今天还是个迷。根据明清朝代有文字记载的学者的研究,《百家姓》早在宋朝以前就存在。在宋朝初期由一位地处吴、越地区(现今浙江省杭州市)不知名的儒家学者将其编辑、装订成册。据南宋学者王明清考证,该书前几个姓氏的排列是有讲究的:赵是指赵宋,既然是国君的姓理应为首;其次是钱姓,钱是五代十国中吴越国王的姓氏;孙为当时国王钱俶的正妃之姓;李为南唐国王李氏。

姓氏同快递服务业务,特别是派送业务联系紧密。快递业务员,尤其是负责派送的快递业务员熟悉并牢牢记住这些姓氏,有利于提高派送快件的速度和质量。

《百家姓》原先收集411个姓,后经增补到现在的504个姓,其中单姓444个,复姓60个。以下是504个姓氏:

赵(zhào)	钱(qián)	孙(sūn)	李(lǐ)
周(zhōu)	吴(wú)	郑(zhèng)	王(wáng)
冯(féng)	陈(chén)	褚(chǔ)	卫(wèi)

蒋(jiǎng)　沈(shěn)　韩(hán)　杨(yáng)
朱(zhū)　秦(qín)　尤(yóu)　许(xǔ)
何(hé)　吕(lǚ)　施(shī)　张(zhāng)
孔(kǒng)　曹(cáo)　严(yán)　华(huà)
金(jīn)　魏(wèi)　陶(táo)　姜(jiāng)
戚(qī)　谢(xiè)　邹(zōu)　喻(yù)
柏(bǎi)　水(shuǐ)　窦(dòu)　章(zhāng)
云(yún)　苏(sū)　潘(pān)　葛(gě)
奚(xī)　范(fàn)　彭(péng)　郎(láng)
鲁(lǔ)　韦(wéi)　昌(chāng)　马(mǎ)
苗(miáo)　凤(fèng)　花(huā)　方(fāng)
俞(yú)　任(rén)　袁(yuán)　柳(liǔ)
酆(fēng)　鲍(bào)　史(shǐ)　唐(táng)
费 (fèi)　廉(lián)　岑(cén)　薛(xuē)
雷(léi)　贺(hè)　倪(ní)　汤(tāng)
滕(téng)　殷(yīn)　罗(luó)　毕(bì)
郝(hǎo)　邬(wū)　安(ān)　常(cháng)
乐(yuè/lè)　于(yú)　时(shí)　傅(fù)
皮(pí)　卞(biàn)　齐(qí)　康(kāng)
伍(wǔ)　余(yú)　元(yuán)　卜(bǔ)
顾(gù)　孟(mèng)　平(píng)　黄(huáng)
和(hé)　穆(mù)　萧(xiāo)　尹(yǐn)
姚(yáo)　邵(shào)　湛(zhàn)　汪(wāng)
祁(qí)　毛(máo)　禹(yǔ)　狄(dí)
米(mǐ)　贝(bèi)　明(míng)　臧(zāng)
计(jì)　伏(fú)　成(chéng)　戴(dài)
谈(tán)　宋(sòng)　茅(máo)　庞(páng)
熊(xióng)　纪(jì)　舒(shū)　屈(qū)
项(xiàng)　祝(zhù)　董(dǒng)　梁(liáng)
杜(dù)　阮 (ruǎn)　蓝(lán)　闵(mǐn)
席(xí)　季(jì)　麻(má)　强(qiáng)
贾(jiǎ)　路(lù)　娄(lóu)　危(wēi)
江(jiāng)　童 (tóng)　颜(yán)　郭(guō)
梅(méi)　盛(shèng)　林(lín)　刁(diāo)
钟(zhōng)　徐(xú)　丘(qiū)　骆(luò)
高(gāo)　夏(xià)　蔡(cài)　田(tián)
樊(fán)　胡(hú)　凌(líng)　霍(huò)
虞(yú)　万(wàn)　支(zhī)　柯(kē)
昝(zǎn)　管(guǎn)　卢(lú)　莫(mò)

经(jīng)
干(gān)
丁(dīng)
郁(yù)
包(bāo)
崔(cuī)
程(chéng)
裴(péi)
荀(xún)
甄(zhēn)
芮(ruì)
汲(jí)
井(jǐng)
乌(wū)
牧(mù)
车(chē)
全(quán)
秋(qiū)
宁(nìng)
甘(gān)
祖(zǔ)
景(jǐng)
叶(yè)
郜 (gào)
印(yìn)
蒲(pú)
索(suǒ)
卓(zhuó)
池(chí)
胥(xū)
闻(wén)
谭(tán)
姬(jī)
冉(rǎn)
郤(xì)
濮(pú)
边(biān)
郏(jiá)
温(wēn)

房(fáng)
解(xiè)
宣(xuān)
单(shàn)
诸(zhū)
吉(jí)
嵇(jī)
陆(lù)
羊(yáng)
麴(qū)
羿(yì)
邴(bǐng)
段(duàn)
焦(jiāo)
隗(kúi/wěi)
侯(hóu)
郗(xī)
仲(zhòng)
仇(qiú)
钭(tǒu)
武(wǔ)
詹(zhān)
幸(xìng)
黎(lí)
宿(sù)
台(tái)
咸(xián)
蔺(lìn)
乔(qiáo)
能(néng)
莘(shēn)
贡(gòng)
申(shēn)
宰(zǎi)
璩(qú)
牛(niú)
扈(hù)
浦(pǔ)
别(bié)

裘(qiú)
应(yìng)
贲(bēn)
杭(háng)
左(zuǒ)
钮 (niǔ)
邢(xíng)
荣(róng)
於(yū)
家(jiā)
储 (chǔ)
糜(mí)
富(fù)
巴(bā)
山(shān)
宓(mì)
班(bān)
伊(yī)
栾(luán)
厉 (lì)
符(fú)
束(shù)
司(sī)
蓟(jì)
白(bái)
从(cóng)
籍(jí)
屠(tú)
阴(yīn)
苍(cāng)
党(dǎng)
劳(láo)
扶(fú)
郦(lì)
桑(sāng)
寿(shòu)
燕(yān)
尚(shàng)
庄(zhuāng)

缪(miào)
宗(zōng)
邓(dèng)
洪(hóng)
石(shí)
龚(gōng)
滑(huá)
翁(wēng)
惠(huì)
封(fēng)
靳(jìn)
松(sōng)
巫(wū)
弓(gōng)
谷(gǔ)
蓬(péng)
仰(yǎng)
宫(gōng)
暴(bào)
戎(róng)
刘(liú)
龙(lóng)
韶(sháo)
薄(bó)
怀(huái)
鄂(è)
赖(lài)
蒙(méng)
鬱(yù)
双(shuāng)
翟(zhái)
逄(páng)
堵(dǔ)
雍(yōng)
桂(guì)
通(tōng)
冀(jì)
农(nóng)
晏(yàn)

柴(chái)
慕(mù)
宦(huàn)
向(xiàng)
戈(gē)
暨(jì)
都(dōu)
匡(kuāng)
广(guǎng)
欧(ōu)
蔚(yù)
师(shī)
晁(cháo)
冷(lěng)
那(nā)
曾(zēng)
养(yǎng)
巢(cháo)
查(zhā)
游(yóu)
盖(gě)
仉 (zhǎng)
闫 (yán)
涂 (tú)
岳 (yuè)
况 (kuàng)
商 (shāng)
伯 (bó)
谯(qiáo)
阳 (yáng)
万俟(mò qí)
夏侯(xià hóu)
赫连(hè lián)
澹台(tán tái)
淳于(chún yú)
公孙(gōng sūn)
钟离(zhōng lí)
鲜于(xiān yú)
亓官(qí guān)

瞿(qú)
连(lián)
艾(ài)
古(gǔ)
廖(liào)
居(jū)
耿(gěng)
国(guó)
禄(lù)
殳(shū)
越(yuè)
巩(gǒng)
勾(gōu)
訾(zī)
简(jiǎn)
毋(wú)
鞠(jū)
关(guān)
後 (hòu)
竺(zhú)
益(yì)
督(dū)
法(fǎ)
钦(qīn)
帅(shuài)
后(hòu)
牟(móu)
赏(shǎng)
笪(dá)
佟(tóng)
司马(sī mǎ)
诸葛(zhū gě)
皇甫(huáng fǔ)
公冶(gōng yě)
单于(chán yú)
仲孙(zhòng sūn)
宇文(yǔ wén)
闾丘(lǘ qiū)
司寇(sī kòu)

阎(yán)
茹(rú)
鱼(yú)
易(yì)
庾(yǔ)
衡(héng)
满(mǎn)
文(wén)
阙(què)
沃(wò)
夔(kuí)
厍(shè)
敖(áo)
辛(xīn)
饶(ráo)
沙(shā)
须(xū)
蒯(kuǎi)
荆(jīng)
权(quán)
桓(huán)
晋(jìn)
汝 (rǔ)
归 (guī)
缑 (gōu)
有 (yǒu)
佘 (shé)
墨 (mò)
年 (nián)
言 (yán)
上官(shàng guān)
闻人(wén rén)
尉迟(yù chí)
宗政(zōng zhèng)
太叔(tài shū)
轩辕(xuān yuán)
长孙(zhǎng sūn)
司徒(sī tú)
子车(zǐ chē)

充(chōng)
习(xí)
容(róng)
慎(shèn)
终(zhōng)
步(bù)
弘(hóng)
寇(kòu)
东(dōng)
利(lì)
隆(lóng)
聂(niè)
融(róng)
阚(kàn)
空(kōng)
乜(niè)
丰(fēng)
相(xiāng)
红(hóng)
逯(lù)
公(gōng)
楚(chǔ)
鄢(yān)
海(hǎi)
亢(kàng)
琴(qín)
佴(nài)
哈(hǎ)
爱(ài)
福(fú)
欧阳(ōu yáng)
东方(dōng fāng)
公羊(gōng yáng)
濮阳(pú yáng)
申屠(shēn tú)
令狐(líng hú)
慕容(mù róng)
司空(sī kōng)
颛孙(zhuān sūn)

端木(duān mù)	巫马 (wū mǎ)	公西(gōng xī)	漆雕(qī diāo)
乐正(yuè zhèng)	壤驷(rǎng sì)	公良(gōng liáng)	拓拔(tuò bá)
夹谷(jiá gǔ)	宰父(zǎi fù)	谷梁(gǔ liáng)	段干(duàn gàn)
百里(bǎi lǐ)	东郭(dōng guō)	南门(nán mén)	呼延(hū yán)
羊舌(yang shé)	微生(wēi shēng)	梁丘(liáng qiū)	左丘(zuǒ qiū)
东门(dōng mén)	西门(xī mén)	南宫(nán gōng)	第五(dì wǔ)

第七章　计算机与条码知识

第一节　计算机知识

计算机又称电脑，是一种能快速、高效地完成信息处理的数字化电子设备。它能按照人们编写的程序对数据进行加工处理、存储或传送，获得所期望的结果信息，并利用这些信息来提高劳动生产率、提高人们的生活质量。

通常可以将计算机分为巨型机、大型机、小型机、微型机、工作站几类，本节中所说的计算机主要是指微型机，即个人计算机（简称 PC 机），包括便携式和台式两种。这种计算机的特点是体积小、重量轻、价格低廉、易使用、应用面广，使用者主要是个人或者家庭。

一、计算机基础知识

（一）计算机硬件系统

计算机的硬件系统是指实际的物理设备，形象地说就是"看得见、摸得着"的计算机主机和外设的物理实体。从功能角度而言，主要包括五大部件：控制器、运算器、存储器、输入设备、输出设备。

1. 微处理器（CPU）

微处理器即中央处理器，是由控制器和运算器共同组成的，是计算机的核心部分，相当于计算机的"大脑"。控制器是计算机的控制、协调中心，主要是按照要求控制、管理计算机系统各个部件协调一致的工作；运算器的主要功能是完成各种算术运算、逻辑运算以及移位、传送、比较等工作。

2. 存储器

存储器主要用于存放程序和数据，分为主存储器（内存储器，简称内存）和辅助存储器（外存储设备，简称外存）。内存主要是用来存储当前正在使用的程序和数据及其最终结果的，分为随机存储器（RAM）和只读存储器（ROM），前者可以写入也可以读出，但关机后数据将会丢失，后者只能读出，关机后数据不会丢失。辅助存储器简称外存，用来长期存储大量暂时不用的数据、程序及运算结果，包括软盘、硬盘、光盘、磁带等。

3. 输入设备

输入设备是用户将数据、指令和程序输入到计算机内存储器时所使用的设备，常用的有键盘、鼠标、扫描仪、光笔、CD－ROM、DVD－ROM。

4. 输出设备

输出设备是将计算机的处理结果转换成外界能够识别和使用的数字、文字、图形、声音等形式的设备，常用的主要有显示器、打印机、绘图仪、音响等。

通常将 CPU 和内存合称为"主机"，把输入设备和输出设备以及外存储器合称为外部设备。外存储器一般归属外部设备,它既可以作为输入设备,也可以作为输出设备。

(二)常用计算机软件介绍

软件是计算机系统中的各类程序、文件以及所需要的数据的总称。形象地说软件是“看不见、摸不着”的,其中最重要的是程序,它是计算机完成特定工作的最重要因素。

根据使用途径,可以将计算机软件分为系统软件和应用软件。

1. 系统软件

系统软件是指管理、监控和维护计算机资源的软件,如操作系统、汇编和编译程序等语言处理程序、系统实用程序等。

(1)常见的操作系统有微软公司出品的 Windows 系列、我国自主开发的红旗 Linux。目前个人计算机使用较多的是其中的 Windows 2000、Windows XP、Windows Vista。另外还有 Linux、UNIX 等操作软件。

(2)语言处理程序,又称程序设计语言,包括机器语言、汇编语言、高级语言。

(3)系统实用程序,一般是指一些服务性程序,主要从事对计算机监控、调试、故障诊断等工作。

2. 应用软件

应用软件是为解决实际问题或达到一定的应用目的而编制的程序,如办公软件、杀毒软件、媒体播放软件、图片处理软件以及一些行业专业软件等。

(1)办公软件最常用的包括:Word 和 WPS 处理软件,它主要是用于文字的排版输出;Excel 表格处理软件,它主要是用于表格数据的处理;PowerPoint 软件,它主要是用于演示文档的制作。

(2)常用的杀毒软件包括瑞星、诺顿、卡巴斯基、金山毒霸等。

(3)常用的媒体播放软件包括超级解霸、Realone、豪杰解霸、暴风影音等。

(4)图片处理软件主要是用于一些图片及照片的编辑处理,常用的有 Photoshop、ACDSee 等。

(5)行业专业软件主要是应一些行业的特殊业务需求而专门设计制作的应用软件,如快件跟踪查询系统和快递企业内部信息处理系统等。

3. 常用的汉字输入法

将汉字输入计算机的方法大体上分为两类,一是键盘输入,二是自然语言输入。因为自然语言输入在技术上还有一些需要解决的问题,所以目前人们普遍还是依靠键盘来进行汉字输入,主要的方法有拼音码输入和形码输入两种。

(1)拼音码输入,顾名思义就是运用汉字的拼音来进行汉字输入的方法。常见的拼音码输入方法包括智能 ABC 输入法、微软拼音输入法、紫光拼音输入法、搜狗拼音输入法等。

(2)形码输入法,就是根据汉字的笔画进行汉字输入的方法。常见的有五笔字型汉字输入法、五笔画输入法、表形码、二笔输入法等。

(三)计算机病毒知识

随着计算机的普及以及网络技术的发展,计算机使用时的安全问题就变得尤为重要。计算机病毒简单而言就是一种程序,它可以使个人计算机完全失去工作能力,甚至会造成数据完全丢失。

1. 计算机病毒的定义

计算机病毒，是一种可以自我复制、以破坏计算机的功能、毁坏数据、影响计算机的正常运行使用为目的的恶性计算机程序。

2. 计算机病毒的分类

通常而言分类的方法有很多种，一般用户接触较多的有蠕虫程序、木马程序等。它们或是直接侵入计算机并使其失去作用，或是让计算机在执行正常功能的同时还执行一些额外的、恶性作用的程序，还有的是靠不断地自我复制、覆盖系统存储器从而影响计算机的正常使用。

3. 计算机病毒的特点

(1)传染性：这是衡量一个程序是否为病毒的首要条件，指的是计算机病毒的再生机制。大多数计算机病毒都是通过不断地自我复制来达到破坏目的或扩大破坏效果的。

(2)人为性：计算机病毒从本质上来说也是一种程序，是人为编制的而并不是由计算机自身故障所产生的。

(3)潜伏性：计算机病毒可以隐藏在计算机系统中几周、几个月甚至是几年的时间而不被发现。通过隐蔽，病毒就可以完成自身的传染和复制。

(4)可触发性：计算机病毒一般都是有控制条件的，只有达到这个条件，计算机病毒才会被激活并开始传染或者破坏。

(5)破坏性：计算机病毒一旦被激活，就会对原有的计算机系统产生破坏作用。破坏作用有大有小，但都会导致一个共同的危害结果，那就是降低计算机系统的工作效率。

4. 计算机病毒的传播

计算机病毒可以通过存储设备进行传播，例如软盘、硬盘、光盘等，也可以通过计算机网络进行传播。

计算机病毒的传播还必须同时满足两个条件：一是计算机系统要处于运行状态；二是计算机要有对磁盘的读写操作或文件传送操作。

计算机病毒在传播时要先进入并存储在内存中，然后寻找机会进行传染，找到攻击目标后进行病毒复制和破坏。

5. 计算机病毒的检测与防治

(1)计算机病毒的检测

计算机病毒是具有潜伏性的，所以在其没有发作前，一般很难被察觉。当计算机病毒发作时，可以根据计算机运转状态出现的异常进行判断。常见的异常状况有以下几种。

①计算机运行速度变慢；

②计算机不明原因的重启或者死机；

③系统启动的时间过长或者不能正常启动；

④用户访问的设备无法正常使用；

⑤计算机中的文件丢失或被更改，常用的程序不能正常运行；

⑥屏幕上出现与程序无关的信息或者画面；

⑦计算机的外设，如打印机、显示器等无法正常工作；

⑧磁盘空间或内存空间无故变小。

(2)计算机病毒的防治

计算机病毒的防治主要是在使用计算机时注意以下几点:首先不要随意使用不明来源的软盘、光盘和程序,使用外来盘必须先杀毒;其次要定期对重要的程序或数据进行备份,如有需要,可对写入数据的软盘进行写保护,将重要的文件设置为“只读属性”;第三,要使用杀毒软件,采用防病毒软件的实时监控功能、定期对计算机系统进行病毒查杀、定期对杀毒软件进行升级。

目前常用的杀毒软件有瑞星杀毒软件、金山毒霸、江民KV系列杀毒软件、诺顿杀毒软件、卡巴斯基杀毒软件等。

二、计算机网络基础

计算机网络,是指把多个分布在不同地点上、具有独立自主功能的计算机通过通信方式连接起来以便进行信息交换、资源共享或协同工作的系统。按照网络覆盖范围的大小,可以将计算机网络分为局域网、区域网、广域网。

(一)局域网、区域网、广域网

1. 局域网

局域网,也称局部网,它是将一个小区域内的具有通信能力的个人计算机进行相互连接的通信网络。主要用于有限距离内的计算机之间进行数据和信息的传递。这里所说的有限距离,一般是指10km之内,几百米至数公里不等,可以覆盖一个大楼或是一个企业。

局域网的特点还包括数据传输率高、误码率低、网络协议简单、灵活等,所以局域网一般都比较稳定,性能可靠而且便于扩充和管理。

局域网的功能主要在于资源共享,所以通常采用“客户机—服务器”模式。客户机是局域网中的客户终端,一般是指用户使用的个人计算机,也称工作站,客户可以通过它向服务器发出请求,使用网络系统提供的服务。服务器是为网络中的所有客户机提供共享资源,并对这些资源进行管理的高性能计算机,一般采用大型机、小型机或高性能的计算机。

2. 区域网

区域网的覆盖范围比局域网要大一些,通常可以覆盖一个城市,从几十公里到几百公里不等,因此也称为城市网、城域网。它所要求的硬件、软件都比局域网要高一些,室外通信线路大多使用的是光缆。

3. 广域网

广域网是覆盖范围最大的网络系统,又称远程网。它是通过一组复杂的分组交换设备和通信线路将各主机与通信子网连接起来的大型网络。一个广域网中通常可以包含若干个局域网或者区域网。

在广域网中最为人所熟知的就是互联网。互联网与局域网的工作原理相同,但是局域网通常连接的只有几十到几百台计算机,而互联网连接了全球150多个国家、上亿台计算机,信息和资源可以通过互联网在全球范围内达到共享。

(二)互联网基础知识

1. 互联网的概念

互联网,是使用TCP/IP协议,将全世界不同国家、不同地区、不同部门和机构的各种不同类型和规模的独立管理运行的计算机国家骨干网、广域网、局域网通过网络互连设备高速互联而成的全球范围的计算机网络。这个全球计算机互联的网络是一个分组交换系统,采用客户

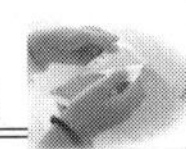

机—服务器模式。

互联网通过普通电话线、光缆、卫星、微波和其他高速率专用线路等通信手段把全世界的大学、公司、科研机构以及军事和政府等组成的网络连接起来，拥有全世界最丰富的信息资源。

2. 互联网的主要技术

(1)TCP/IP

互联网从1983年开始使用传输控制/互联网协议(TCP/IP，Transmission Control Protocol/Internet Protocol)参考模型。简单来说，TCP/IP是一组协议，它们能支持多台相同或不同类型的计算机进行信息交换，即它们解决了网络互联的问题。TCP和IP是其中最主要的两个协议，除此之外还包括UDP、ICMP以及ARP等协议。

(2)IP地址

IP地址是用来标明互联网中的计算机的，就像现实生活中的门牌号一样。互联网上的每一台服务器或者计算机都有一个唯一的IP协议地址号，简称IP地址。

互联网中的IP地址包括网络号和主机号，网络号用以识别网络，就像现实生活中标明"某某城市某某路"一样；主机号用于识别该网络中的主机，就如同具体标明门牌号是几号一样。

IP地址由4个字节组成，每个字节最多包括3位十进制数，范围从1～254，字节之间用"."分隔，如：202.204.6.136。

(3)域名

因为IP地址为一串数字，不便于记忆，因此又出现了DNS域名系统(Domain Name System)，用字符来识别网络中的计算机，即我们现在通常在IE浏览器的地址栏中输入的英文地址。

域名按照从小到大、由低到高的顺序从左向右排列，相互间也是用"."隔开。域名的一般格式是"计算机名.组织机构名.网络名.最高层域名"。

域名和IP地址是对应的，通过域名服务器实现域名到IP地址的转换。

(4)互联网的接入方式

①电话拨号：顾名思义，就是使用电话线路、调制解调器(Modem，俗称"猫")与互联网网络服务器相连，再通过拨号实现计算机与互联网的连接。

②专线连接：计算机通过ISDN或DDN专线直接连接到互联网上。

③局域网连接：计算机通过已经与互联网连接的局域网连接入网。

3. 互联网的主要应用

(1)万维网(www，Word Wide Web)

万维网是基于互联网的多媒体信息系统，将信息存储、检索技术、超文本以及超媒体技术等融合在一起，开放的、动态的、可在交叉平台上运行的、全球范围的一项服务。

万维网诞生于1989年的欧洲，主要是基于HTML超文本标识语言、Web浏览器和Java语言三大技术。常用的技术用语包括以下几个。

①网页：基本的浏览单位，由超文本HTML文档组成。

②网站：集中存放大量网页信息资源的服务器。

③主页：网站的起始页，电子邮件是一种特殊的网页。可通过IE浏览器工具栏的Internet

选项进行设置。

④统一资源定位器 URL:是互联网各种服务器的文件资源地址的一种全世界统一的标准表达形式,用于指示主页网站的位置。其基本格式为:

传输协议或传输方式名称://服务器地址或域名/路径/文件名. 扩展名

如: http://www. chinapost. com. cn/fzgk

(2)电子邮件(E - mail)

顾名思义,电子邮件是一种通过电子系统来进行信息传输的现代通信手段。它利用计算机来书写、存储、传递信件,将信件的内容转变成光或电信号,然后通过计算机网络和通信线路来收发邮件。它具有传送快速、及时、准确、经济、使用简单等特点。

电子邮件地址的格式为:用户名@ 服务器域名,如:post@ 126. com,其中 post 为用户名,可以由用户自定义,@ 表示“在”,126. com 表示所用服务器的域名。

(3)文件传输(FTP)

文件传输是一种在互联网中的客户机与服务器之间互相传送文件的方法,文件的类型可以是文本文件、程序文件、声音文件、图像文件等。FTP 文件传送要求用户首先在自己所用的客户机上登录,再通过 FTP 登录到远程服务器上。

虽然 FTP 支持客户机和服务器之间相互传送文件,但是一般我们将客户从服务器上获取文件称为下载(Download)文件,将客户向服务器上发送文件称为上传(Upload)文件。

(4)电子公告牌(BBS)

电子公告牌提供用户在互联网上的专题讨论服务。现在很多网站都专门设有 BBS 板块,另外也有专门的 BBS 网站,供用户在互联网上自由发表言论。

(5)搜索引擎

随着互联网的高速发展,网页数目迅速激增。为了使用户可以快速准确地查找到所需要的信息,搜索引擎应运而生。目前使用最多的搜索引擎是“百度”和“谷歌(google)”。另外还有一些专门的搜索引擎,比如音乐搜索、电影搜索等。

三、计算机日常操作基础

(一)计算机的使用环境

良好的使用环境、正确的操作规则和合理的维护,不仅能延长计算机设备的使用寿命,还能保证计算机工作状态的稳定,提高工作效率。总体而言,使用计算机时应保持工作环境洁净、温度适宜、避免潮湿、保持平稳忌振动。

1. 温度

计算机的最佳工作环境温度是 10 ~30℃。因为计算机在工作时自身的各个部件,尤其是 CPU、电源等,都会向外释放大量的热量,所以如果周围的温度过高会影响计算机的散热。温度过低,会使计算机内某些部件的参数发生变化,加速部件的老化。另外,使用计算机时不宜使工作环境的温度骤然改变,例如将机器从低温环境猛然移至高温环境中,这样会使计算机内部的电子器件表面结晶而造成损坏。

2. 湿度

计算机工作环境的相对湿度应保持在 20% ~80%。湿度较低时,容易产生静电干扰;湿度过高时,计算机内的电子器件表面容易受潮、变质,严重时还会发生短路现象。

3. 洁净

计算机工作环境应保持洁净，避免灰尘。由于计算机散热的需要，计算机的机箱不是完全封闭的，这就难免会有灰尘覆盖。灰尘过多，会影响电子器件的散热，并且会带来大量的静电，影响计算机的正常运行。因此，使用计算机时要保持环境洁净，定期打扫、除尘，计算机关机散热后，最好用防静电织物把计算机罩好。

4. 静电与磁场

静电可能使计算机部件失灵，严重的甚至能击穿主板或其他板卡的元器件，造成永久性的损害。注意保持工作环境的相对湿度可以较为有效地防止静电产生，而过分干燥的环境则很容易引起静电。需要用手接触到计算机内部电子器件时，最好带上防静电手套，或先与其他金属接触一下，释放身体所带的静电。

计算机如果受到周围磁场的影响，可能会出现数据处理出错或者丢失、显示器抖动甚至显示器深度磁化等现象。因此，计算机在使用时，最好与会产生强烈磁场的电，如电视、冰箱、电动机或者大型音箱等设备保持 13cm 以上的距离。

5. 电源电压

计算机对电源电压的要求有两个，一是要稳定，二是不间断供电。

我国计算机能够正常工作的标准电压为 198 ~ 242V，电压不稳定会影响磁盘驱动器的运行，从而引起读写错误，而且也会影响到打印机等外部设备。过低的电压会使计算机自动关机或死机，电压过高则会熔断保险丝甚至烧毁电源，危害更大。

本书中所述的计算机，是指台式机，它不具备笔记本式计算机所拥有的自带电池供电的功能。因此，台式计算机使用过程中如果停止供电，则计算机会立即关闭、停止工作。这就可能损坏硬件并且会使用户正在进行的操作中断，引起数据丢失。

6. 其他

计算机显示器、机箱的后侧都有若干凹槽和开口，这是用于通风和散热的。为了防止过热、确保计算机能够稳定工作，在计算机使用时和使用后的一定时间内，不要覆盖这些开口。

另外，不要将重物压在计算机的机箱上，增加箱体负担。显示器上更不能放置重物，以免造成显示器托盘与 LCD 屏幕间的衔接部位断裂。

(二)计算机正常操作顺序

(1)开机：由于系统在开机的瞬间会产生较大的电流冲击，因此开机时应严格遵守先开外设，再开主机的顺序，即开机时，应先打开打印机、显示器等的电源，再打开主机电源。

(2)关机：关机时的顺序与开机正好相反。关机时，应先关闭主机电源，然后再关外设设备的电源。

(3)计算机在使用时，不要频繁地开、关机。如遇到计算机“死机”现象，尽量使用热启动(同时按下 Ctrl，Alt，Delete 键)，非使用冷启动不可的时候，也应在关机 30 秒后，再次开机。

(4)计算机在开机状态下，不宜进行清洁，不宜随便搬动，不宜拔插各种接口卡。如果要拆装主机和外部设备的信号电缆，也最好不要在开机时进行。

(三)计算机的日常保养和维护

1. 计算机系统的日常保护

首先，为了防止突然断电或计算机硬件损害所引发的数据资料丢失，在使用计算机时应养成随时保存资料的习惯,对于某些重要的数据资料,还应使用其他的外设存储设备进行数据备份。

其次,要养成定期使用杀毒软件进行全盘扫描的习惯。可以根据计算机使用的频率来确定杀毒周期,一般以一周为宜。

2. 显示器的日常保养

对于显示器的保养,最主要的就是清洁。对显示器进行清洁时,首先应关闭电源,拔下电源线和信号线。不要使用酒精、清洁剂等化学溶液进行擦拭清洁,更不能使用粗糙的布或者餐巾纸。清洁显示器应该使用不掉碎屑的软质布料,从屏幕中心螺旋式的向外轻轻擦拭。

要注意防止液体或其他物体进入显示器内部。显示器的屏幕不可用手或者笔等硬物直接碰触。计算机长时间不操作时,应设定屏幕保护程序,防止屏幕老化。需要搬运显示器时,应使用柔软的物体将屏幕包裹好。

3. 键盘鼠标的日常保养

(1)键盘保养:要定期对键盘进行清洁。注意清洁时不要让液体流入键盘缝隙中,以免造成短路,损坏器件。在录入数据、使用键盘时,不要用力敲击键盘,以免损坏。

(2)鼠标保养:鼠标在使用时要注意保持鼠标移动平面的光滑与清洁,同时不要用力、过于频繁地点击鼠标键,以免影响鼠标使用寿命。

4. 打印机的日常保养

打印机必须在干净无尘、无酸碱腐蚀的环境中工作,摆放要平稳,防止振动。安装打印机时,应保证打印机处于关机状态。要注意适当增加通风和保温,打印机的工作环境太潮湿或粉尘过多的话,打印机的部分构件和墨盒的打印喷嘴都可能受到腐蚀和污染。打印机的工作环境猛然发生较大变化时,墨盒的塑料构件和喷嘴孔径等零件会发生变化,影响打印的效果。

打印机使用时不要频繁地开、关机。一般一个月左右要对打印机进行一次彻底的清洁。清洁时要关闭电源,从送纸器中取出所有纸张。要定期用酒精清洁打印头,以免污垢堵塞打印头导板针孔。

打印机连续工作1小时后,应停止5~10min左右,以保证打印效果和打印机寿命。要定期检查硒鼓和墨盒,根据使用情况,及时更换新墨盒。如需搬运打印机,应使墨盒归位,注意保持打印机水平切勿倒置,否则打印头清洗槽中的墨水会倒流出来。

(四)计算机常见故障介绍及其排除

1. 常见故障分类

计算机故障一般分为硬件故障和软件故障两大类。

(1)硬件故障,是指计算机硬件设备因为受损、老化等而造成的故障。导致硬件故障的原因,一是硬件机械故障,即硬件设备机械部分发生故障,如按键失灵等;二是硬件物理性损坏,如主板短路等,这种故障可能导致计算机死机;三是硬件的软故障,即因为硬件设备安装错误或者设置不当而导致硬件无法使用。

(2)软件故障,是指由于计算机软件系统出现问题而造成计算机无法使用,相对于硬件故障,软件故障是我们"看得见,但摸不着"的。软件故障的原因,一是软件本身导致的,如软件版本与操作系统不匹配等,二是外界原因导致的,如计算机受到病毒攻击、使用者操作不当输

入错误指令等。

硬件故障常见现象包括主机无电源显示、显示器无显示、主机喇叭鸣响并无法使用、显示器提示出错信息但无法进入系统等，这些一般都是发生在计算机进入操作系统之前。而进入操作系统之后出现的故障，多半是因为软件故障导致的。

2. 计算机故障的检测与排除

(1)检测原则

计算机故障检测要遵循由外入内、由简入繁、由软件到硬件的原则。由外入内、由简入繁是指检测故障时，先检查外部设备，再打开主机箱检查内部设备，先从检查电源、线路连接等简单问题开始，再进行内部设备检测；由软件到硬件是指计算机无法正常工作时，先检测导致问题发生的软件和计算机操作系统，排除软件的原因后，再着手检查硬件故障，不要一开始就盲目地开机箱拆卸硬件。

(2)排除顺序

检测计算机硬件故障时，首先要检查各个设备的电源是否开启、线路是否接好，防止出现错接或者电缆脱落等现象；其次，打开计算机主机箱后，也要首先检查各个电子器件的接口是否连接正常、板卡在主板上是否安插牢固、数据线是否连接正确；最后，再使用其他方法检测是否是硬件本身出现了物理性的故障。

对于软件故障的排除，首先是要确定软件是否匹配，操作是否恰当；其次要使用专门的杀毒软件检测软件是否受到病毒侵害；最后查看是否是操作系统出现了问题，再采取相关措施进行维护。

(3)排除方法

第一种方法是“直接观察法”，采取“看、听、摸、闻”的顺序。“看”就是观察电脑有没有出现火花、电源线或数据线有没有松动、是否存在断线或碰线等情况，这些问题能引起很直观的小故障，如光驱无法启动、硬盘不转进入不了系统，或者是不能开机等。“听”就是听电脑配件发出的声音，包括警报音和个别硬件发出的奇怪声音，这可以排除出内存松动和硬盘有坏道等常见的问题。“摸”就是直接摸主板上面的元件，如电极管、电容和 CPU 风扇等，看看有没有松动，或者是器件过热。“闻”就是直接闻电脑发出的气味，如果有焦味的，就证明配件烧坏了，这就需要及时更换。

第二种方法是“交换拔插法”，指的是将某个板卡拔下后，更换成别的机器正常运行的板卡，通过对比，检测出造成故障的板卡，或者直接逐一拔出板卡，一次仅一块，一旦拔出某块板卡后故障消失，则说明故障点就出现在该板卡上。这种排除方法通常比较费时。

第二节　条形码技术知识

一、条形码技术概述

1. 条形码技术的定义

条形码(又称条码)是将线条与空白按照一定的编码规则组合起来的符号，用以代表一定的字母、数字等资料。条形码系统是由条形码符号设计、制作及扫描阅读组成的自动识别系统。世界上最早的条形码是 20 世纪 20 年代发明的，我国从 80 年代中期开始研制并使用条形

码。目前,条形码已广泛应用于国民经济各个领域。

2. 条形码技术的特点

(1)输入速度快

资料显示,如果键盘输入,一个每分钟打 90 个字的打字员输入 12 个字符或字符串需要 1.6 秒,而使用条形码,做同样的工作只需 0.3 秒,速度提高了 5 倍,而且条形码可以实现"即时数据输入"。

(2)准确度高

键盘输入数据出错率为三百分之一,利用光学字符识别技术出错率为万分之一,而采用条形码技术误码率低于百万分之一。

(3)成本低

条形码标签易于制作,对印刷技术设备和材料没有特殊要求,识别设备操作容易,不需要特殊培训,且设备也相对便宜。与其他自动化识别技术相比较,应用条形码技术所需费用比较低。

(4)可靠性强

条形码技术可靠准确。条形码识别装置与条形码标签相对位置的自由度要比光学字符识别(OCR)大得多。而且常用的一维条形码上所表示的信息完全相同并且连续,这样即使是标签有部分缺欠,仍可以从正常部分输入正确的信息。

(5)灵活实用

条形码符号作为一种识别手段可以单独使用,也可以和有关设备组成识别系统实现自动化识别,还可和其他控制设备联系起来实现整个系统的自动化管理。同时,在没有自动识别设备时,也可实现手工键盘输入。

3. 条形码阅读设备和分类

(1)在线式阅读器

在线式阅读器按其功能和用途,又可分为多功能阅读和各类在线式专用阅读器。多功能阅读器除具有识别多种常用码制的功能外,根据不同需要还可增加编程功能、可显示功能以及多机联网通信功能等。

(2)便携式阅读器

主要有笔式扫描器、CCD 扫描器和激光扫描器三种。

笔式扫描器,俗称光笔,是一种外型像笔的扫描器,使用时移动光笔去扫描物体上的条形码。光笔的价格比较便宜,但扫描的长度稍受限制,大约在 32 个字符左右,较适合一般小商店及个人使用。

CCD 扫描器,采用发光二极体的泛光源照射整个条形码,再透过平面镜与光栅将条形码符号映射到由光电二极体组成的探测器阵列上,经探测器完成光电转换,再由电路系统对探测器阵列中的每一光电二极体依次采集信号,辨识出条形码符号,完成扫描。CCD 扫描器的优点是操作方便,不直接接触条形码也可辨读,性能较可靠,寿命较长。图 7-1 所示为手持式 CCD 扫描器。

激光手持式条形码扫描枪,是利用激光二极管作为光源的单线式扫描器,它主要有转镜式和颤镜式两种。激光平台式扫描器是一种体积较大,价格较高的扫描系统,使用时以物就机,即机器固定,以物品的移动来扫描解码,适用于输送带或一般大型超市,见图 7-2。

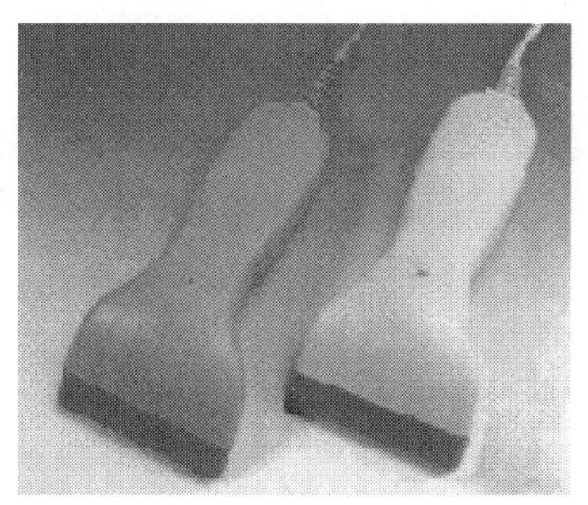

图 7-1　手持式 CCD 扫描器

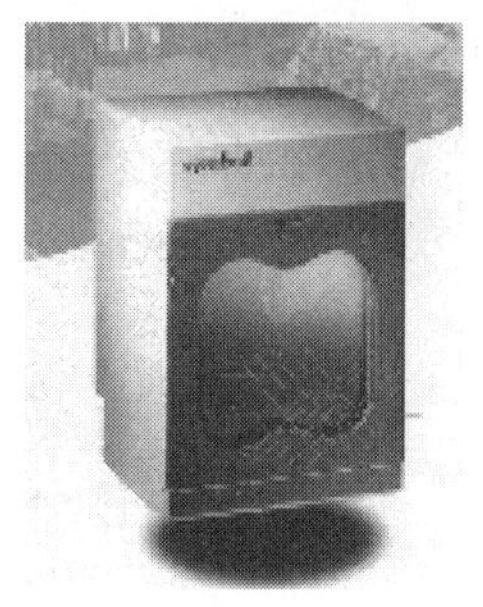

图 7-2　平台式激光扫描器

二、条形码种类

从维度看，条形码主要可分为一维条形码和二维条形码两种，不同维度的条形码又可细分为多种码制。例如，一维条形码主要有 UPC 码、EAN 码、39 码、128 码、库德巴码等；二维条形码主要有 PDF417、Maxi Code、Data Matrix 等。

一维条形码自问世以来，不久便得到普及使用，目前它仍是我国经济社会最为广泛应用的码制。但是由于一维条形码的信息容量很小，其应用范围受到一定的限制。随着技术的发展，人们在一维条形码的基础上又发明了二维条形码。与一维条形码相比，二维条形码具有信息密度高、容量大，编码范围广，保密、防伪性能好、译码可靠性高，纠错能力强等优点，更能满足人们在某些领域的高使用要求。但是相应的，其成本也远远高于一维条形码。

目前，国内快递服务使用的条形码多为一维的 39 码、128 码，也有部分企业开始逐渐使用二维的 PDF417 码。因此，在这里主要介绍这三种码制。

（一）39 码

39 码于 1974 年由 Intermec 公司推出，是一种可供使用者双向扫描的分散式条形码。它的最大优点是条形码长度没有限制，可以根据需求做相应调整。条形码能用大小写英文字母、数字和其他一些符号表示，通常以“ * ”作为起始码和终止码，见图 7-3。由于 39 码具有自我检查能力，可以不设校验码。基于这些特点，39 码的应用比一般一维条形码广泛，目前较主要应用于工业产品、商业资料及票证的自动化管理。

（二）128 码

128 码于 1981 年推出，是一种长度可变、连续性的字母数字条形码。与其他一维条形码相比，128 码比较复杂，数字、字母和符号可以交互运用，编码方式灵活，应用弹性也较大。

128 码的结构大致可分为起始码、资料码、终止码、校验码等四部分，其中校验码是可有可无的。128 码有 A、B、C 三种类型，可提供标准 ASCII（美国信息互换标准代码）中 128 个字符的编码使用。主要用于工业、仓库和零售业，见图 7-4。

图 7-3　39 码的结构

图 7-4　128 码的结构

(三)PDF417 码

PDF417 码是美国符号科技公司(Symbol Technologies, Inc.)发明的二维条形码,由于其不仅具有错误侦测能力,而且能从受损的条形码中读回完整的资料,所以错误复原能力非常强,错误复原率最高可达 50%,目前主要是应用于运输包裹与商品资料标签,见图 7-5。

图 7-5　PDF417 码的结构

第八章　相关法律、法规和标准的规定

本章主要介绍了与快递业务员工作有一定关联的法律基础知识，包括邮政法、民法、合同法、刑法、消费者权益保护法等基本内容，也简要地介绍了万国邮政公约和万国邮政联盟的基本情况。

第一节　《中华人民共和国邮政法》及其实施细则的有关规定

《中华人民共和国邮政法》（以下简称《邮政法》）于 1986 年 12 月 2 日经第六届全国人大常委会第 18 次会议通过，1987 年 1 月 1 日起施行。为保证《邮政法》的贯彻实施，国务院于 1990 年 11 月 12 日颁布实施了《中华人民共和国邮政法实施细则》。

根据国家有关邮政体制改革文件的规定，邮政施行了政企分开，快递业务纳入邮政系统的管理范畴。因此，《邮政法》关于邮政企业的规定也同样适用于快递企业。

一、《邮政法》的主要规定

《邮政法》规定了邮政的管理体制、公民通信自由和通信秘密的保护、邮件和汇款所有权的保护、邮政专营权和邮政专用权的保护等重大原则性问题；规定了邮政企业和邮政用户的权利义务关系、邮政企业和有关部门的权利义务关系；规定了邮政企业的设置和邮政设施、邮政业务的种类和资费，邮件的寄递、运输、验关、检疫和损失赔偿等措施；规定了对违反《邮政法》行为的处罚及其法律依据；规定了《邮政法》若干用语的含义、《邮政法》与有关国际条约的关系，授权国务院邮政主管部门制定《邮政法实施细则》等。

二、邮政法的实施细则

《中华人民共和国邮政法实施细则》由国务院于 1990 年 11 月 12 日发布并实施。它包括总则、邮政企业的设置和邮政设施、邮政业务的种类、邮政业务资费和邮政凭证、邮件的寄递和损失赔偿、邮件的运输和检疫、罚则及附则共八章 65 条，对《邮政法》中比较原则的条款进行了更加具体的解释和规定，以便于对《邮政法》的执行。

第二节　《快递市场管理办法》的有关规定

为加强快递市场管理，维护国家安全和公共安全，保护用户合法权益，促进快递服务健康发展，依据《中华人民共和国邮政法》、《中华人民共和国邮政法实施细则》和国家有关规定，交通运输部制定了《快递市场管理办法》，并于 2008 年 7 月 28 日颁布施行。

遵循快递市场管理公开、公平、公正的原则，《快递市场管理办法》从两方面对快递服务进行了规范。

一、对快递服务基本制度的规定

(1)服务承诺制度,明确要求快递企业应当公布并遵守其服务承诺,合理制定格式合同。

(2)投诉渠道制度,针对目前快递服务中主要的投诉热点问题,明确了快递企业以及从业人员禁止性的行为种类。

(3)收寄安全制度,进一步明确了禁止寄递物品的种类,要求企业按照规定建立健全严格的收寄时的验视制度。

(4)应急保障制度,规定在发生服务阻断或者停止快递服务时,企业应当及时妥善地保管和处理好快件。同时,《快递市场管理办法》还规定快递企业接受网络购物等经营商委托提供快递服务时,应当和委托方签订安全保障协议。

(5)监督检查制度,明确了对企业的监督检查制度,对违反国家有关规定,危害安全的行为制定了必要的处罚措施。

二、对快递市场管理方式的规定

(1)要求企业实行备案制度,规定从事快递经营活动应当办理备案手续,以加强市场监管的有效性。

(2)统计调查制度,规定快递企业应当按照《国家统计法》的有关规定履行企业的统计上报义务。

(3)服务质量公告制度,快递企业服务质量到底如何,要通过第三方进行调查研究并予以公告,让群众、用户和消费者了解企业的实际情况。具体规定由邮政管理部门定期评估、测试快递服务水平,并向社会进行公告,充分发挥社会监督的作用。

(4)行业自律制度,快递企业在自愿的前提下,组建行业协会,制定自律性的规章制度,对市场经营活动作出规范。

(5)信息报送制度,快递企业应当按相关规定,向邮政管理机构报送与监管事项有关的文件资料。

第三节 《快递服务》标准的有关规定

为了提高快递服务质量和服务水平、规范快递服务市场、保障消费者的合法权益和增强快递企业竞争力。2007 年 9 月 12 日,国家邮政局颁布了我国第一部《快递服务》标准。该标准着重就快递企业市场准入、服务标准、服务环节、快件查询和赔偿等方面作出了规范。

一、对市场准入的规定

《快递服务》在法人资质、人员资质、企业最低人数和安全作业等方面作出了规定。比如,在企业资质方面,规定快递服务组织及其分支机构必须到国家行政主管部门登记、备案,并具备一定的资金、场地和设备,以及最低雇佣 15 名合格的员工,才准予开业;在员工资质方面,要求快递业务人员必须具备相应的教育背景和职业资格条件,取得相应的国家职业资格证书,才能持证上岗等。

二、对服务标准的规定

《快递服务》分别就服务时限、服务费用、服务场所、快递运单、业务档案、员工沟通等业务运作方面做出了规定。

(1)在服务时限方面,规定快递最长服务时限,同城不得超过24小时,异地不得超过72小时。

(2)在服务费用方面,规定了快递服务计费的起重、续重及计费单价和附加服务费用计费收取方法。

(3)在服务场所方面,对作业场所和营业场所都做出了规定,要求营业场所显示企业标识。

(4)在快递运单方面,要求其格式合同条款符合法律规定,体现公平、公正的原则,文字表述真实、简洁、易懂,同时运单的信息内容应完整、齐全。

(5)对于企业运营过程中形成的各种记录,要求必须进行分类、汇总、储存,并形成业务档案,作为其经营管理的主要依据。快递运单的实物保存期限不少于6个月,快递电子运单文档保存期限不少于1年。其他档案的保存期限应满足相关法律法规要求。

(6)对于快递服务组织的沟通,规定主要包括同客户沟通和内部沟通两种。客户沟通渠道主要包括网络、电话、短信、信函等形式;沟通内容分为业务咨询、业务受理、快件查询、客户满意、客户投诉和服务承诺六部分。内部沟通渠道主要包括召开会议、布告栏、声像资料、互联网、信函等形式。

此外,标准对寄、投递、处理、查询、赔偿和运输等运营环节也作出了明确的规定。

第四节 《中华人民共和国民法通则》的有关规定

《中华人民共和国民法通则》是我国的基本法之一,主要调整的是平等主体的公民之间、法人之间、公民和法人之间的财产关系和人身关系。《中华人民共和国民法通则》(以下简称《民法通则》)由中华人民共和国第六届全国人民代表大会第四次会议于1986年4月12日通过,自1987年1月1日起施行。

一、民事权利

民事权利是民事主体实现自己某种利益的可能性。公民和法人的民事权利受到法律保护,在受到侵害时有权得到国家的司法救济。公民和法人的民事权利主要包括财产所有权、债权、知识产权和人身权。

(一)财产所有权

财产所有权,是指所有人依法对自己的财产享有占有、使用、收益和处分的权利。用户对邮件、汇款享有所有权。《邮政法》对邮件的所有权也作了相应规定。《邮政法》第五条规定,“用户交寄的邮件、交汇汇款和储蓄的存款受法律保护。除法律另有规定外,任何组织和个人不得检查、扣留。”

财产所有权可分为动产所有权和不动产所有权。动产是指不动产以外的财产,如机器设备、车辆、动物、各种生活日用品等。不动产是指土地和土地上的定着物。包括各种建筑物,如房屋、桥梁、电视塔,地下排水设施等;生长在土地上的各类植物,如树木、农作物、花草等,需要说明的是,植物的果实尚未采摘、收割之前,树木尚未砍伐之前,都是地上的定着物,属于不动产,一旦采摘、收割、砍伐下来,脱离了土地,则属于动产。

(二)知识产权

知识产权包括著作权、专利权和商标权。著作权又称为版权,《中华人民共和国著作权法》规定著作权包括人身权和财产权,其中:人身权包括发表权、署名权、修改权和保护作品完整权;财产权包括复制权、发行权、出租权、展览权、表演权、放映权、广播权、信息网络传播权、摄制权、改编权、翻译权、汇编权。

专利权,是指专利权享有人对其发明、实用新型和外观设计依法享有的专有的权利。在我国,发明专利权的期限为20年,实用新型和外观设计的专利权期限为10年。保护方法主要是责令侵权行为人停止侵害、赔偿损失、恢复名誉、消除影响,或者收缴非法制造的商品。如快递企业自主研发的快件处理系统和处理工具就享有专利权,受法律保护,未经同意,其他企业不得使用。

商标权,是指商标注册人依法支配其注册商标并禁止他人侵害的权利,包括商标注册人对其注册商标的排他使用权、收益权、处分权、续展权和禁止他人侵害的权利。商标权是一种无形资产,具有经济价值,可以用于抵债,即依法转让。根据我国《商标法》的规定,商标可以转让,转让注册商标时转让人和受让人应当签订转让协议,并共同向商标局提出申请。如快递企业的注册商标受到法律的保护,其他企业不得冒用。

(三)人身权

人身权分为人身权和身份权,包括公民享有生命健康权、姓名权、肖像权;公民、法人享有名誉权和荣誉权等。公民享有肖像权,未经本人同意,不得以营利为目的使用公民的肖像。快递企业在收寄快件时,应当为客户保守信息秘密,保护客户的人身权。

二、民事责任

《民法通则》第一百零六条规定"公民、法人违反合同或者不履行其他义务的,应当承担民事责任"。承担民事责任的方式主要指停止侵害,排除妨碍,消除危险,返还财产,恢复原状,修理、重作、更换、赔偿损失,支付违约金,消除影响、恢复名誉,赔礼道歉。以上承担民事责任的方式,可以单独适用,也可以合并适用。在快递合同无效情况下则适用民法通则。

快递企业有背书条款的义务,因为快递企业的原因,造成快件丢失,要承担法律责任。

对于快递服务合同,没有履行背书的告知义务,用户没有予以确认,导致合同无效,快递客户索赔将适用《民法通则》的相关规定。

第五节 《中华人民共和国合同法》的有关规定

《中华人民共和国合同法》(以下简称《合同法》)作为调整民事主体之间的交易关系的法律,是我国民法的重要组成部分。由中华人民共和国第九届全国人民代表大会第二次会议于1999年3月15日通过,自1999年10月1日起施行。合同是平等主体的自然人、法人、其他组织之间设立、变更、终止民事权利义务关系的协议。《合同法》主要分总则和附则两部分。

一、合同概述

1. 合同概念

合同是平等主体的自然人、法人、其他组织之间设立、变更、终止民事权利义务关系的

协议。

2. 合同分类

根据合同当事人的双方权利、义务分担的不同，分为双务合同与单务合同；根据当事人取得权益是否付出相应代价，分为有偿合同与无偿合同（如赠与合同）。

根据合同是否以交付标的物为成立要件，分为诺成性合同与实践性合同。根据合同的成立是否需要特定的法律形式，分为要式合同与非要式合同。根据法律是否明确规定，并具有特定名称，分为有名合同与无名合同。

二、合同订立

1. 合同内容

合同内容包括合同当事人、标的、数量、质量、价款或酬金、履行期限、地点和方式 、违约责任和争议的解决。

2. 合同形式

合同形式包括书面形式、口头形式和其他形式。书面形式是指合同书、信件和数据电文（包括电报、电传、传真、电子数据交换和电子邮件）等可以有形地表现所载内容的形式。

3. 要约

要约是希望和他人订立合同的意思表示。

4. 承诺

承诺是受要约人同意接受要约条件的意思表示。

5. 合同成立

（1）成立时间：承诺生效时间就是合同成立时间。

（2）成立地点 ：承诺生效的地点为合同成立的地点。

（3）合同成立与生效的关系：依法成立的合同，自合同成立时生效。法律行政法规规定应当办理批准、登记手续的依照其规定。合同生效可以附生效条件和生效期限。当事人对合同的效力可以约定附条件。附生效条件的合同，自条件成就时生效。附解除条件的合同，自条件成就时失效。当事人对合同的效力也可以约定附期限。附生效期限的合同，自期限届至时生效。附终止期限的合同，自期限届满时失效。

6. 格式条款

格式条款是当事人为了重复使用而预先拟定，并在订立合同时未与对方协商的条款。快递运单所附合同条款即属于格式合同条款。

三、合同效力

1. 有效合同

有效合同是指依法成立的合同，自合同成立时生效。

2. 无效合同

有下列情形之一的，合同无效：一方以欺诈、胁迫的手段订立合同，损害国家利益；恶意串通，损害国家、集体或者第三人利益；以合法形式掩盖非法目的；损害社会公共利益；违反法律、行政法规的强制性规定。

3. 可撤销可变更的合同

因重大误解订立的合同或者在订立合同时显失公平的,当事人一方有权请求人民法院或者仲裁机构变更或者撤销;一方以欺诈、胁迫的手段或者乘人之危,使对方在违背真实意愿的情况下订立的合同,受损害方有权请求人民法院或者仲裁机构变更或者撤销。当事人请求变更的,人民法院或者仲裁机构不得撤销。

四、违约责任

违约责任又称违反合同的民事责任,是指合同当事人违反合同所应承担的责任。合同债务是违约责任的前提,没有合同债务也就不存在违约责任;同时,违约责任制度的设立也是保障债务履行以及保护、救济债权人合法权益的有效手段。

违约责任的形式分为:不履行合同义务和履行合同义务不符合约定两种。不履行合同义务是指合同当事人不能履行或拒绝履行合同义务。不能履行是指债务人由于某种情形,事实上已经不可能再履行债务。拒绝履行是指义务人能够履行而拒不履行,这种情形下义务人必然要承担违约责任。履行合同义务不符合约定的含义很广,包括不履行以外的一切违反合同义务的情况。包括履行迟延和不完全履行。承担违约责任的方式包括继续履行合同、采取补救措施、赔偿损失、支付违约金、定金等。

第六节　《中华人民共和国刑法》的相关知识

为了惩罚犯罪,保护广大人民的根本利益,根据宪法,结合我国同犯罪作斗争的具体经验及实际情况,中华人民共和国第八届全国人民代表大会第五次会议于 1997 年 3 月 14 日修订了《中华人民共和国刑法》(以下简称《刑法》)。修订后的刑法自 1997 年 10 月 1 日起施行。

与快递业务员工作相关的刑法规定主要有以下几条。

一、故意延误投递邮件

依照《刑法》第三百零四条规定,邮政工作人员严重不负责任,故意延误投递邮件,致使公共财产、国家和人民利益遭受重大损失的,处二年以下有期徒刑或者拘役。

案例分析

2007 年 4 月 15 日,某快递公司的业务员黄某与公司上级主管部门经理李某发生了口角。黄某由于不满部门经理李某的行为,但出于李某是经理的身份,不便与其发生冲突,于是怀恨在心,故意延误投递快件,试图报复。黄某将当天的快件在家中滞留了三天,后因客户电话投诉查处此事。被滞留的快件中,有重要的商业合同,甲公司由于快件的延误投递,使得乙公司未能与其签约,对甲公司造成了严重的经济损失,并且损害了甲公司的公司信誉。黄某的行为已经构成了故意延误投递邮件罪,应当依法追究其法律责任。

二、私自开拆、隐匿、毁弃邮件电报

对于危害邮件安全的,《刑法》第二百五十三条规定了私自开拆、隐匿、毁弃邮件电报罪。

私自开拆、隐匿和毁弃邮件电报罪，是指邮政、快递行业工作人员利用职务上的便利私自开拆、隐匿和毁弃邮件和快件的行为。《刑法》第二百五十三条规定，对犯有本罪的，处两年以下有期徒刑或拘役；对犯有本罪并窃取财物的，依照《刑法》第二百六十四条（盗窃罪）定罪并从重处罚。

案例分析

2008年6月3日，某快递公司业务员韩某感觉心情极度烦闷，不愿派送快件。故将当日应当派送的快件抛入了派送途中的护城河中，不料被附近的居民赵某所发现，并拨打了当地派出所的电话。被抛入江中的快件中包含了学生吴某的大学录取通知书，极大地损害了吴某的利益。韩某的行为已经构成了毁弃邮件罪，应当依法追究其刑事责任。

三、盗窃与职务侵占罪

盗窃罪，是指以非法占有为目的，秘密窃取公私财物数额较大或者多次盗窃公私财物的行为。职务侵占罪，是指公司、企业或者其他单位的人员，利用职务上的便利，将本单位财物非法占为己有的行为。

区别盗窃罪与职务侵占罪的要点在于是否利用职务上的便利。公司、企业或者其他单位的人员，如果没有利用自己主管、经管、负责财物的便利，窃取本公司财物的，是盗窃罪。这种"职务上的便利"通常是具有对财物"管理性"职务的便利，如厂长、经理、会计、出纳、保管员、营销人员等主管、经管、负责财物的便利，不包括"纯劳务性"工作的便利。因此，公司、企业中的从事劳务活动的人员，如工人、搬运工、售货员、驾驶员等，利用自己在单位工作，接触生产资料、劳动工具等财物的方便，乘机窃取、骗取单位财物的，应当以盗窃罪论处。

案例分析

2005年10月10日，某快递公司的中转场运作驾驶员刘某在中转完毕清理场地时，发现一票收件地址不详的快件滞留在中转场，运单上托寄物一栏填写为电子配件（实际内装手机6部）。刘某趁当班中转运作员梁某不注意，悄悄打开包装，盗取了快件中的全部手机（总价值约19 000元）。快递公司发现快件被盗后，立即向公安机关报案。在警方展开调查的过程中，刘某自知无法掩盖犯罪事实，主动向公安机关交代盗窃事实经过，并交出赃物。

刘某窃取快件的行为应以盗窃罪论处。《刑法》第二百六十四条规定，盗窃公私财物数额较大处三年以下有期徒刑；数额巨大或者有其他严重情节的处三年以上十年以下有期徒刑，并处罚金；数额特别巨大或者有其他特别严重情节的处十年以上有期徒刑、无期徒刑或者死刑，并处罚金或者没收财产。

盗窃罪的数额标准是：

1. 个人盗窃公私财物"数额较大"，以五百元至二千元为起点；
2. 个人盗窃公私财物"数额巨大"，以五千元至二万元为起点；

3. 个人盗窃公私财物“数额特别巨大”,以三万元至十万元为起点。

自首就是指犯罪后主动投案,如实供述自己的罪行的行为,本案中,刘某向公安机关交代盗窃事实的行为属于自首,按照《刑法》的规定,对于自首的犯罪分子,可以从轻或者减轻处罚,犯罪较轻的,可以免除处罚。

第七节　《中华人民共和国消费者权益保护法》的相关知识

消费者权益保护法,是调整国家、经营者和消费者三者之间的保护消费者权益的过程中发生的社会关系的法律规范的总称。《中华人民共和国消费者权益保护法》(以下简介《消费者权益保护法》)于1993年颁布,并于1994年1月1日起施行。

一、消费者的权利

《消费者权益保护法》规定的消费者应享受的权利包括以下几项。

(一)保障安全权

消费者在购买、使用商品和接受服务时享有人身、财产安全不受损害的权利。消费者有权要求经营者提供的商品和服务,符合保障人身、财产安全的要求。

如快递企业应当在营业厅门口的台阶放置防滑垫,防止客户在出入营业厅时滑倒。在营业厅办理快递业务的人数较多时,应当采取有效措施防止过度拥挤,保障消费者人身安全。

(二)知悉真情权

消费者享有知悉其购买、使用的商品或者接受的服务的真实情况的权利。消费者有权根据商品或者服务的不同情况,要求经营者提供商品的价格、产地、生产者、用途、性能、规格、等级、主要成分、生产日期、有效期限、检验合格证明、使用方法说明书、售后服务,或者服务的内容、规格、费用等有关情况。

如快递企业须向消费者提供背书提示,消费者有权对交寄的快件在交寄之日起一年内进行查询等。

(三)自主选择权

消费者享有自主选择商品或者服务的权利。消费者有权自主选择提供商品或者服务的经营者,自主选择商品品种或者服务方式,自主决定购买或者不购买任何一种商品、接受或者不接受任何一项服务。消费者在自主选择商品或者服务时,有权进行比较、鉴别和挑选。

如选择快递服务的消费者,他们可以自由选择快递企业,自由选择快递产品,自由选择是否保价。

(四)公平交易权

消费者享有公平交易的权利。消费者在购买商品或者接受服务时,有权获得质量保障、价格合理、计量正确等公平交易条件,有权拒绝经营者的强制交易行为。

如快递企业称量快件所使用的器具,必须符合国家规定,准确计量,公平交易,维护消费者的合法权益。

(五)依法求偿权

消费者因购买、使用商品或者接受服务受到人身、财产损害的,享有依法获得赔偿的权利。

如快递企业在寄递快件过程中发生的丢失、损毁、内件不符、延误，而导致快递用户的快件所有权受到损害，快递企业应依法赔偿快递用户的损失。

（六）维护尊严权

消费者在购买、使用商品和接受服务时，享有其人格尊严、民族风俗习惯得到尊重的权利。

如快递业务员为少数民族客户提供快递服务时，应尊重少数民族的风俗习惯。

（七）监督批评权

消费者享有对商品和服务以及保护消费者权益工作进行监督的权利。消费者有权检举、控告侵害消费者权益的行为和国家机关及其工作人员在保护消费者权益工作中的违法失职行为，有权对保护消费者权益工作提出批评、建议。

如客户对快递企业的服务提出建议或批评时，快递业务员应当虚心听取并及时向部门负责人如实汇报，切忌与客户发生争吵。

二、争议解决的途径

（一）双方当事者自行协商

消费者如同快递企业就服务质量问题发生争执，首先可向快递企业提出自己的要求，并通过自行协商使问题得以解决。

（二）请求消费者协会调解

当事者双方，即经营者和消费者，都有权请求消费者协会进行调解，只要有一方提出请求，消费者协会就有义务出面进行调解。

（三）向有关行政部门提出申诉

对快递企业处理结果不满意或在规定的时限内未予答复的，消费者可向当地邮政管理局或国家邮政局12305申诉电话联系，也可在国家邮政局邮政业消费者申诉受理中心网站提交电子邮件申诉。

（四）提请仲裁机构进行仲裁

在向有关行政部门提出申诉的同时，还可向仲裁机构提出仲裁申请。

（五）向人民法院提起诉讼

对行政部门和仲裁机构的处理和仲裁不服的，可向人民法院提起最后诉讼。

第八节　《中华人民共和国道路交通安全法》的相关知识

《中华人民共和国道路交通安全法》于2003年10月28日经第十届全国人民代表大会常务委员会第五次会议通过，并自2004年5月1日起施行。该法共分8章，124条。全方位规范了车辆和驾驶人管理、明确了道路通行条件和各种道路交通主体的通行规则、确立了新的道路交通事故处理原则和机制、加强了对公安机关交通管理部门及其交通警察的执法监督、完善了违反交通安全管理行为的法律责任。

一、道路交通违章处罚

（一）交通违章

交通违章，是指机动车、非机动车驾驶人和行人，违反道路交通安全法及交通管理的行为。

(二)道路运输违章处罚种类

处罚种类包括:警告、罚款、暂扣或者吊销机动车驾驶证和拘留。构成犯罪的依法追究刑事责任。

二、道路交通事故处理

在道路上发生交通事故,车辆驾驶人应当立即停车,保护现场;造成人身伤亡的,车辆驾驶人应当立即抢救受伤人员,并迅速报告执勤的交通警察或者公安机关交通管理部门。因抢救受伤人员变动现场的,应当标明位置。乘车人、过往车辆驾驶人、过往行人应当予以协助。

案例分析

2005年4月1日上午,某快递公司收派员小张驾驶一辆微型面包车,与骑自行车的刘小姐发生碰撞,刘小姐在事故中受伤,当场昏迷。小张在情急之下,开车将刘小姐送到医院抢救,没有保护现场。后来,交通警察做出交通事故认定:小张对该起事故应负全部责任,刘小姐对该起事故不负责任。刘小姐出院后状告小张,要求其赔偿医疗费和精神损失费,并最终获得了法院的支持。

分析:机动车与非机动车、行人发生道路交通事故造成人身伤亡、财产损失,当事人有条件报案、保护现场但没有依法报案、保护现场,致使事故基本事实无法查清,又没有证据证明非机动车、行人有交通安全违法行为以及机动车驾驶人已经采取必要处置措施的,由机动车一方承担赔偿责任。

在本案中,小张在有条件报案并保护现场的情况下没有依法报案、保护现场,致使事故基本事实无法查清,公安交通管理机关依法认定小张应负此次事故的全部责任符合法律规定。发生交通事故,正确的处理方法应如下。

(1)立即报案:发生交通事故后,应立即停车,保护现场,不要移动现场上的任何车辆、物品,并要劝阻围观群众进入现场。有人身伤亡的,马上报告公安交通管理机关并立即抢救受伤人员,同时向所投保的保险公司报案。

(2)标明位置:如因抢救受伤人员变动现场的,应当标明位置。此处所称的位置,不仅包括伤者的位置,还应包括车辆的位置及事故中散落物品及碎片的位置。最简单的方法是找个石头画好事故车和伤者的位置。当然,交警还将根据双方对事故现场的描述、制动痕迹等其他表象及相应的鉴定结论综合判断事故原因及责任。

(3)用非事故车运伤员:在抢救伤员的过程中尽量使用其他的非事故车辆运送伤员。

(4)请求他人帮助:在紧急情况下,在标注好现场位置的情况下使用事故车辆,如有同乘人员,尽量留一人看守现场,避免因其他车辆的经过造成标注位置的灭失。如有其他车辆及行人,也可请求他们的协助,只有保护好事故现场,才能依法保护各方的合法权益。

(5)严防二次事故:发生事故后,要打开危险报警闪光灯提示危险,并在来车方向设置警告标志,以免其他车辆再次碰撞。对油箱破裂、燃油溢出的现场,要严禁烟火,以免造成火灾,扩大事故后果。

本案中，小张及时抢救伤者是正确的，如果小张选择了保护现场而坐视伤者不管，或放弃抢救而停在原地等待交警处理，伤者的伤情因延误治疗而加重，驾驶员将面临更重的民事赔偿责任甚至刑事责任。但是抢救伤者应尽量用非事故车辆，如必须用事故车辆抢救伤者，应当标明变动现场的位置，并迅速向执勤的交通警察或者交管部门报告，同时向所投保的保险公司报案。

三、道路交通事故法律责任认定与处理

(一)道路交通事故责任认定

1. 交通事故等级划分

轻微事故，是指造成轻伤1~3人或财产损失机动车损失不足1 000元，非机动车不足200元的事故；一般事故，是指一次造成重伤1~2人或轻伤3人以上，或者财产损失不足3万元的事故；重大事故，是指一次造成死亡1~2人，或者重伤3人以上10人以下，或者财产损失3万元以上不足6万元的事故；特大事故，是指一次造成死亡3人以上或者重伤11人以上，或者死亡1人同时重伤8人以上，或者死亡2人同时重伤5人以上，或者财产损失6万元以上的事故。

2. 交通事故责任认定时限

自交通事故发生之日起按下列时限对交通事故的责任作出认定：轻微事故5日，一般事故15日，重、特大事故20日，因交通事故情节复杂不能按期作出认定的，须报上一级公安交通管理部门批准，按上述规定分别延长5日、15日、20日。

3. 当事人申请重新认定时限

当事人对责任认定不服的，可以在接到责任书后15日内向上一级公安机关申请重新认定，上级公安机关接到重新认定申请书后30日内应当作出维持、变更或撤销的决定。接到《道路交通事故责任重新决定书》后，应当在5日内向各方当事人或代理人公布。交通事故责任的重新认定为最终决定。

4. 责任推定

(1)当事人逃逸或者故意损坏、伪造现场，毁灭证据，使交通事故责任无法认定的，应当负全部责任。

(2)当事人一方有条件报案而未报案或未及时报案，使交通事故责任无法认定的，应当负全部责任。当事人各方有条件报案而均未办案或未及时报案，使交通事故责任无法认定的，应当负同等责任。但机动车与非机动车、行人发生交通事故的，机动车一方应当负主要责任，非机动车、行人一方负次要责任。

(3)交通运输肇事后逃逸。交通运输肇事后逃逸是指行为人在发生了具备有关法定情形的交通事故后，为逃避法律追究而逃跑的行为。

我国《刑法》第一百三十三条规定："违反交通运输管理法规，因而发生重大事故，致人重伤、死亡或者使公私财产遭受重大损失的处三年以下有期徒刑或者拘役；交通运输肇事后逃逸或者有其他特别恶劣情节的处三年以上七年以下有期徒刑；因逃逸致人死亡的，处七年以上有期徒刑。"依据该条的规定，交通运输肇事后逃逸应该是交通肇事罪的一个法定加重处罚情节。

(二)交通事故中汽车保险与赔偿

1. 交通事故责任强制保险

《机动车交通事故责任强制保险条例》规定,在中华人民共和国境内道路上行驶的机动车的所有人或者管理人都应当投保机动车交通事故责任强制保险。机动车所有人、管理人未按照规定投保交通事故责任强制保险的,将由公安机关交通管理部门扣留机动车,通知机动车所有人、管理人按照规定投保并处应缴纳的保险费的两倍罚款。

2. 报赔

发生交通事故后,应妥善保护好现场,并及时向保险公司报案,路面事故同时还要报请交通部门处理,非路面交通事故(如车辆因驾驶原因撞在树或墙上),应由相关管理部门出具证明材料。

3. 核定

(1)保险公司接到报案后,会派人到现场勘察或到交通部门了解出险情况,同时对车辆进行定损,估算合理费用,并通知车主到保险公司指定的修理厂处理事故车辆。

(2)对第三者责任的索赔,还应由保险公司对赔偿金额依法确定,并依据投保金额予以赔付。对于保户与第三者私下谈定的赔偿金额,保险公司可拒绝赔付。

4. 赔付规定

(1)保险车辆发生全部损失后,如果保险金额等于或低于出险当时的实际价值,将按保险金额赔偿。

(2)保险车辆发生全损后,如果保险金额高于出险当时的实际价值,将按出险时的实际价值赔偿。

5. 赔付时间

在车辆修复或自交通事故处理结案之日起三个月之内,保户应持保险单、事故处理证明、事故调解书、修理清单及其他有关证明到保险公司领取赔偿金。如与保险公司发生争议不能达成协议,可向经济合同仲裁机关申请仲裁或向人民法院提起诉讼。

第九节 《中华人民共和国国家安全法》的相关知识

《中华人民共和国国家安全法》于1993年2月22日经第七届全国人民代表大会常务委员会第三十次会议通过,并自公布之日起施行。

一、危害国家安全行为的定义

该法所称危害国家安全的行为,是指境外机构、组织、个人实施或者指使、资助他人实施的,或者境内组织、个人与境外机构、组织、个人相互勾结实施的危害中华人民共和国国家安全的行为。

二、危害国家安全行为的表现

危害中华人民共和国国家安全的行为主要表现为:

(1)阴谋颠覆政府,分裂国家,推翻社会主义制度的;

(2)参加间谍组织或者接受间谍组织及其代理人的任务的;

(3)窃取、刺探、收买、非法提供国家秘密的；

(4)策动、勾引、收买国家工作人员叛变的；

(5)进行危害国家安全的其他破坏活动的。

三、危害国家安全的罪行及刑事责任

(一)为境外窃取、刺探、收买、非法提供国家秘密、情报罪

该罪是指为境外的机构、组织、人员窃取、刺探、收买、非法提供国家秘密或情报的行为。根据《中华人民共和国刑法》的相关规定，对犯有该罪的，处五年以上十年以下有期徒刑；情节特别严重的，处十年以上有期徒刑或者无期徒刑；情节较轻的，处五年以下有期徒刑、拘役、管制或者剥夺政治权利。《中华人民共和国刑法》第五十六条和第一百一十三条还规定，犯有本罪的，应当附加剥夺政治权利，可以并处没收财产；对国家和人民危害特别严重、情节特别恶劣的，可以判处死刑。

(二)故意泄露国家秘密罪

该罪是指国家机关工作人员或者非国家机关工作人员违反保守国家秘密法，故意使国家秘密被不应知悉者知悉，或者故意使国家秘密超出了限定的接触范围，情节严重的行为。对犯有该罪的，处三年以下有期徒刑或者拘役；情节特别严重的，处三年以上七年以下有期徒刑。

(三)非法获取国家秘密罪

该罪是指以窃取、刺探、收买方法，非法获取国家秘密的行为。对犯有本罪的，处三年以下有期徒刑、拘役、管制或者剥夺政治权利；情节严重的，处三年以上七年以下有期徒刑。

第十节　《万国邮政联盟公约》的相关知识

一、万国邮政联盟

万国邮政联盟(UPU)成立于1874年，现是联合国系统专门负责国际邮政事务的一个政府间国际组织。其总部设在瑞士首都伯尔尼，拥有190个会员国，迄今一共举办了23届万国邮政联盟大会。中国于1914年加入万国邮政联盟。

二、万国邮政联盟公约

《万国邮政联盟公约》及其实施细则是国际邮政业务的基本国际法规，对邮政联盟各会员国均有约束力。按照公约的规定，各国邮政对邮件的丢失、损毁及延误的法律责任只承认邮件本身造成的直接损失，间接损失或没有实现的利益不在考虑之列。

(一)公约规定的主要内容

对函件业务，如函件的种类、交付邮资、函件的撤回和应寄件人的要求更改姓名和地址、禁寄物品、海关监管、查询和补偿、邮资的归属、转运费和终端费的结算等项业务作了规定。

对函件的航空运输规则，如使用航空运输函件的加快航空附加费和不收航空附加费、航空函件的优先处理、航空运费的原则、航空运费的计算和结算等项业务也作了规定。

(二)公约对快递函件的规定

《万国邮政联盟公约》第三十二条对快递函件作了如下规定。

(1)在其邮政办理快递业务的各国,如寄件人提出要求,函件应在到达投递局后,尽快地派专人投送。至于保价信函,寄达邮政可以根据规章用快递方法寄回保价信函到达与否通知单。

(2)上述称为“快递”的函件,除应照付邮费外,还应按照第二十四条第1项(9)规定,另付快递费,并应预先付足。

(3)如快递函件的投送给寄达邮政带来有关收件人地址或函件到达寄达局的时间方面的特殊负担时,函件的投送和附加费的收取,应按各寄达国邮政对同类国内函件的规定办理。

(4)未经预先付足各项资费的快递函件应按平常函件投递。但已由原寄局作为快递处理的,仍应按快递投递。在这种情况下,应按第三十条的规定,补收资费。

(5)各邮政对于快递函件,可以只按快递试投一次,如果未能投出,可按平常函件处理。

(6)如果寄达国国内规章许可,收件人可要求投递局把寄给他的函件,在到达后立即按快递投送。在这种情况下,寄达邮政在投递的时候,可以按其国内规定收取资费。

第二编　快件处理知识

第九章　快件处理的作用及流程

快递服务具有“全程全网，联合作业”的特点。整个快递服务过程需要一系列生产环节、众多生产作业人员和多种运输工具共同协作才能完成。快件处理是快件传递过程中的重要作业环节之一，它通过运输线路与收寄和派送环节相连接，使快件由甲地运到乙地，完成传递过程。

第一节　快件处理的作用及快件运输方式

一、快件处理在快递服务全程中的作用

快递服务是个有机的整体，每一票快件从寄件人交寄到派送给收件人，都要经过快件收寄、处理、运输、派送四大环节。在快件传递过程中，收寄是传递的始端，派送是终端，中间环节是运输，而在收后、派前都要进行分拣封发处理。

从图9-1可以看出，分拣封发处理是不同流向快件的吞吐集散口，是贯通上下环节的枢纽，是快递服务的心脏，在作业全过程中处于举足轻重的地位。其主要的作用如下。

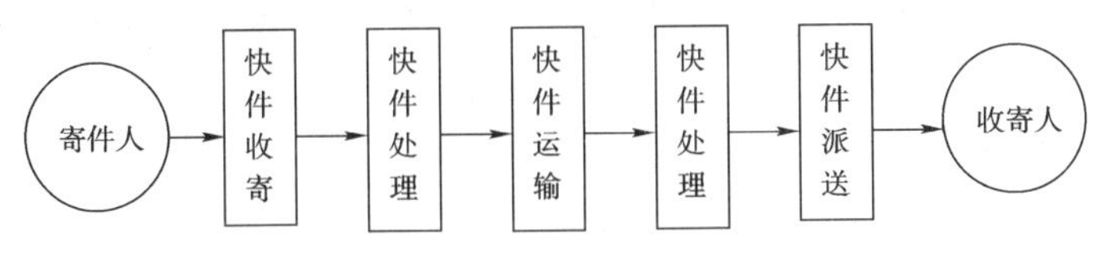

图　9-1

(1)集散作用。内部处理环节将不同运输方式、不同路向、不同时段接收的快件，依据客户填写的运单地址和收寄信息，经过整理、集中，再通过手工分拣或自动流水线分拣，封成总包后，发往目的地。这一过程实际上是由分散到集中，再由集中到分散的过程。集中和分散是快件传递处理的客观要求。集中和分散的程度是随着快件的流量、分发网络组织以及频次、时限规定的变动而变动的。每一次集中和分散都不是简单的、盲目的重复作业，而是需要满足不同层次的传递时限要求。

(2)控制作用。这一作用是由快件处理作业在快件服务全程中所处的地位决定的。来自各方面的快件都要经过分拣中心进行集中处理。处理过程中,需要对这些快件的规格、流向等进行有效的质量控制检查,并对各种错误进行制约和纠正。如果发现禁寄物品还需就地控制处理,不再发往下一环节,从而提高快递服务的全程质量,实现快件快速准确、安全便捷的传递。

(3)协同作用。快件的分拣封发既是快件运输的上一环节,也是快件运输的下一环节。就是说,快件分拣封发的两端均与快件运输相衔接。主动地搞好上下环节的协作配合,不仅直接关系着分拣封发的作业质量,而且在一定程度上影响着快件处理全程的质量和效能。因此,分拣封发的上下环节之间要互相协作配合,及时传递信息,听取对方意见和要求,提供方便的作业条件;同时,还要树立全网观念,努力搞好与运输部门的紧密配合,认真把好快件进站关和出站关。

从以上所述的三个作用中,可以明显看出快件分拣封发在快递服务整个流程中的重要地位。它的作用发挥得越好,对快递服务全程的贡献就越大。反之,如果只顾自己方便、省事,不执行统一规定,盲目分发,乱封乱转,对不合格快件视而不见,不做相应纠正处理,势必造成内部处理乃至整个快递秩序的混乱局面,引起快件积压、延误,甚至导致快件遗失、损毁。这样既损害客户利益,又影响企业信誉。

二、快件的运输方式

快件处理的进站和出站都与快件运输相联结。快件的运输方式在一定程度上决定着快件分拣封发的具体操作。这里,将快件的几种主要运输方式做一简单的介绍。

(一)航空运输

航空运输,是指利用飞机进行快件位移的现代化运输方式(图 9-2)。近年来,随着市场经济的发展,客户对快件时效的要求越来越高,陆路运输已经不能满足长距离运输的时效要求,航空运输快件日趋普遍。

图　9-2

1. 航空运输的特点

(1)航空运输具有破损率低、安全性好的优点。航空运输的地面操作流程各环节比较严格,管理制度比较完善,从而保证了快件破损率、遗失率较低。

(2)航空运输在长距离递送快件的速度方面优势明显。

(3)航空运输具有投资大、运量小、费用高、易受天气影响等局限性。

2. 航空运输的经营方式

目前,快递服务领域进行航空运输的方式主要有以下三种:

(1)自有飞机运输

自有飞机运输,是指快递企业利用自己所有的飞机,设定固定航线、航班,进行快件运输。由于自有飞机运输的航线基本固定,即有固定的始发站、途经站、目的站和起降时间,这样快递企业就可以比较确切地掌握起运和到达时间,保证快件安全、迅速地运达目的地,对运送新鲜物品和贵重物品非常有利。同时,利用自有飞机运输,便于快递集货时间的安排和舱位配载,

也可避免包机或托运中可能发生的其他货物对快件进行挤压、造成快件破损的问题。不足之处是，大多数企业自有飞机的舱位有限，不能满足大批量快件及时运输的需要。

(2)包机运输

包机运输可分为整架包机和部分包机。对于没有自有飞机运输的快递企业，如快件量较大且稳定，可使用包机运输。

整架包机，是指航空公司或包机代理公司，按照与租机人双方事先约定的条件和运价，将整架飞机租给租机人，从一个或几个航空站装运快件至指定目的地的运输方式。包机的运费随国际航空运输市场的供求情况而变化。通过整架包机，快递企业虽然可以使用整架飞机的舱位，但是与自有飞机运输相比，由于所包飞机属于航空公司所有，飞机的始发站、目的站和起降时间，只能由航空公司确定；而且有可能发生航空公司违约或因其他特殊原因终止合约的情况，快递企业的可控性降低。

部分包机，指几家快递公司联合包租一架飞机，或者由包机公司把一架飞机的舱位分别承包给几家快递公司，即拼机。部分包机适合快件业务量在1t以上但不足以装一整架飞机的快件运输。相对于整机包机，部分包机的运费较低，但需要注意拼机物品的性质，避免给快件带来太大的安全隐患。

由于业务量和资金的关系，目前国内大部分快递企业普遍采用的是部分包机方式，个别快件吨位大的快递企业也采用整机包机。整机包机费用较高，如果业务量不稳定，可能空舱，成本风险较大。

(3)集中托运

集中托运，是指快递企业将发往某一方向的快件委托给航空货运代理公司，由航空货运代理公司将不同企业发往同一方向的快件集中起来组成一票件，采用一份总运单的方式向航空公司办理托运，并由航空货运代理公司在目的地指定的代理人收件、报关，然后分拨给各实际收件公司的运输方式。采取集中托运方式，快件托运受制性太大，时效不稳定；但是快递企业支付的运费较低。对于业务量小、资金有限的快递企业，采取这种方式运输较为普遍。

(二)公路运输

公路运输，是指以公路为运输线，利用汽车等陆路运输工具进行快件位移的运输方式。公路运输既是独立的运输体系，也是车站、港口和机场进行快件集散的重要手段。

1. 公路运输的特点

(1)公路运输具有机动灵活、简捷方便的优点。

(2)公路运输在短途快件集散运送上具有优越性。

(3)公路运输能够实现快件“门到门”的交接，而航空和铁路等运输方式则要依赖公路运输来完成两端的运输任务。

(4)公路运输具有载重量小、长途运输成本高且时效慢、在运行中易发生交通事故以及震动较大易造成快件损坏等局限性。

2. 公路运输的经营方式

(1)自有车辆运输

自有车辆运输，是指快递企业自行购置快件运输车辆，专门负责企业内的快件运输。自有车辆通常用于点对点的短距离运输，以及同城、同省、邻近省份的近距离运输。运输车辆的大小根据所运输线路之间的业务量而定，业务量大的一般都使用大吨位货车，业务量小的一般使用小型货车。汽车运输适合用于1 000km以内的快件运输。运输距离超过1 000km,汽车运输在时效方面就失去了优势,此时一般采用铁路运输或航空运输。采取自有车辆运输方式,通常都有固定的到发车时间、固定的运行线路和固定的目的地和始发地,平时只需要按照固定的班期进行周期性的运输活动。

(2)契约运输

契约运输,是指快递企业与承运人签订运输契约,按照契约的规定进行快件的运输。这样的契约一般期限较长,快递公司需要保证提供一定的业务量,承运人保证提供所需的运力。相对于自有运输,采取契约运输可以降低快递企业的运输风险,减少车辆购置成本和管理成本;但如果承运人提供的运力不稳定,在快递企业需要车辆时不能按时提供,将会给快递企业带来很大的损失。因此,快递企业在签订运输契约运输之前,需要对承运人的运力和信用进行全面的评估。

(三)铁路运输

铁路运输,是指利用铁路进行快件位移的运输方式。采取铁路运输,载运量较大、费用较低廉、不易受气候条件影响、可保障全年正常运行、遭受风险较小;但是铁路运输速度较慢、运输受轨道限制,在应用上有一定局限性。对于时限性要求不是很强的快件,采用铁路运输的较多。

对于出境的快件,可以采取国际铁路货物联运方式。所谓国际铁路货物联运,是指两个或两个以上的不同国家铁路当局联合起来,完成一票快件从出口国向进口国转移所进行的全程运输。它使用一份统一的国际联运票据,由快件运出地的铁路部门办理快件全程运输手续,并负连带责任。当快件在由一国铁路向另一国铁路移交时,无需发件公司和收件公司参加。

(四)水路运输

水路运输通常包括海洋运输和内河运输。水路运输虽然具备载运量大、费用低廉等优点,但主要由于其速度慢,与快递要求“快”的特点不相吻合,因此水路运输仅在未开通陆路运输的河段、峡谷和沿海岛屿等进行短距离快件传递。

第二节　处 理 流 程

一、处理流程概念

处理流程,是指快递业务员对进入处理中心的快件进行分拣封发的全过程,包括快件到站接收、分拣、总包封装、快件发运等环节。根据处理中心在快递服务全程中所处的不同位置及所承担的功能,在快件处理方式上存在包进包出、散进包出、包进散出以及散进散出四种方式(图9-3)。

包进包出,是指快件以总包的形式进入处理中心,经分拣封发后,再以总包的形式发往下一环节。包进包出的情况主要存在于图9-3中的A处理中心。这些处理中心承担着中转枢纽的功能。

散进包出,是指快件以散件的形式进入处理中心,经分拣封发后,以总包的形式发往下一环节。散进包出的情况主要存在于图9-3中的B处理中心。这些处理中心前端连接收寄处理点,后端连接另一处理中心。

包进散出，是指快件以总包的形式进入处理中心，经分拣后，以散件的形式发往派送处理点，如图9-3中的C处理中心。

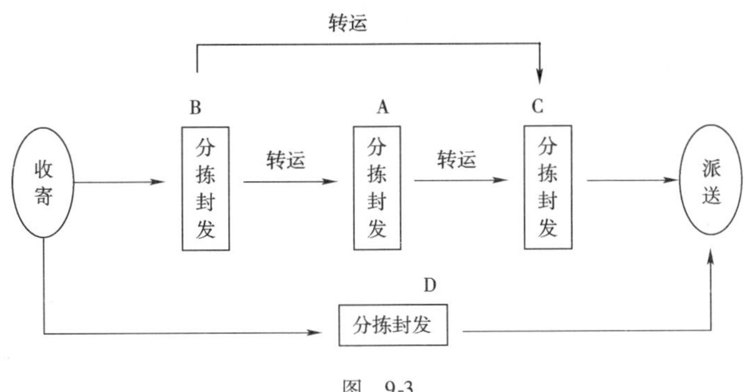

图　9-3

散进散出，是指快件以散件的形式进入处理中心，经分拣后，再以散件的形式发出。这类处理中心两端连接收寄处理点和派送处理点，如图9-3中的D处理中心。在散进散出的处理方式上，快件不需要经过转运环节，同城快件的处理多属此类。

实际运行中，一个处理中心在整个快递服务过程中很有可能会承担着两种以上的处理功能，因此，在同一处理中心很可能会同时存在上述两种或两种以上的处理方式。

二、处理流程描述

上述四种处理方式中，包进包出方式的处理环节最为全面。其他三种方式与包进包出方式的处理环节基本相似，只是少了其中的一个或几个环节。例如散进包出，不需要拆解总包；包进散出，不需要建立总包；散进散出，既不需要拆解总包，也不需要建立总包；其他的环节没有太大区别。因此，下面以包进包出的方式为例，来说明快件处理的整个作业流程。

1. 处理作业流程图（图9-4）

2. 处理作业流程描述（表9-1）

处理作业流程描述　　表9-1

活动编号	流程活动	流程活动说明
001	引导到站车辆	引导快件运输车辆准确停靠，并核对车牌号码，查看押运人员身份
002	验收车辆封志	检查车辆封志是否完好，核对封志上的印志号码
003	拆解车辆封志	使用不同的工具，按照正确方法将车辆封志拆解
004	卸载总包	把总包快件从运输车厢内卸出，注意安全，按序码放
005	验收总包	查点总包数目，验视总包规格，对异常总包交主管处理
006	扫描称重	对总包进行逐袋扫描比对，称重复核，上传信息并将扫描信息与交接单核对
007	办理签收	交接结束后，交接双方在快件交接单上签名盖章，有争议事宜在交接单上批注
008	拆解总包	解开总包，倒出包内快件，检查总包空袋内有无漏件
009	逐件扫描	逐件扫描快件条码，检查快件规格，将问题件剔出，交有关部门处理
010	快件分拣	按快件流向对快件进行分类、分拣
011	快件登单	逐件扫描快件的完整信息，扫描结束及时上传信息，打印封发清单
012	总包封装	制作包牌，将快件装入包袋并封口

续上表

活动编号	流程活动	流程活动说明
013	总包堆码	将总包按一定要求堆位,码放
014	办理交运	将建好的总包,按发运车次、路向填制交接单并比对
015	交发总包	交接双方共同核对总包快件数量,检查总包规格、路向
016	装载车辆	按照正确装载、码放要求将总包快件装上运输车辆
017	车辆施封	交接双方当面施加车辆封志,保证封志锁好,核对号码
018	车辆发出	交接完毕,在总包快件交接单上签名盖章,引导车辆按时发出

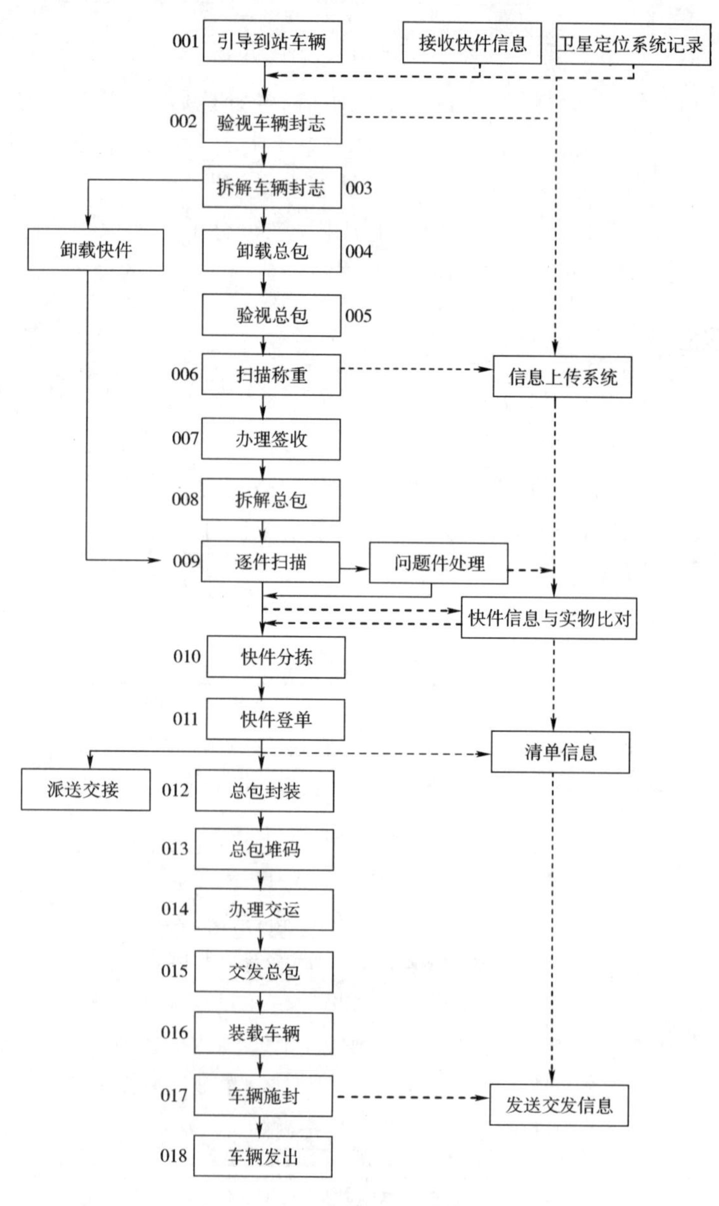

图 9-4

第三节　快件处理环节的基本概念

快件处理过程中的接收、分拣、封发、装运等环节，就是将出站快件、中转快件、进站快件按客户书写的寄达地址，依据各快递企业中转关系和相关规定及频次和时限，有序地组织生产作业，保证快件迅速、准确的传递。

接收　是指处理中心验视进站总包快件装载车辆的封志，检查总包快件规格，复核交接总包数量，并办理签收手续的处理过程。

分拣　是指按快件运单书写的寄达地址，将相关的快件，分别汇集分到规定格口内的处理过程。

封发　是指将分拣后的快件封装成快件总包并装载发运的处理过程。

装运　是指将封装后的总包按规定装码在运输设备和工具中的过程。

进站　是指其他分拣中心发出的总包快件进入某一分拣中心并被接收的过程。

出站　是指某分拣中心将封往其他分拣中心的总包快件发运出去的过程。

中转　是指快件的运输线路不能直接到达目的地，需通过中转环节再次处理后，转发至目的地的过程。

直封　是指快件不需中转，直接封成总包发往目的地的过程。

频次　是指在规定时间内快件交接、封发的次数。处理环节的频次可分为交接频次和封发频次。

交接频次　每天交接快件的次数。

封发频次　在快件封发作业环节，对同一寄达地点每日封发的次数。

处理时限　是指在快件处理作业环节，从快件进站、经分拣封发到快件出站整个作业过程中不得超过的最大时间限度。

快件处理设备　是指快件处理过程中使用的设施、设备。其可分为搬运设备、分拣设备、条码设备等。

用品用具　是指快件处理过程中使用的用品工具。其可分为盛装容器、计量器具、业务用品，如总包空袋、总包包牌、封志、业务单册等。

搬运设备　是指用于装载和运送快件所使用的带式输送机、辊式输送机、托盘车、弹簧车、手推车、轮式集装笼(箱)等。

分拣设备　是指用于快件分拣所使用的自动分拣机、半自动分拣机、拣选机、手工分拣格口架等。

条码设备　是指用于快件处理过程中扫描条码所使用的条码信息采集器(阅读器)、激光自动扫描器、手持条码扫描器等。扫描器有固定、有线移动和无线移动三种。

第四节　快件处理作业前的准备工作

快件处理作业受快件运输条件及方便客户交寄快件等因素的制约，具有被动性、突发性、密集性的特征。为了赶发时限，快件处理作业需要分秒必争，因此，作业前必须做好有关准备工作。各岗位、各工序的操作人员应该根据各自作业要求和内容，预先安排好相关工作，并准备好所需工具和用品,确保作业按部就班、紧密衔接、连续不断,提高劳动生产效率。操作人员进行作业准备工作,一般有以下几个方面:

(1)检查有无快件处理的相关要求和操作变更通知,作业系统有无版本升级或操作变动。

(2)到指定地点领取条形码扫描设备、名章、圆珠笔、唛头笔、拆解专用钳或剪、包牌、包签等。

(3)到指定地点领取封发总包用的封装容器、封志、封带等,并对需要预先粘贴在容器、总包空袋、封带上的总包条形码进行粘贴。

(4)到指定地点领取封扎快件总包用的专用夹钳、手携扎袋器、手携封包机等。

(5)到指定地点领取装运快件使用的各种专用车或器具。

(6)穿好工作服,佩戴工作牌和上岗劳动保护用品,如防护手套、护腰用具、工作帽等。

(7)检查扫描分拣设备,条码采集器或阅读设备要核对作业班次和时间。

第十章　快件接收

快件接收是快件处理的第一个作业环节。在到站快件接收作业过程中,场地接收人员对快件运输车辆的封志、快件交接单式的填写、总包快件的规格和质量等方面要认真执行交接验收规定,明确责任环节,确保快件的处理质量。

第一节　到件验收

到站快件按运输工具的不同可分为汽车运输到站快件、航空运输到站快件、火车运输到站快件。只有汽车运输(自有)到站快件能直达分拣中心,其他运输方式还需场(分拣中心)站(港)盘驳,才能到达快件分拣中心。

一、办理交接

为防止在运输途中超小快件(航空运输,其长、宽、高之和不得小于40cm;铁路运输,不得小于60cm)发生遗失和信件型快件、快件运单被折叠、损坏,同时也为了便于快递服务过程中两环节的交接,缩短时间,提高效率,在快件运输环节中,往往采取将多个小件汇成总包运输的办法。因此,办理交接主要是指办理总包的交接。

(一)总包概念

总包,是指将寄往同一寄达地(或同一中转站)的多个快件,集中装入的容器或包(袋)。总包经封扎袋口或封裹牢固形成一体,便于运输和交接。总包必须拴有包牌或粘贴标签,同时总包内应附寄快件封发清单或在包牌及标签写明内装件数。考虑到搬运方便,以及总包包袋的容量和承载能力限制,快件总包每包(袋)重量不宜超过32kg。

有些快递企业为减少重复劳动,在保证快件安全质量的情况下,对较大快件不再装入总包空袋内,而是单独发运,但是在操作上视同总包,也必须登列交接单(路单),所以称作总包单件。

在实际操作中,所谓的总包往往涵盖了总包单件的概念。也就是说,狭义的总包仅仅指多个快件集中封装而成的总包;而广义的总包,除此之外还包括按照总包操作的总包单件。

(二)交接验收内容

不管使用哪种运输工具,最后装载快件进入分拣中心的都是汽车。分拣中心场地人员在办理汽车到站快件接收时,需要进行以下工作:

(1)引导快件运输车辆安全停靠到指定的交接场地。

(2)核对快件运输车辆牌号,查看押运送件人员身份。

(3)检查快件运输车辆送件人员提交的交接单内容填写是否有误。

(4)核对到站快件运输车辆的发出站、到达站/终到站、到达(开)时间,并在交接单上批明实际到达时间。

(5)检查车辆的封志是否完好,卫星定位系统记录是否正常。

(6)核对总包数量与交接单载明信息是否一致。

(7)检查总包是否有破损等异常现象。

(8)交接结束时,在快件交接单上签名盖章。

(三)交接使用的单式

1. 交接单的概念

交接单是快递服务网络中运输和处理两个部门在交接总包时的一种交接凭证,是登记交接总包相关内容(交接单号码、总包包号、发寄地、寄达地、总包数量、重量、快件种类等)的一种单式。由于交接单一般在快件运输押运人员与分拣中心之间使用,由此,有的快递企业也将交接单称为路单。

在快件处理过程中,虽然各快递企业使用的交接单形式多样,但功能基本相同,一般都用于登记总包信息。有的交接单登记内容详细,有的只登记总包数量及简要相关信息。

2. 使用范围

交接单主要用于三个交接环节:一是收寄派送网点与分拣中心之间的总包交接;二是快件运输环节与分拣中心或中转站之间交换的总包交接;三是分拣中心或中转站与委托运输方之间的总包交接。

收寄(派送)网点与分拣中心之间使用的交接单,登列的内容主要是快件封发时间、发出站、接收站、封发人员、快件号码、收寄件人信息、重量、体积、件数、种类、车辆牌号、驾驶人员等。

干线汽车运输与分拣中心之间使用的交接单,登列的内容主要是车辆发出时间、始发站、经由站、终到站、总包快件数量、重量、驾驶人员等。

委托运输使用的交接单内容一般登记发出站、到达站、航班号或车次、数量、重量等。

在具体使用时,要按各快递企业的相关规定和要求正确填写。

3. 交接单的作用

(1)真实记录了两作业环节交换总包时实际发生的相关内容,是快件业务处理的证明;

(2)是快递企业与委托承运部门或企业进行运费结算的依据;

(3)是明确两作业环节之间总包交换责任界限,并促成互相监督制度执行的重要措施;

(4)是进行总包查询和赔偿的凭证。

4. 常见几种交接单单式(表10-1)

交接单单式 表10-1

交接单式一

专业快递物流供应商

始发地:________ 到达地:________ 物件交接单

	发件公司	运单号码	收件公司地址(城市名)	物品	重量	到付	备注
1							
2							
3							
4							
5							
6							
7							
8							
9							
10							

白联发件公司留存 粉联发收公司留存

注 物品"×".收件人付费"×" 200__年__月__日 分拣员________ 复核员________

续上表

交接单式二

深圳航空组快件交接单					
快件单号	交接人	交接时间	接收部门	接收人	备注

交接单式三

深圳——杭州干线货物交接单														
行车路线:深圳—杭州(萧山)				线路编码:										
交换地名称	计划时间		实际离开时间	类型	普货		陆运件		实际到达时间			收发员签名及工号	司机签名	
	到达时间	离开时间			装车件数	装车重量	装车件数	装车重量	干线车	接驳车	封车条号			
深圳航空组	始发			包及单发件件数										
杭州萧山中转场		终点		合件件数及重量:										

交接单式四

发日　　　　收日

第　　号第　　页

自　　局至　　局

编　号			由		交			总页数		页　号	
号　码	原寄局	接收局	袋	重量	备注	号　码	原寄局	接收局	袋	重量	备注
21						22					
23						24					
25						26					
27						28					
29						30					
31						32					
33						34					
35						36					
37						38					
39						40					
寄发人员签章			接收人员签章				共计		总重量(kg)		

续上表

交接单式五

机场航空货站国内始发货物交接单

单位： 年 月 日

货物类别	邮件	快件	鲜活	急件	普件	其 他	在类别上打√

二字代码	货 单 号	件数	毛重	计费重量	到达站	品名	包装	备注
	合 计							

货物装卸，仓储等方面的特殊运输要求 单码代码单 交货人

接货人

1. 存根联 第 页

续上表

交接单式六

844－0001246 0　　　　　　　　844－0001246 0

始发站 Airport of Departure	深圳	目的站 Airport of Destination	无锡	不得转让 NOT NEGOTIABLE 航空货运单 AIR WAYBILL 印发人 Issued by ××航空有限公司 Donghai Airlines Co.,Ltd. 地址：深圳宝安国际机场 ADD: Bao'an Airport Shenzhen, P. R. China 邮编：518128 Post Code: 518128
托运人姓名、地址、邮编、电话号码 Shipper's Name, Address, Postcode & Telephone No.				航空货运单一、二、三联为正本，并具有同等法律效力。Copies 1, 2 and 3 of this Air Waybill are originals and have the same validity
收货人姓名、地址、邮编、电话号码 Consignee's Name, Address, Postcode & Telephone No.				结算注意事项 Accounting Information 包机航班专用货单 填开货运单的代理人名称 Issuing Carrier's Agent Name

航线 Routing	到达站 To	第一承运人 By First Carrier	到达站 To	承运人 By	到达站 To	承运人 By

航班/日期 Flight/Date 2008年9月25日	航班/日期 Flight/Date	运输声明价值 Declared Value for Carriage	运输保险价值 Amount of Insurance

储运注意事项及其它 Handling Information and Others

J56231

件数 No. of Pcs. 运价点 RCP	毛重（千克）Gross Weight (Kg)	运价种类 Rate Class	商品代号 Comm. Item No.	计费重量（千克）Chargeable Weight (Kg)	费率 Rate/Kg	航空运费 Weight Charge	货物品名（包括包装、尺寸或体积）Description of Goods (incl. Packaging, Dimensions or Volume)
1468	14052			14052			花边、纸样、拉链、等/编、纸

预付 Prepaid		到付 Collect	其它费用 Other Charges
	航空运费 Weight Charge		本人郑重声明：此航空货运单上所填货物品名和货物运输声明价值与实际交运货物品名和货物实际价值完全一致。并对所填航空货运单和所提供的与运输有关文件的真实性和准确性负责。Shipper certifies that description of goods and declared value for carriage on the face hereof are consistent with actual description of goods and actual value of goods and that particulars on the face hereof are correct.
	声明价值附加费 Valuation Charge		
	地面运费 Surface Charge		托运人或其代理人签字、盖章 Signature of Shipper or His Agent
	其它费用 Other Charges		
			填开日期 Executed on (Date)：2008年9月25日　填开地点 At (Place)：深圳　填开人或其代理人签字、盖章 Signature of Issuing Carrier or Its Agent：王东林
	总额（人民币）Total (CNY)		
付款方式 Form of Payment			844－0001246 0

正本3 （托运人联）甲

（四）交接验收注意事项

（1）要引导车辆停靠在指定的交接场地，同时注意车辆和人身安全，特别要注意工作人员在引导车辆时不能站在车的正后方。

（2）要核对交方车辆和押运人员的身份是否符合业务要求。

（3）检查交接单的内容填写是否完整，有无漏项，章戳签名是否规范正确。

（4）明确车辆的到达时间是否延误。

（5）检查车辆封志是否正常，有无拆动痕迹，卫星定位信息有无非正常停车或非正常开启车门的记录。

（6）必须在交接单上批明接收时间。

（7）如果总包数量与交接单信息不符，需双方当面查清核实或在交接单上批注实收数量。

(8)对不符合标准的总包,双方应当面处理,记录情况。

二、拆解封志

(一)车辆封志

1. 车辆封志的概念

车辆封志是固封在快件运输车辆车门的一种特殊封志,其作用是防止车辆在运输途中被打开,保证已封车辆施加车辆完整地由甲地运到乙地。封志是快件运输途中保证安全、明确责任的重要手段。随着信息技术的发展,现在也有一些快递企业使用全球卫星定位系统(GPS)来监视快件运输车辆的车门,利用系统记录信息来确定车门是否被无故打开,从而提高快件运输过程中的安全性。

2. 车辆封志种类

车辆封志大体上可分为两大类:一类是实物封志,是有形的封志;一类是信息封志,是无形的封志。

(1)实物封志

实物封志是传统的封志,也是目前绝大多数快递企业普遍使用的封志。实物封志成本较低,但是操作相对繁琐,且大多不能重复使用。

实物封志从材质上主要可分为以下三类:一是纸质类,如封条、封签等;二是金属类,如铅封、施封锁等;三是塑料类,一般称塑料封志。快递企业经常使用的是金属类和塑料类的封志。

(2)信息封志

信息封志是全球卫星定位系统(GPS)与地理信息系统(GIS)结合的信息记录。它通过对车辆的运行和车门的开关,进行即时记录来明确责任,事实上起到一种威慑作用。信息封志操作简单,但是技术要求高,投资大。

3. 实物封志样式(图 10-1 ~ 图 10-6)

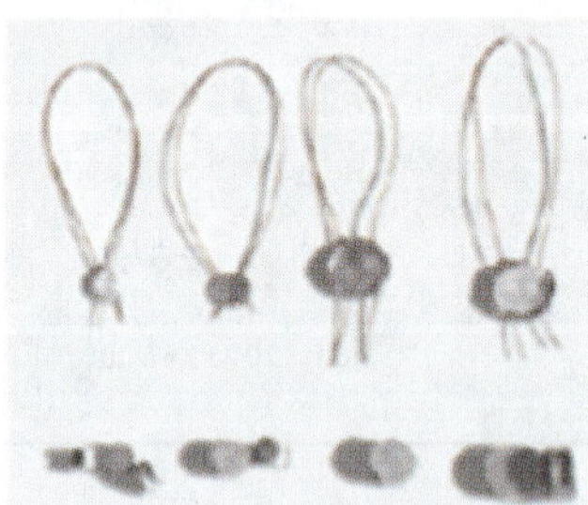

图 10-1　铅质封志

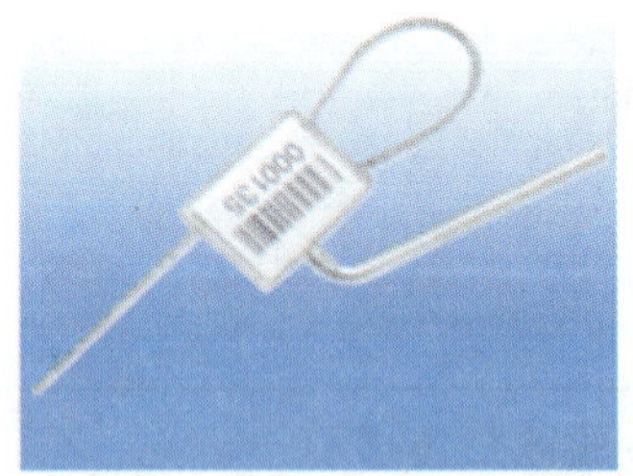

图 10-2　金属封志

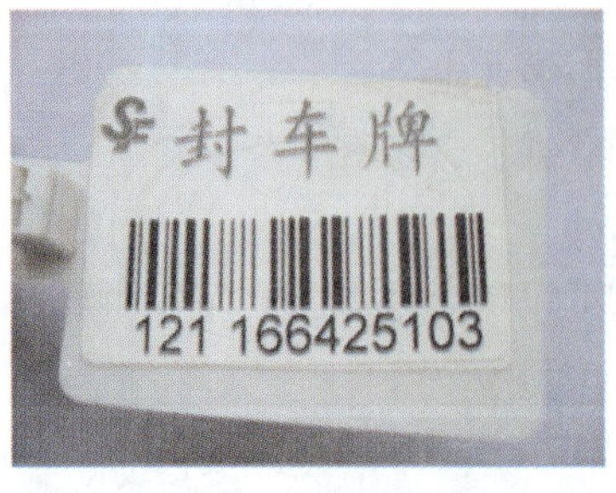

图 10-3　塑料封志一

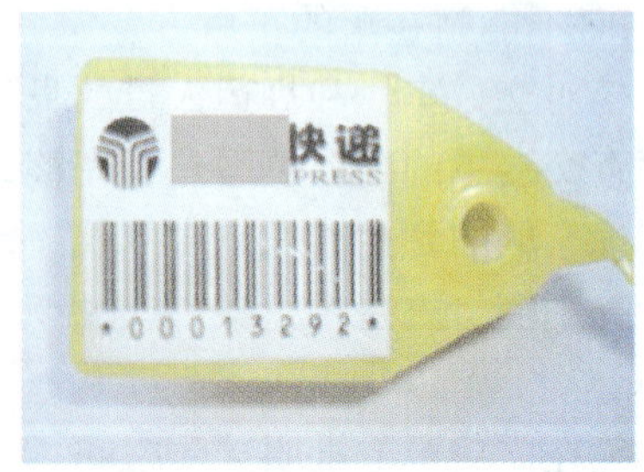

图 10-4　塑料封志二

图 10-5　数码施封锁

图 10-6　普通施封锁

(二)拆解车辆封志(图 10-7)

不同材质的车辆封志,拆解方法略有不同。对于施封锁,交接人员应该使用施封锁专用钥匙开启,并妥善保管钥匙以备查询及循环使用;对于金属封志、铅封、塑料封志等,交接人员应该使用剪刀或专用钳来拆解封志,剪开封绳。

拆解车辆封志,首先要认真检查封志是否已被打开,封志上的印志号码或封志标签是否清晰可辨。如果铅封印志模糊、塑料封志反扣松动能被拉开,都需要在交接单上进行批注。然后扫描封志上的条形码并与上一环节所发信息比对,如果是手工登记,注意需与交接单内容进行核对。最后在拆解时,需要注意不得损伤封志条码或标签。

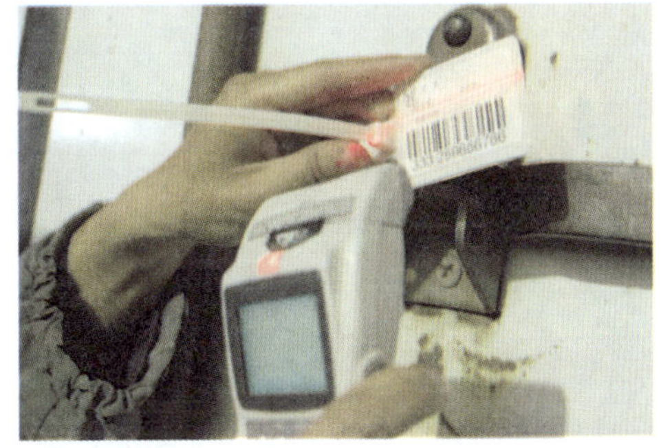

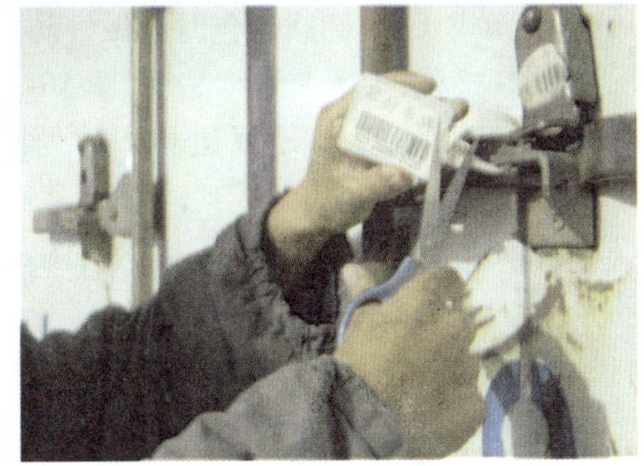

图　10-7

三、总包卸载

总包卸载,是将进站总包从快件运输车辆上卸载到处理场地的作业过程。卸载总包时要按规定搬运,注意快件的安全。为提高作业效率,各快递企业的实际操作往往是总包卸载和总包的交接验收同时进行。

(一)卸载操作主要内容

(1)按照要求卸载总包,不得有抛掷、拖拽、摔打、踩踏、踢扔、坐靠及其他任何有可能损坏快件的行为(图10-8、图10-9)。卸载时,总包袋口不得拖地(图10-10)。

(2)对于贴有易碎品标志的总包单件要轻拿轻放,放置时需要在快件底部低于作业面30cm的时候才能放手(图10-11)。

(3)卸载破损总包时,应注意保护内件,避免出现二次损坏快件的现象。

(4)使用机械或工具辅助卸载,应正确操作卸载机械或工具,禁止野蛮粗暴操作及其他任何有可能损坏快件的操作。

图10-8　不准抛掷快件

图10-9　不准踩踏快件

图10-10　禁止拖拽快件

图10-11　轻拿轻放易碎品快件

(5)遇到雨雪天气,卸载总包时应做好防水防潮及受潮物品处理工作。如遇有受潮快件,妥当处理,严禁挤压、烘干受潮物品等(图10-12)。

(6)总包卸载后,应区分直达和中转路向、手工与机械分拣快件,并按堆位要求分别码放。

(7)码放时做到重不压轻,大不压小(图10-13)。码放的总包有序、整齐、稳固,总包袋口一律向外。

图10-12　雨天卸载快件做好防护

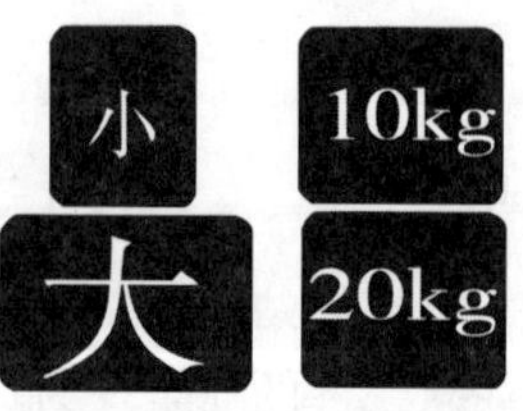

图10-13　堆码快件重不压轻,大不压小

（8）偏大、偏重的总包单独码放或码放在底层，以防码放时砸坏轻件、小件；易碎物品、不耐压的快件放置顶层或单独码放；对标有不准倒置、怕晒、怕雨、禁止翻滚、堆码重量和层数受限的快件，应按操作标准进行作业（图 10-14、图 10-15）。

（9）卸载在拖盘、拖车、拖板上的总包，码放高度一般不超过把手。

（10）不规则快件、一票多件快件、需特殊处理或当面交接的快件应该单独码放。

（11）水湿、油污、破损的总包应交专人处理。

（12）卸载结束后，接收人员应检查车厢和场地周围有无其他遗留快件。

图 10-14　按要求堆码有重量和层数限制的快件

图 10-15　禁止倒置、翻滚有方向要求的快件

（二）卸载作业的安全要求

（1）应该在车辆停靠稳妥后进行卸载作业，进出车厢应使用防护扶手，避免摔伤。

（2）着装规范，防护用品佩戴齐全，避免身体受到伤害，如佩戴专用防护腰带、穿好防护鞋（图 10-16、图 10-17）。

（3）卸载金属包装或表面不光滑、带有尖锐物包装的快件，或者其他任何有可能造成伤害的快件，应戴专用防护手套（图 10-17）。

（4）卸载体积偏大、偏重的总包快件，应双人或多人协同作业及使用设备卸载（图 10-18）。

（5）如果卸载快件有内件物品破损并渗漏出液体、粉末状固体、半固体状物品，或者漏出内件疑似有毒、剧毒、不明化工原料，必须使用专用防护工具和用品或防护设备进行隔离，不得用身体直接触摸或鼻嗅（图 10-19）。

图 10-16　作业前佩戴好护腰带

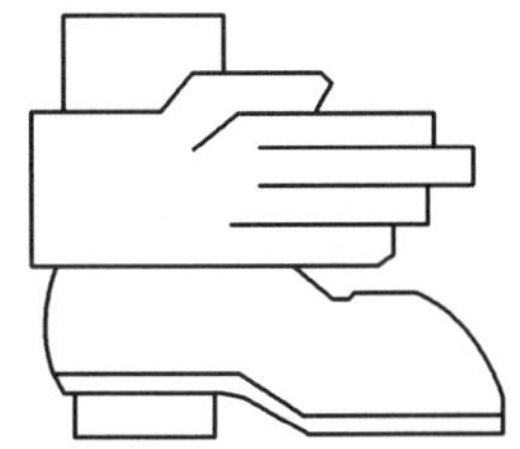

图 10-17　佩戴专用防护手套和穿防护鞋

（6）卸载总包如果堆码在手动运输的托盘、拖车、拖板上，注意堆码重量不得超过设备材质和承载的限定要求，堆码宽度应小于底板尺寸。对于托盘、拖车，堆码高度不应高于托盘和拖车；对于拖板，堆码高度不应高于标准人体高度，以防在快件倒塌时被砸伤（图 10-20）。

图 10-18　体积大或重快件双人作业图　　图 10-19　渗漏液体粉末状等不得用鼻嗅

(7)使用托盘、拖车运输时应分清车头车尾,不得反向操作。拉运快件时应目视前方,不得左顾右盼(图 10-21)。

(8)卸载使用的机械或工具,不得载人(图 10-22、图 10-23)。

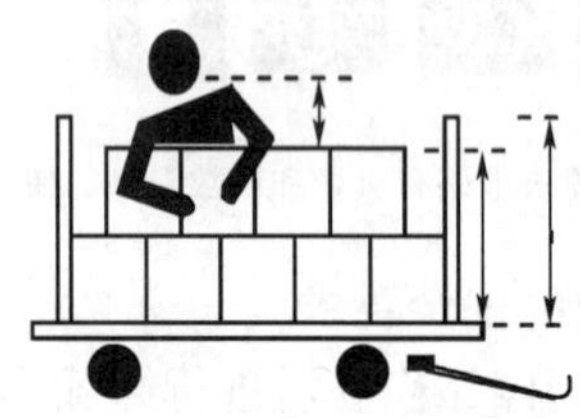

图 10-20　堆码高度

图 10-21　拉运快件不得左顾右盼,应目视前方　　图 10-22　不准搭乘快件搬运车辆

图 10-23　快件搬运车不准站立人员

四、总包接收、验视

接收进站总包是处理环节的总进口,分拣中心必须严格把关,进行一丝不苟地检查,守住“大门”。快递企业两环节对总包交接实行“交接单”交接。交接时应以“交接单”上登记的内

容或网上信息为准,并与总包实物进行比对。对于验视发现的异常总包,交接双方要当场及时处理,明确责任。

(一)总包接收操作主要内容

(1)按车辆到达的先后顺序接收总包(有特殊规定的除外)。

(2)不同批次或车次的总包应该分别接收,不得混淆处理。

(3)总包接收处理要求两人或两人以上作业。

(4)接收总包时,收方负责逐包扫描,同时验视总包,复核总包数量、规格。交方负责监督总包的数量。

(5)对总包进行逐包扫描称重,完毕后上传信息比对扫描结果,或将扫描信息与交接单内容进行核对。

(6)发现总包异常,应及时、准确地做出处理。

(7)发现总包数量、路向等与信息不符,应及时、准确地做出处理或反馈。

(8)接收操作快速、准确,应在规定时间内完成总包的接收处理。

(二)总包接收验视基本内容

接收总包时,应对总包做以下方面的验视:

(1)总包发运路向是否正确。

(2)总包规格、重量是否符合要求。

(3)包牌或标签是否有脱落或字迹不清、无法辨别的现象。

(4)总包是否破损或有拆动痕迹。

(5)总包是否有水湿、油污等现象等。

五、包装运输标识基本常识

为保证快件安全,防止快件内容品在卸载、装载、搬运过程中被损坏和损毁,对搬运有特殊要求的物品都在快件包装箱的侧面或包装箱的角上贴有搬运图示贴纸,提示搬运人员按规定搬运。具体标志见表10-2。

国际标准 ISO 780—1997《包装—搬运图示标志》　　表10-2

序号	标志名称	标志图形	含　义	示　例
1	易碎物品		运输包装件内装易碎品,因此搬运时应小心轻放	
2	禁用手钩		搬运运输包装件时禁用手钩	

续上表

序号	标志名称	标志图形	含　义	示　例
3	向上		表明运输包装件的正确位置是竖直向上	a)　b)　c)
4	怕晒		表明运输包装件不能直接照晒	
5	怕辐射		包装物品一旦受辐射便会完全变质或损坏	
6	怕雨		包装件怕雨淋	
7	重心		标明一个单元货物的重心	本标志标在实际的重心位置上
8	禁止翻滚		不能翻滚运输包装	

续上表

序号	标志名称	标志图形	含　　义	示　　例
9	此面禁用手推车		搬运货物时此面禁放手推车	
10	禁用叉车		表明不能用升降叉车搬运的包装件	
11	由此夹起		标明装运货物时夹钳放置的位置	
12	此处不能卡夹		标明装卸货物时此处不能用夹钳夹持	
13	堆码重量极限	max kg	表明该运输包装件所能承受的最大重量极限	
14	堆码层数极限	n	相同包装的最大堆码层数，n 表示层数极限	
15	禁止堆码		该包装件不能堆码并且其上也不能放置其他负载	

续上表

序号	标志名称	标志图形	含　义	示　例
16	由此吊起		标明起吊货物时挂链条的位置	本标志标在实际的起吊位置上
17	温度极限		运输包装件应该保持的温度极限	C_{max} C_{min} a) C_{min} C_{max} b)

六、快件处理场地安全知识

(一)处理场地的快件安全

快件处理场地是快件吞吐的集散地,每天都有大量的快件经过多名场地操作人员直接处理完成作业,也是快件和操作人员最密集及处理票数最多的地方。为保障快件安全和信息安全,快件处理场地应注意以下几点要求:

(1)不得向工作人员以外的任何人泄露和私自抄录快件封面所写收、寄件人的地址、姓名。

(2)严禁将快件带离处理场地,进入私人家中、宿舍或与场地作业无关的其他场所。

(3)任何人不得将私人拎包(袋)带进处理现场。快件处理场地配设存放生产使用的工具、业务单式和用品的专柜或抽屉,不准存放私人物品。

(4)快件处理场地内,不得设有更衣室,更衣室必须与现场严格分离。

(5)发现隐匿、毁弃或非法开拆他人快件的行为,必须及时向处理场地主管报告。

(6)发现处理的快件封装破损或裂口,应交专人处理,不得擅自处理或置之不理。

(7)班次结束,未处理的快件,应妥交接班人员接管或交由专人保管。

(8)快件处理场地内不得使用明火、电热杯、电炉等。

(9)快件处理场地应防止快件被水湿、污染等情况发生。

(10)快件长时间滞留或留存,应防鼠咬发生。

(11)快件处理场地不得存放易燃、易爆和强腐蚀性物品。

(12)快件处理场地必须设置监视系统,关键部位要安装摄像头。

(13)发现安全隐患或设备非正常运转及时报告或处理。

(二)处理场地防火知识

客户交寄的快件大部分是可燃物,快件分拣中心一旦失火,就会迅速蔓延,造成严重损失。《建筑设计防火规范》规定邮件处理中心(包括快件分拣中心)为一级耐火等级。为保障客户利益和企业效益不受损失,保护人身和财产安全,快件处理作业人员必须掌握一定的防火知识,快件处理场地要配备一定数量的灭火器具,而且要保证每名作业人员了解灭火器具的放置地点并能熟练掌握灭火器具的使用方法。

1. 火灾种类

A 类:指固体有机物质燃烧的火。

B 类:指液体或可融化固体燃烧的火。

C 类:指可燃气体燃烧的火。

D 类:指轻金属燃烧的火。

2. 灭火器的种类

灭火器的种类大体上有两种:第一种是储气瓶式、储压式和化学反应式:第二种是泡沫、干粉、卤代烷、二氧化碳、酸碱和清水等。

快件处理作业现场通常配备手提式或推车式的泡沫、干粉灭火器。

3. 泡沫灭火器和干粉灭火器的使用

(1)干粉灭火器适用火灾及使用方法

碳酸氢钠干粉灭火器适用于易燃、可燃液体、气体及带电设备的初起火灾;磷酸铵盐干粉灭火器除可用于上述几类火灾外,还可扑救固体类物质的初起火灾,但都不能扑救金属燃烧火灾。干粉灭火器的使用方法是在距燃烧处 5m 左右使用,如在室外,应选择在上风方向喷射。使用的干粉灭火器若是外挂储压式的,操作员应一手紧握喷枪(喷管),另一手提起储气瓶上的开启提环。

干粉灭火器扑救可燃、易燃液体火灾时,应对准火焰根部扫射。如果被扑救的液体火灾呈流淌燃烧时,应对准火焰根部由近而远,并左右扫射,直至把火焰全部扑灭。

使用磷酸铵盐干粉灭火器扑救固体可燃物火灾时,应对准燃烧最猛烈处喷射,并上下、左右扫射。如条件许可,使用者可提着灭火器沿着燃烧物的四周边走边喷,使干粉灭火剂均匀地喷在燃烧物的表面,直至将火焰全部扑灭。其使用方法如图 10-24 所示。

(2)手提式泡沫灭火器适用火灾及使用方法

手提式泡沫灭火器适用于扑救一般 B 类火灾,如油制品、油脂等火灾,也可适用于 A 类火灾;但不能扑救 B 类火灾中的水溶性可燃、易燃液体的火灾,如醇、酯、醚、酮等物质火灾,也不能扑救带电设备及 C 类和 D 类火灾。

其使用方法为(图 10-25):用手抓住筒体上部的提环,快速奔赴火场。在奔跑中不得使灭火器过分倾斜,更不可横拿或颠倒,以免两种药剂混合而提前喷出。到达着火点后将筒体颠倒过来,一只手紧握提环,另一只手扶住筒体的底圈,将射流对准燃烧物。在扑救液体火灾时,注意不要直接对准液面喷射,以免由于射流的冲击,反而将燃烧的液体冲散或冲出容器,扩大燃烧范围。在扑救固体物质火灾时,应将射流对准燃烧最猛烈处。

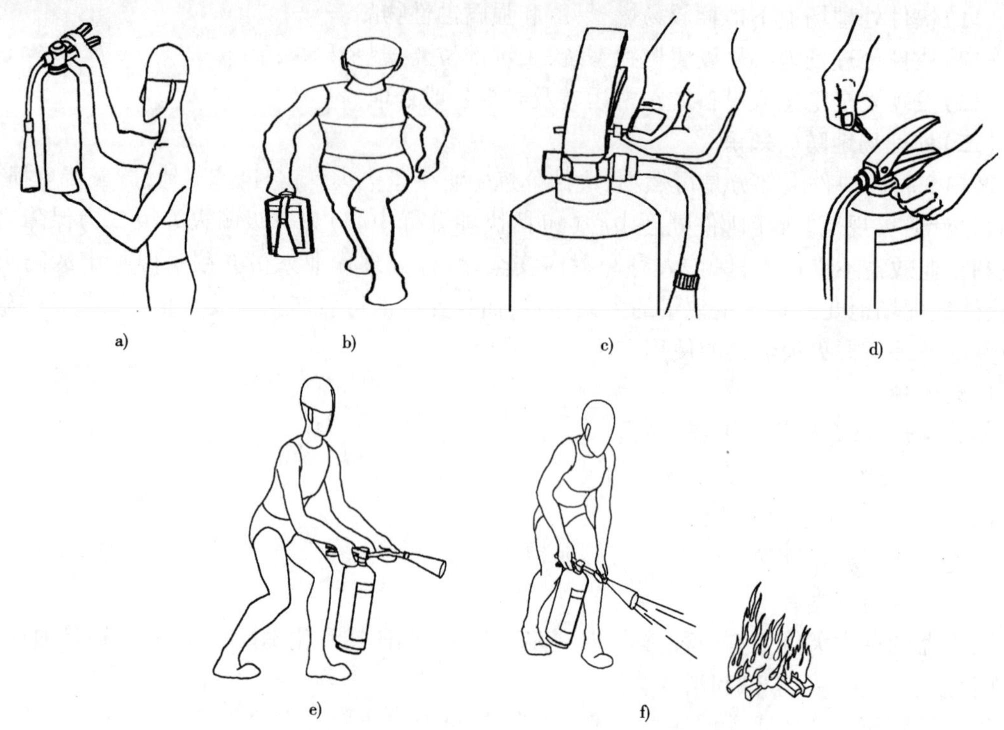

图 10-24 干粉灭火器的使用方法

a)右手握着压把,左手托着灭火器底部,轻轻地取下灭火器;b)右手提着灭火器到现场;c)除掉铅封;d)拔掉保险销;e)左手握着喷管,右手提着压把;f)在距火焰 2m 的地方,右手用力压下压把,左手拿着喷射干粉覆盖整个燃烧区

4. 灭火器的保存与注意事项

(1)干粉灭火器存放时不能靠近热源或日晒,注意防潮,定期检查驱动气体是否合格。

(2)泡沫灭火器存放应选择干燥、阴凉、通风并取用方便之处,不可靠近高温或可能受到暴晒的地方,以防止碳酸分解而失效;冬季要采取防冻措施。

(3)二氧化碳灭火器存放时严禁靠近热源,定期检查是否泄露。

灭火器存放不要靠近热源,定期用称重量法检查灭火剂是否泄露,或查看压力表,确定表针是否在有效范围。

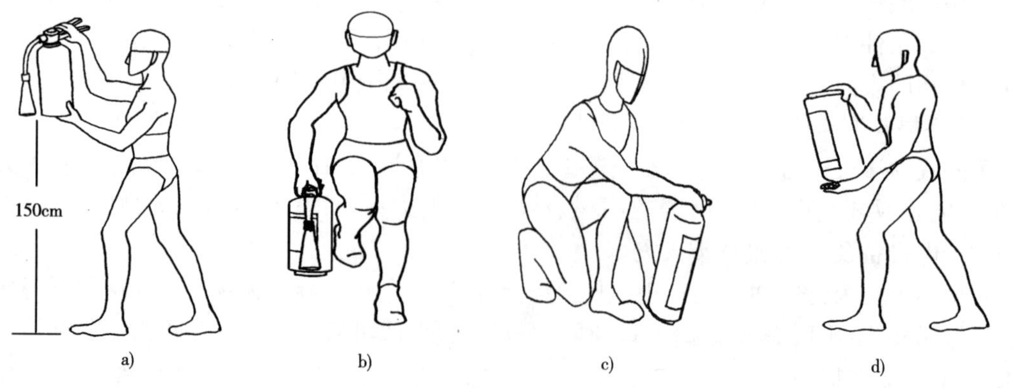

图 10-25

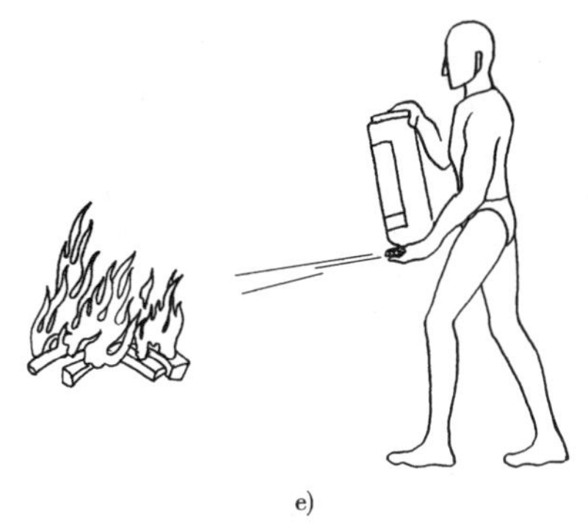

e)

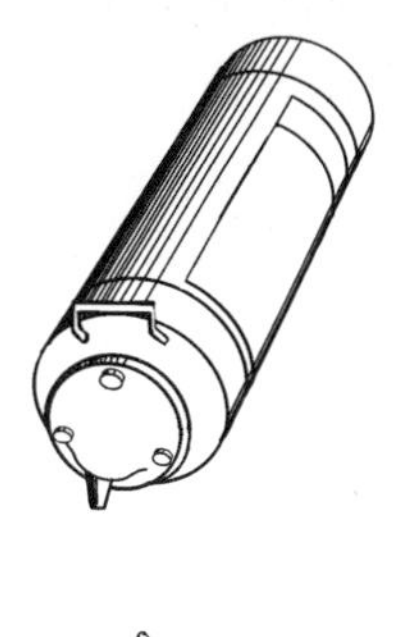

f)

图 10-25　泡沫灭火器的使用方法

a)有手握着压把，左手托着灭火器底部，轻轻地取下灭火器；b)右手提着灭火器到现场；c)右手捂住喷嘴，左手执筒底边缘；d)把灭火器颠倒过来呈垂直状态，用劲上下晃动几下，然后放开喷嘴；e)右手抓筒耳，左手抓筒底边缘，把喷嘴朝向燃烧区，站在离火源 8m 的地方喷射，并不断前进，兜围着火焰喷射，直至把火扑灭；f)灭火后，把灭火器卧放在地上，喷嘴朝下

第二节　总包拆解

总包拆解作业，就是开拆已经接收的进站快件总包，将快件由总包转换为散件。总包拆解实质上是对总包内快件的接收，其特点是交接双方不是面对面的当场交接，而是一种“信誉交接”。因此，为了能够分清交接双方的责任，要求对上一环节封装的快件总包开拆后，还能恢复其“原始状态”。所以，开拆总包时，对封扎总包袋口的扎绳必须严格按规定操作；对总包空袋的袋身必须严格检查，并妥善保管，不得随意乱扔。这样，一旦出现问题件，有利于辨明拆封双方的责任。

一、总包拆解方式

总包拆解主要分人工拆解和机械拆解两种方式。人工拆解总包是一种比较普遍的方式，绝大多数快递企业都采取人工拆解总包的方式。随着技术的发展，也有一部分资金雄厚、业务量大的快递企业开始逐步采用机械设备拆解总包。无论采用何种拆解方式，其作业流程和操作步骤基本相同。

（一）人工拆解总包方式

人工拆解总包的操作步骤及要求主要如下：

（1）验视总包路向，并检查快件总包封装规格，对误发的总包不能拆解，应剔除出来交作业主管。

（2）扫描包牌条码信息。扫描不成功或无条码的，手工键入总包信息。

（3）拆解铅封时，剪断容器封口封志的扎绳，不要损伤其他部分；保持包牌在绳扣上不脱落。拆解塑料封扣时，剪口应在拴有包牌一面的扣齿处，以保证包牌不脱落。

（4）倒出快件后，应利用三角倒袋法或翻袋等方式检查总包空袋内有无遗留快件。

（5）检查由容器内拆出的封发清单所填写内容是否正确，并将快件封发清单整齐存放。

（6）如有易碎快件，必须轻拿轻放，小心地从容器中取出。

(7)逐件扫描快件条码,同时验视快件规格。

(8)拆出的破损、水湿、油污、内件散落等快件以及不符规格的快件,应及时交作业主管处理。

(9)区分手工分拣和机械化分拣快件,将需要机械分拣的快件运单向上,顺序摆放。

(10)超大、超重不宜机械分拣的快件和破损、易碎物品快件要单独处理。

(11)拆解结束时,检查作业场地有无遗留快件和未拆解的总包。

(二)机械拆解总包方式

机械方式拆解总包,是指利用机械设备把总包悬挂提升,实现人机结合拆解总包的一种方式。利用机械拆解可以大幅度减轻拆解人员的劳动强度,提高劳动效率。目前,快递企业采用的总包拆解机械设备主要有:简易提升机(电动葫芦)、推式悬挂机等(图10-26、图10-27)。

图　10-26

图　10-27

(三)机械设备使用安全要求

(1)作业前,根据使用的设备,操作人员应按要求着装,留有长发的女工要把头发盘起,戴好工作帽,头发不能外露,以免卷入机器。

(2)设备开启后,检查本工作台设备运行是否正常。

(3)如果快件总包体积重量超过规定限度,不得使用机械拆解,要注意剔出,改手工方式处理。

(4)应根据拆解出快件的体积和重量,按设备的使用要求分类,进行摆放。

(5)严禁将其他与设备无关的物品放在设备上,不得使用任何物品刻划、摔打设备。

(6)严禁无故使用急停开关或中断设备电源。

(7)总包拆解设备,如果非正常运转或停止运转,拆解人员均不得自行处理,应通知专业人员进行维修。

(8)设备运转时,严禁身体任何部位接触设备。

(9)作业结束,清理设备场地,关闭开启按钮。

(四)机械方式拆解总包操作步骤

(1)验视快件总包路向,将误发的总包剔除出来。

(2)使快件总包袋鱼贯进入开拆轨道,处理完一袋总包后再开拆下一袋总包。

(3)拆塑料封志时,拴包牌一面剪口剪在扣齿处,保持包牌不能脱落。如果拆绳封的快件总包时,应该剪断一股绳,不可损伤其他部分,保持包牌在绳扣不脱落。

(4)扫描包牌条码信息。扫描不成功或无条码的,手工键入总包信息。

(5)核对拆出的封发清单登记内容。

(6)逐件扫描快件条码,与接收的信息比对。

(7)每总包开拆完毕,将快件贴有运单的一面向上,整齐放到传输机传输分拣。

(8)拆解易碎物品总包时,调整升降高度将总包袋口接近工作台,轻拿轻放取出快件,检查快件有无水湿、渗漏、破损等情况。

(9)如果快件总包内有保价快件、优先快件,验视快件包装,将运单填写内装物品名称与清单相核对,单独封发处理。

(10)将不能机械化分拣的快件,转交其他工作人员进行手工处理。

(11)快件总包拆解完毕后,检查总包空袋内有无遗留快件、清单后,将总包空袋移出作业台。

(12)拆解时遇到问题件及时通知主管处理。

(13)拆解结束,注意拆解实际件数(拆解系统统计)与系统信息进行比对。

(14)工作结束,关闭设备电源,退出拆解系统。

(15)检查作业场地周围有无遗漏快件,清扫作业场地,上缴扫描用具、专用钳等用品用具集中保管。

二、总包拆解常见异常情况

(1)快件总包包牌所写快件数量与总包袋内快件数量不一致。

(2)拆出的快件有水湿、油污等。

(3)拆出的快件外包装破损、断裂、有拆动痕迹。

(4)改退快件的批条或批注签脱落、改退签批注错误等。

(5)拆出的快件属误封发寄错误。

(6)封发清单更改划销处未签名并未盖章、快件数量与封发清单所登数量不符、错登快件号或未附内件封发清单等。

(7)快件运单内容(寄达地、重量、物品名称等)与清单信息不符。

(8)快件运单地址残缺。

(9)有内件受损并有渗漏、发臭、腐烂变质现象发生的快件。

三、用品用具的整理及检查

为保证快件处理场地的整洁、有序,以及用品用具的有效使用,在快件处理过程中要注意用品用具的整理。

(1)拆下的包牌、封志应放在专用箱内。

(2)拆下的快件封装杂物或绳等应放在专用箱内。

(3)区分一次性使用和循环使用的容器。

(4)按型号和材质整齐叠码堆放完好的总包空袋。

(5)将破损、水湿、油污的总包空袋放到指定位置。

(6)清理总包空袋上粘贴的快件总包条码签,并存放在指定区域待用。

(7)作业结束,检查场地有无散落空袋。

四、条码扫描设备的使用

1. 几种常用的条码识读设备

条码识读设备通过光照射快件运单条码,经过光电波和电信号等转换成计算机接受的数字信号,而形成快件条码信息和相关信息。常用的快件处理条码识读设备有手持式条码识读器、便携式条码阅读器、激光自动扫描器、卡式条码阅读器等(图 10-28)。

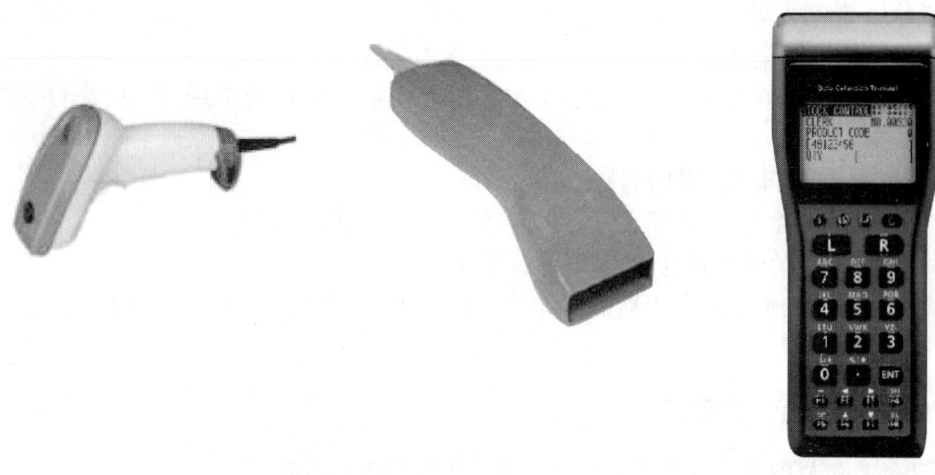

图 10-28　常用普通的快件处理条码识读设备

2. 条码扫描操作主要内容

(1) 按电源键开启,首先检查条码识读设备运行状态是否正常,电量是否正常充足。

(2) 登录信息处理操作界面,选择相应的操作模块,输入操作员工号、密码。

(3) 逐件扫描快件条形码,扫描时条码设备发出的激光束应与条码垂直,使条形码完全被激光束覆盖。

(4) 若扫描无效,尝试变化扫描距离。条码扫描失败或条码污损无法扫描的,手工键入条码信息。

(5)将扫描结果与信息比对,如果出现不符,系统自动判断上传结果并记录。

3. 条码识读设备拆解总包的基本操作界面

快递企业在条码识读设备中都要输入与企业业务操作相匹配的操作程序。由于各快递企业的业务操作不同,所以相应的操作程序也不同。现以某快递企业“开拆比对”为例,对操作程序和操作界面做简单介绍(图 10-29)。

按条码识读设备的电源键开机后,首先检查屏幕下方显示的电量是否充足,进入操作主界面,选择拆解总包操作功能(模块)界面,输入操作员工号和密码。

根据总包的来源,选择拆直达总包或拆中转总包。例如,选择拆直达包后,首先扫描总包袋牌或包签的条形码,进入扫描快件操作界面;然后将条码识读设备阅读端口横向对准快件条码,在距条码识 5 ~ 15cm 左右扫描条形码。如果扫描成功,设备“蜂鸣器”将发出确认操作提示声音,业务员在扫描结束后可按 CLR 键返回上级菜单;如果扫描不成功,设备会发出另一种提示声音,这时候业务员就需要重新扫描或手工键入。

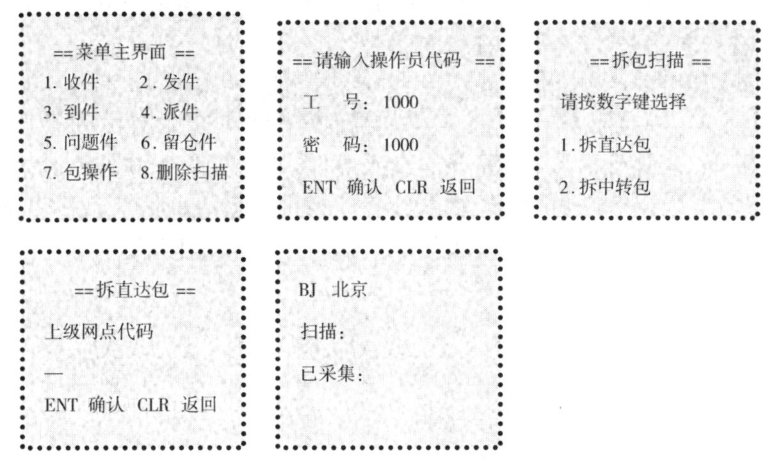

图　10-29

如果扫描错误，需要删除信息，则进入删除界面，对准原扫描的错误条码重新扫描，执行删除操作；扫描操作结束，数据上传操作系统进行比对（图 10-30）。

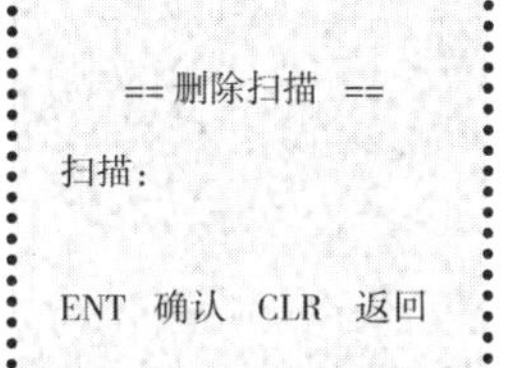

1. 数据上传
2. 数据下载
3. 数据查询
4. 数据统计

图　10-30

五、快件信息录入和补录

在快递服务过程中，录入快件信息具有重要的作用：(1)可以为寄件人提供快件传递状态和所在位置的查询服务；(2)快件信息是快递企业内部作业各环节、各工序、各部门及各项业务工作的依据和凭证；(3)快件信息能够为快件处理部门制订快件动态调整发运计划提供实时资料，使处理部门能够根据快件的各项信息提前做好快件运能计划，提高处理操作的可控性和快件的时效性。所以，快件信息的录入工作非常重要。快件处理业务员需要在快件分拣封发工作中及时录入快件信息，并通过比对快件实物与信息，对漏登的信息进行补录。

（一）快件信息的录入

快件信息的录入是指对快件所涉及的相关内容进行登记，实际上是对快件运单相关内容的再描述。在快件生产作业中，可实现快件信息联网共享并以电子清单实现信息记录传递。采用这种作业方式，对漏登信息的快件，需进行快件信息录入。

1. 信息录入内容

其包括：运单条码、寄件人资料、收件人资料、寄递物品资料、资费、重量、取件业务员、寄件日期、寄件人签名等。

2. 信息录入要求

(1)真实性：快件处理业务员整理录入信息时，要如实输入相关内容，不得捏造、漏录。

(2)完整性：快件处理业务员要完整地录入运单上的相关信息，不能为了图省事，简化输入。如某收件人或寄件人的名字较长，快件处理业务员在录入时应全名录入，而不能只输入姓氏，以“某先生/小姐”代替名字。

(3)及时性:快件处理业务员,发现漏登信息的快件要按快递企业规定的时间录入快件信息,以便信息全网共享。

(二)快件信息的补录

有些快件企业虽采用了扫描录入信息,但快件信息没有实现联网共享,只是解决人工抄登和人工比对。采用这种作业方式,对漏登信息的快件,快件处理业务员需对快件信息进行补入。补入内容一般为运单号码、收寄地、寄达地等。补入的另一种情况是快递条码被污染、损坏、无法扫描对比,快件处理业务员要补入快件运单的号码进行比对。

六、度量衡知识

在快件的内部处理环节,各快递企业对快件的重量、体积等封装规格进行复核,所使用换算单位均为国际标准。计量器具选材和种类大致为电子称重设备和米尺等。

(一)常用重量、体积单位和换算公式

1. 重量单位

公斤、千克(kg)、克(g)。

换算关系:

$$1\text{ 公斤}=1\text{ 千克(kg)}=1\,000\text{ 克(g)}$$

2. 长度单位

米(m)、厘米(cm)、毫米(mm)。

换算关系:

$$1\text{ 米(m)}=100\text{ 厘米(cm)}\doteq 1\,000\text{ 毫米(mm)}$$

3. 体积单位

立方米(m^3)、立方厘米(cm^3)、立方毫米(mm^3)。

换算关系:

$$1\text{ 立方米}(m^3)=1\,000\,000\text{ 立方厘米}(cm^3)=1\,000\,000\,000\text{ 立方毫米}(mm^3)$$

体积公式:长×宽×高。

(二)常用度量衡工具

在快件处理场地,常用的度量衡工具主要有电子地磅、电子秤和卷尺。

1. 电子地磅的使用及其注意事项

电子地磅,又称电子汽车衡,实际上是装在地上的大电子秤。它一般用于对不方便过秤的车辆和其他物品的称重。在处理场地,地磅一般装在门口处,满载快件的车辆可以直接过磅,称出重量,待车辆卸完快件后再上地磅称重,两个重量相减就得出车载快件的重量。一般地磅可以称几十吨到几百吨的快件。小型可移动电子地磅见图10-31。

图10-31　小型可移动电子地磅

电子地磅主要由承载器、称重显示仪表、称重传感器、连接件、限位装置及接线盒等零部件组成。快递企业还可以根据需要选配打印大屏幕显示器、计算机和稳压电源等外部设备(图10-32)。

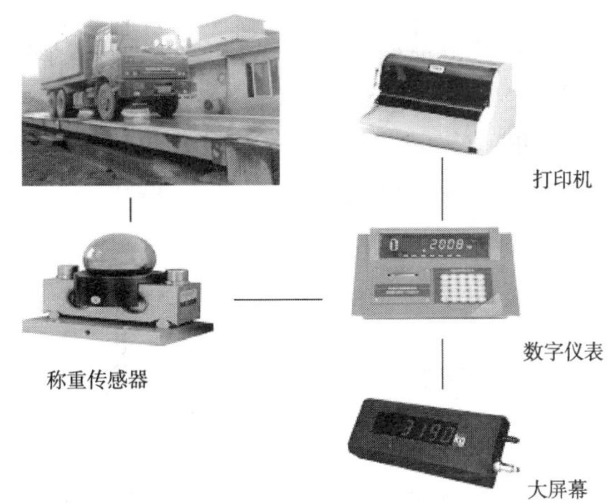

图　10-32

对于一台已经安装好的电子地磅,使用时应注意以下几点:

(1)秤台要放置水平,最好用水平尺测量一下。

(2)秤台的四角要同时接触地面,不要有悬空现象。检查时,可用手分别扳动四角上下晃动,看底角是否抵牢地面;如果悬空,可调整上面螺丝使之平衡。

(3)在使用过程中要使秤台处在基坑的中央处位置,以免边沿碰到周围的水泥地面,使称重不准。

(4)基坑内要保持清洁,不要丢进垃圾及物品,以免使秤台卡死或称重结果小于实际重量。

(5)在称重时,载件车辆要尽可能停置在秤台中部,并保持稳定。

(6)确保仪表上每个插头都插牢,插头上的禁固螺丝要锁紧;在仪表电源开关打开的情况下,禁止拔下信号线及打印机插头。

(7)平时不要把电源线一直插在电源线插座上,否则会降低仪表内装蓄电池的使用寿命,只有在仪表显示屏上出现低压提示时才进行充电。

(8)打印机的电源线插头要插在接触良好的插座上,避免中途停电,预防打印时卡死。

2. 电子秤的使用及注意事项

电子秤是快件处理场地常用的称重设备。其称重范围虽然远远低于电子地磅,但高于便携式手提秤的称重范围。电子秤准确度高,但因体积较大,不便携带(图10-33)。

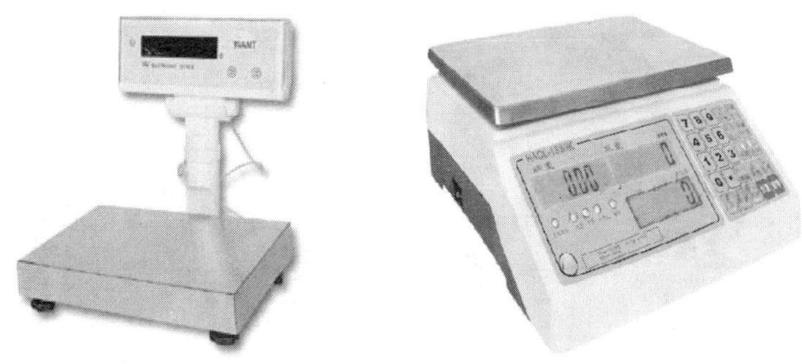

图10-33　电子计重秤

使用电子秤时,要注意到以下几点:

(1)电子秤称重时,物品不得接触地面,且其应置于稳定平整的平面上(图10-34)。调整四个底角螺钉使秤处于水平位置,然后开启电源(如果需要则应先放上专用秤盘)。

(2)开机笔画显示结束后进入计重模式,“零位”标志和“公斤”指示标志出现,可按“模式”键循环选择计重、计数、百分比三种功能模式。

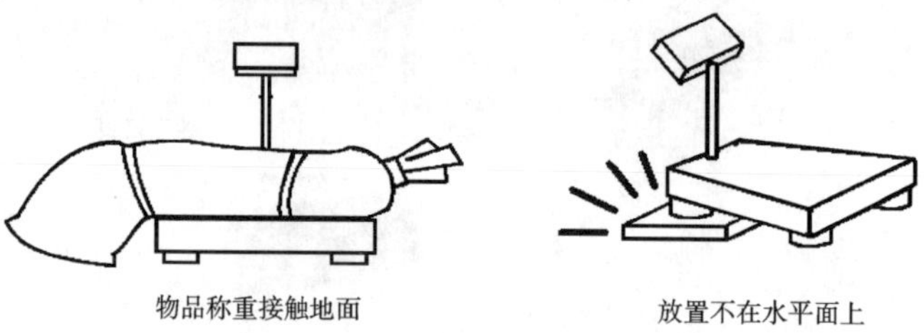

图 10-34

(3)电子秤不能长期在去皮状态下使用,否则零位自动跟踪功能消失,零位会产生漂移。

(4)单位选择:按【单位】键,用来在公斤和磅之间选择计重单位,显示屏上出现相应的指示标志。

(5)去皮功能:将容器放在秤盘上,重量稳定后,按【去皮】键,重量显示为零,“去皮”标志出现,此时显示的重量为净重;将秤盘上的物品取下,重量显示为负值,再按【去皮】键,称重复零,“去皮”标志消失。

(6)置零功能:在使用过程中,如果出现零点漂移现象(秤盘上无任何物品,但有重量显示),按【置零】键,重量归零(置零范围:≤4%FS,去皮状态下无效)。

(7)不得将称重快件扔、摔、砸在称重设备上。

(8)不得将重量大于电子秤额定重量标准的快件称量。

(9)体积大的快件称重时,除与(秤盘)接触外,不得有任何其他接触点或接触面。

(10)使用直流电的电子秤,应定期补充电量。

(11)电子秤不得与水、油等液体或高温接触,防止意外损坏。

3. 卷尺的使用及注意事项

卷尺用于测量较长快件的尺寸或距离(图10-35)。根据材质不同,卷尺可以分为钢卷尺、

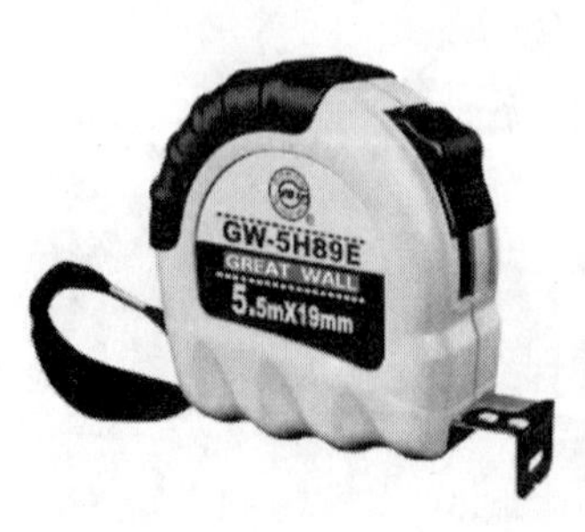

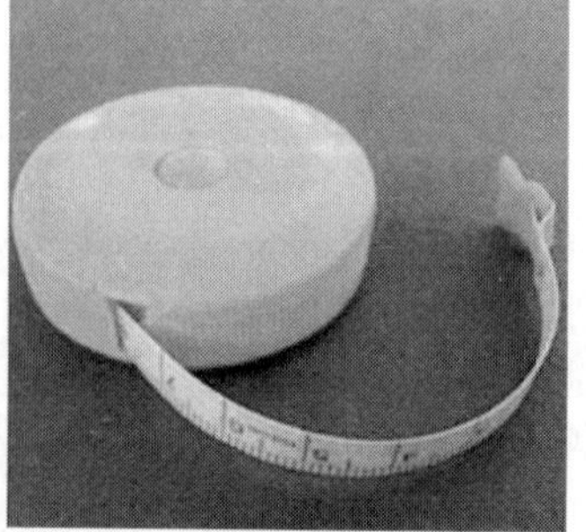

图10-35 测量长度用具——卷尺

纤维卷尺、塑料卷尺等。在快件处理场地使用最多的是钢卷尺。钢卷尺可分为自卷式卷尺、制动式卷尺、摇卷式卷尺。其中制动式卷尺最为常见。制动式卷尺主要由尺带、盘式弹簧(发条弹簧)、卷尺外壳三部分组成。当拉出刻度尺时,盘式弹簧被卷紧,产生向回卷的力;当松开刻度尺的拉力时,刻度尺就会被盘式弹簧的拉力拉回。

使用卷尺时,应注意:

(1)对某一边的测量,起止点要准确(图 10-36)。

(2)测量不规则或弧形快件,以测量边的直线为标准。

(3)测量快件时,尺子应绷紧,不得出现弯曲或松懈等不准确的操作(图 10-37)。

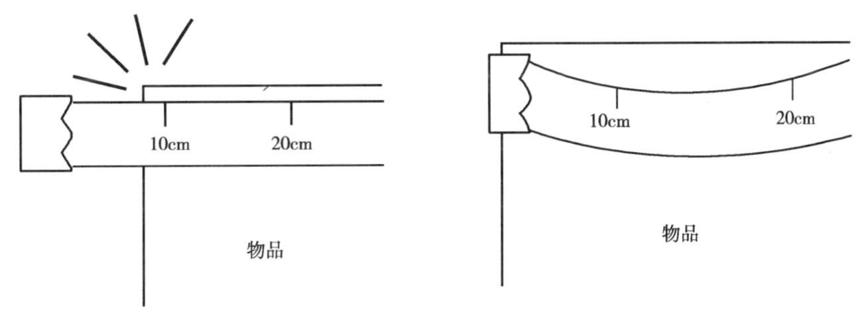

图 10-36　起止点不准确　　图 10-37　出现弯曲或松懈

钢卷尺出厂时和使用一段时间后都必须经过检定,并注明检定时的温度、拉力与尺长。钢卷尺在使用中,产生误差的主要原因有下列三种。

(1)温度变化的误差。一般钢卷尺的热膨胀系数为 $\alpha = 1.25 \times 10^{-5}$,对每米每度温差变化仅为八万分之一;但相同的钢卷尺在温差较大的环境下,还是会产生较大的长度变化,影响测量结果。

(2)拉力误差。拉力大小会影响钢尺的长度。钢尺在出厂前都会使用弹簧秤对卷尺的拉力误差进行测试。钢卷尺使用时,须注意不可迅猛的拉出或弹回尺子,避免拉力误差太大,同时也要注意尺子对人身的伤害。

(3)钢尺未水平放置的误差。测量水平距离时钢卷尺应尽量保持水平,否则会产生距离增长的误差。

(三)快件重量、体积测量基本方法

(1)常规件:一般只对重量进行计量,将包装(封装)好的快件放在电子秤上计量,计量单位为千克。

(2)轻泡件:比较体积重量和实际重量,体积重量大于实际重量的一般称为轻泡件。对于轻泡件,要取体积重量作为计费重量。

轻泡件要依照国际航空运输协会规定的泡物计算公式折算体积重量。

国际航空运输协会规定的轻泡快件重量计算公式为:

$$长(cm) \times 宽(cm) \times 高(cm)/6\,000(kg/cm^3) = 体积重量(kg)$$

体积测量如图 10-38 ~ 图 10-40 所示。

(3)对不规则物品的体积测量:取物品的最长、最高、最宽边量取。

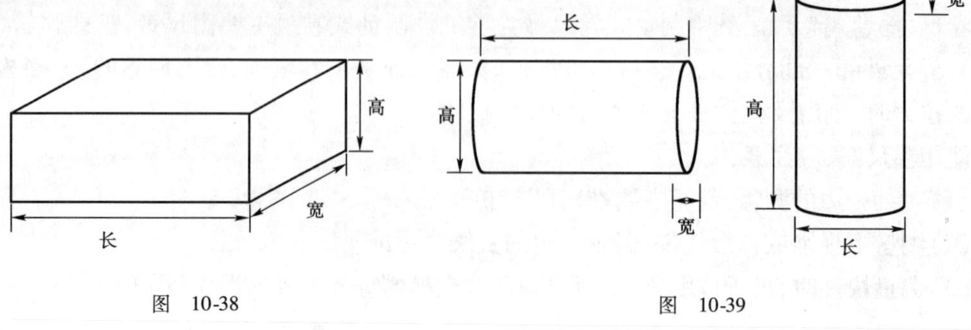

图　10-38

图　10-39

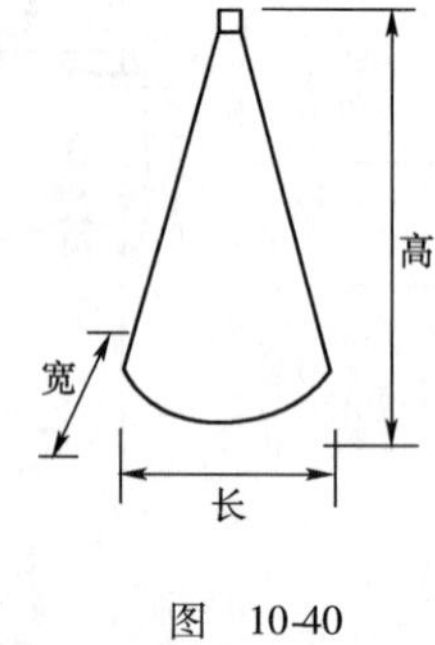

图　10-40

第十一章　快件分拣

快件的分拣是快件处理过程中的重要环节。分拣的正确与否决定了快件能否按预计的时限、合理的路线及有效的运输方式送达到客户。目前，国内快递企业分拣操作大多以快件运单书写的地址、邮编、电话区号等为依据进行分拣。按使用工具的不同，分拣处理方式一般分为手工分拣、半自动化分拣和自动化分拣三种。在分拣过程中，部分快递企业由于作业量大和分拣寄达目的地较多，采用先初分后细分的两次分拣方式；而大部分中小快递企业则采用直接细分的分拣方式。

第一节　运单相关常识和快件的包装

无论采用哪种方式进行分拣作业，都要根据客户填写的快件运单信息和操作人员输入的客户信息进行分拣。运单的填写是否准确和快件包装规格是否符合标准都决定快件能否准确和快速分拣。处理人员只有掌握了相关知识（包括地理知识、邮政编码、电话区号等）才能避免误分并提高工作效率。

一、快件运单

（一）运单知识介绍

1. 运单概述

快递运单，又称快件详情单，是快递企业为寄件人准备的，由寄件人或其代理人填写并签发的重要的运输单据，是快递企业与寄件人之间的寄递合同，其内容对双方均具有约束力。当寄件人以物品所有人或代理人的名义填写并签署快件运单后，即表示接受和遵守本运单的背书条款，并受法律保护。

运单是一种格式合同，由正面寄递信息和背书条款两部分组成。

（1）运单正面内容是对快件涉及信息的详细描述，主要包括寄件人信息、收件人信息、寄递物品性质、重量、资费、数量、寄件人签名、收件人签名、寄件日期、收件日期、付款方式、业务员名称或工号等内容。每一份运单正面都有一个条形码（各快递企业使用的条形码编码规则不尽相同），通过条形码将运单内容进行捆绑，便于快件运输途中的查询和操作。

（2）运单背书条款是确定快递企业与客户之间权利、义务的主要内容。

背书条款由快递企业和寄件人共同承认、遵守，具有法律效力，自签字之日起确认生效。

2. 运单的各联功能

快递运单的正本一式多联，各联内容和版式完全相同。其通常包括寄件人存根联、快递企业收寄存根联、收件人存根联、快递企业派件存根联、随包裹报关联等。由于各种类型的快件所经过的递送环节不完全一致，因此相对应的运单联数也不一致。目前，市场上普遍采用的有

一式三联、一式四联、一式五联、一式六联等几种运单,且各联的命名也不尽相同。常见的有以下几种功能的运单联:

(1)寄件人存根联。业务员将该联运单交给寄件人保存,它是收取寄付费用(寄付现结及寄付月结款)的依据,也是寄件人查询快件状态的依据。

(2)快递企业收件存根联。业务员成功收取客户寄递的快件后,将该联运单取下交给收寄处理点的工作人员。快递企业须将该联运单内容录入信息系统,以便客户通过网络查询快件状态。它是快递企业收寄快件的记账凭证,是营业收入的原始依据、业务员收件票数统计的依据,同时也是客户寄件信息录入系统的源头。

(3)收件人存根联。快件派送成功后,业务员将该联运单交给签收快件的客户保存。该联运单是客户签收快件的证明和快递企业收取到付费用及记账款的依据,同时也是快件出现问题时投诉和理赔的依据。

(4)快递企业派件存根联。该联运单随快件同行,在快件到达目的地派送成功后,业务员将其取下交给收寄处理点的工作人员。该联运单是签收客户核收快件的依据,也是快件派送企业统计派送票数和派送营业收入的统计依据。

(5)随包裹报关联。进出口快件须有报关使用的运单联,非进出口快件可不设此联。

(6)其他运单联。各快递企业根据业务实际需求设计的、用作其他用途的运单联。

3. 运单样例(表11-1)

运　单　样　例　　　　表11-1

运单样例一	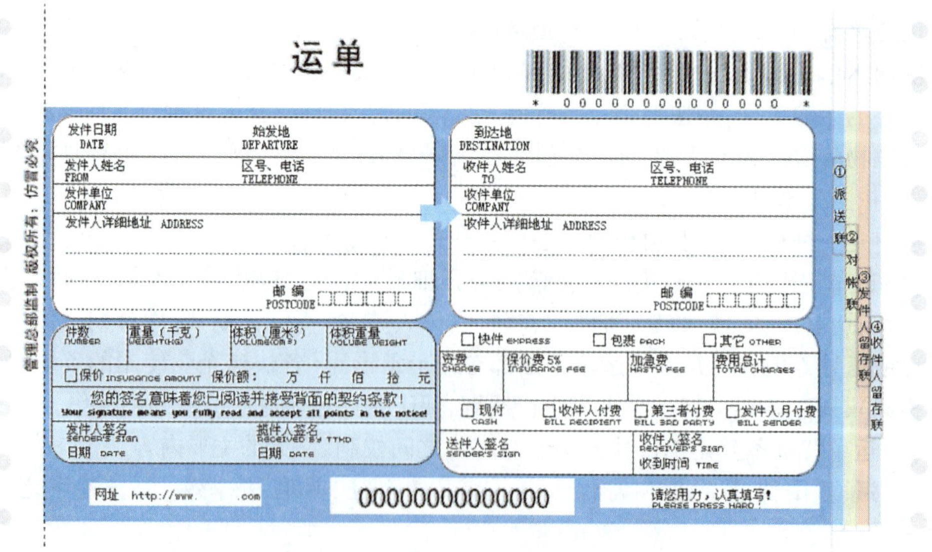 运单 * 000000000000000 * 发件日期 DATE　始发地 DEPARTURE 发件人姓名 FROM　区号、电话 TELEPHONE 发件单位 COMPANY 发件人详细地址 ADDRESS 邮编 POSTCODE 到达地 DESTINATION 收件人姓名 TO　区号、电话 TELEPHONE 收件单位 COMPANY 收件人详细地址 ADDRESS 邮编 POSTCODE 件数 NUMBER　重量(千克) WEIGHT(KG)　体积(厘米³) VOLUME(CM³)　体积重量 VOLUME WEIGHT □保价 INSURANCE AMOUNT　保价额:　万　仟　佰　拾　元 您的签名意味着您已阅读并接受背面的契约条款! Your signature means you fully read and accept all points in the notice! 发件人签名 SENDER'S SIGN　日期 DATE　揽件人签名 RECEIVED BY TTHD　日期 DATE □快件 EXPRESS　□包裹 PACK　□其它 OTHER 寄费 CHARGE　保价费5% INSURANCE FEE　加急费 HASTY FEE　费用总计 TOTAL CHARGES □现付 CASH　□收件人付费 BILL RECIPIENT　□第三者付费 BILL 3RD PARTY　□发件人月付费 BILL SENDER 送件人签名 SENDER'S SIGN　收件人签名 RECEIVER'S SIGN　收到时间 TIME 网址 http://www.　.com 000000000000000 请您用力,认真填写! PLEASE PRESS HARD! 管理总部监制　版权所有,仿冒必究 ①派送联　②对帐联　③发件人留存联　④收件人留存联

续上表

<table>
<tr>
<td>运单样例二</td>
<td>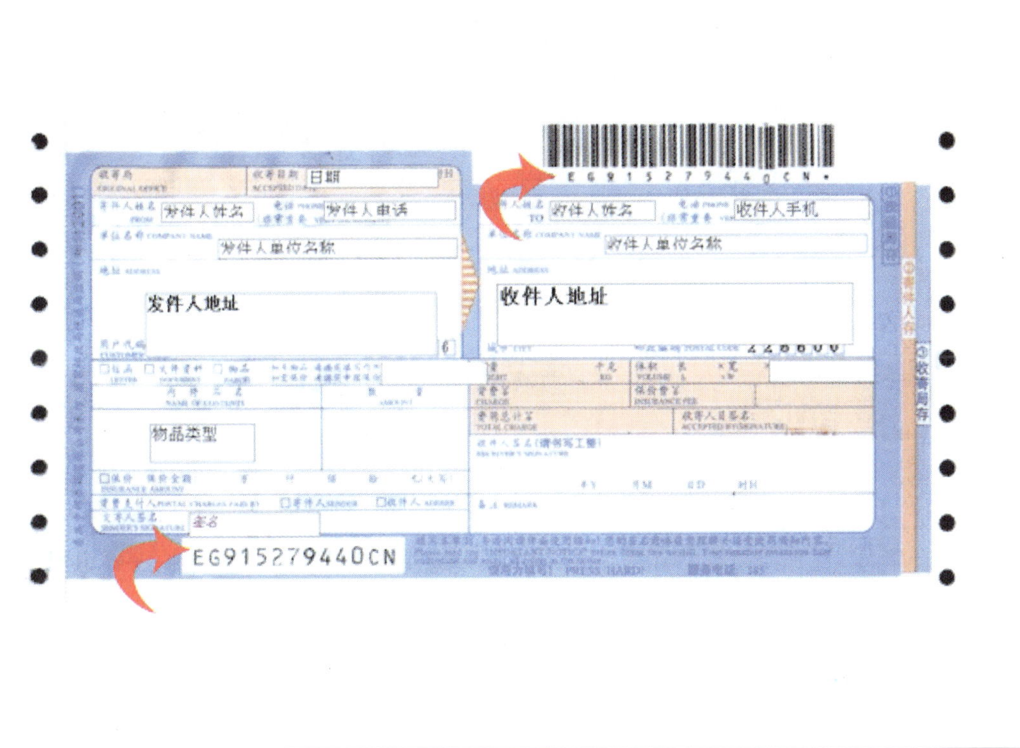
</td>
</tr>
<tr>
<td>运单样例三</td>
<td>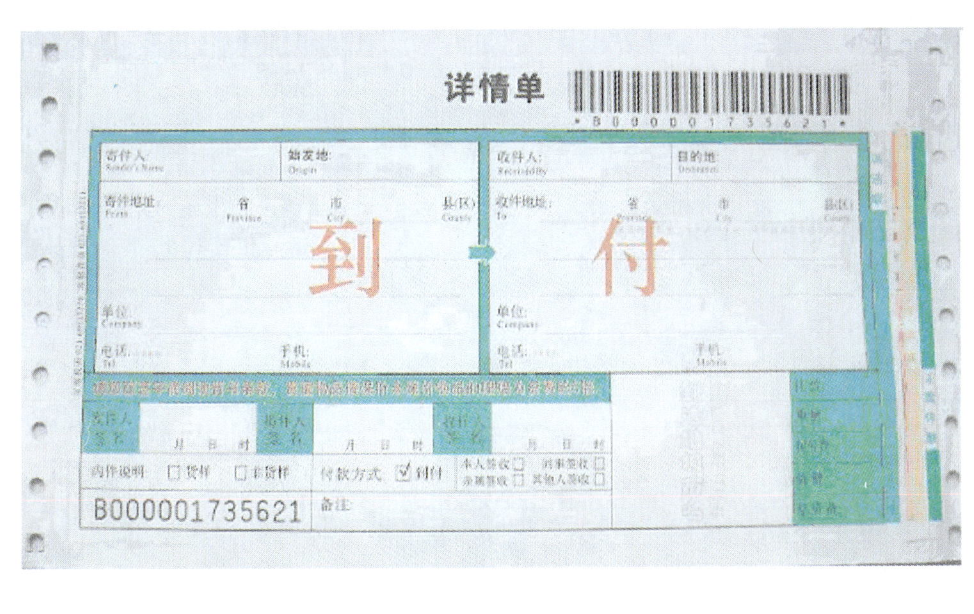
</td>
</tr>
</table>

续上表

运单样例四

2008005050004

寄件人姓名：From	始发地 Departure	收件人姓名：To	目的地 Destination
寄件人详址：Address		收件人详址：Address	
单位名称：Company		单位名称：Company	
电话(非常重要)：Telephone	邮编：Postcode	电话(非常重要)：Telephone	邮编：Postcode

请在签字前阅读背书条款，贵重物品请保价，未保价物品的理赔金额最高为资费的5倍。	内件说明：Contents	收件人签名：Receiver's sign 月 M 日 D 时 H	件数 Amount
			重量 Weight
寄件人签名：Sender's sign	经办人签名：Operator's sign	备注：Remarks	资费 Charge
寄件日期：Date 月 M 日 D 时 H	月 M 日 D 时 H		保价费(1%)：Insurance fee
2008005050004	付款方式：Payment □ 月结 Bill monthly □ 现付 Cash		费用总计 Total

到达城市名 记号笔书写

①名址联 ②签收联 ③结账联 ④寄件人存根联 ⑤收件人存根联

请用力正楷填写！PRESS HARD!

运单样例五

运单号码 1100 0000 1859

国内运单　以下用橙色标注的项发件人必须亲自填写

* 并非每项服务和选项都适用各目的地

始发站	目的站	④服务类型 □快递
①发件人姓名	电话号码	⑤特别处理 □留站自提
发件单位名称	帐号	⑥货品申报价值 ______元(RMB)
详细地址		⑦付费指示 发件人现金结□ 发件人月结□ 收件人现金结□ 收件人月结□ 第三方付费□ 如选，必须填写付费帐号
城市	邮政编码	
②收件人姓名	电话号码	⑧运费 其他费用 费用总计
收件单位名称	帐号	⑨收件人签字 日期____时间____
详细地址		⑩发件人或代理人签字 日期____时间____
城市	邮政编码	□发件人已知悉并仔细检查和确认本次托运货件中并不包含危险品、钱款、信件（包括其他具有信件性质的物品），其他文件或契约条款中规定的不接受托运之物品。
③物品概况 总件数 重量(千克) 体积重量(千克)		⑪递送员签字 日期____时间____
尺寸 长×宽×高（厘米）		备注：

承运人联

续上表

运单样例六	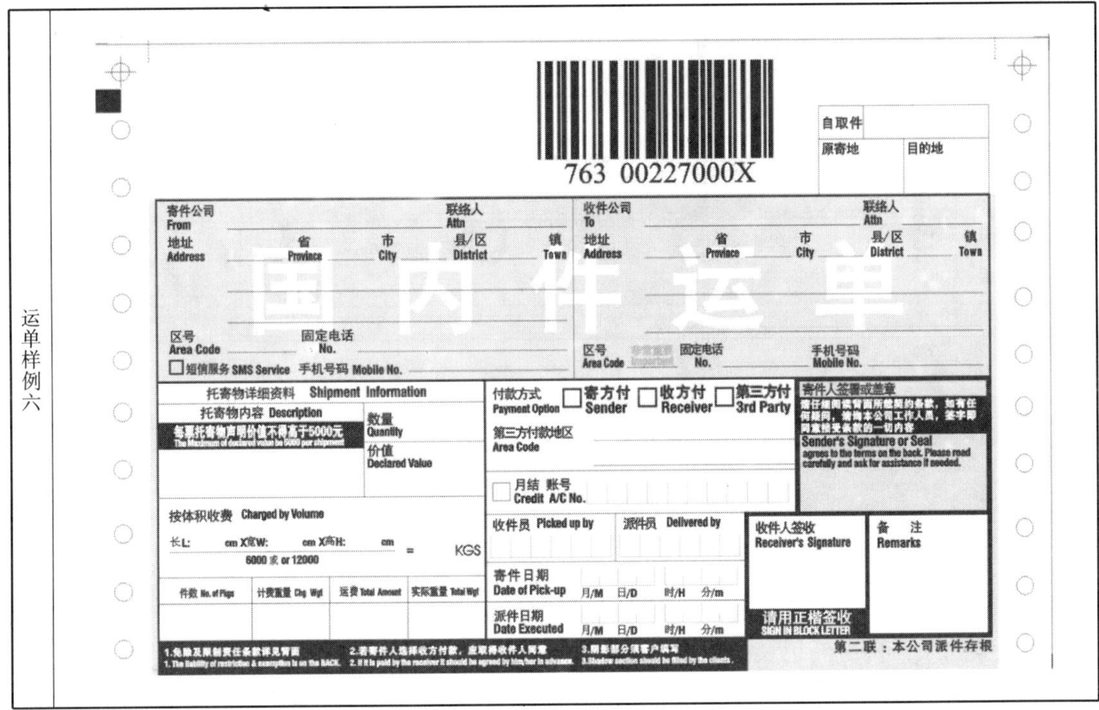

763 00227000X

自取件 原寄地 目的地

国内件运单

寄件公司 From 联络人 Attn 地址 Address 省 Province 市 City 县/区 District 镇 Town 区号 Area Code 固定电话 No. □短信服务 SMS Service 手机号码 Mobile No.

收件公司 To 联络人 Attn 地址 Address 省 Province 市 City 县/区 District 镇 Town 区号 Area Code 固定电话 No. 手机号码 Mobile No.

托寄物详细资料 Shipment Information 托寄物内容 Description 数量 Quantity 价值 Declared Value 每票托寄物声明价值不得高于5000元 The Maximum of declared value be 5000 per shipment

付款方式 Payment Option □寄方付 Sender □收方付 Receiver □第三方付 3rd Party 第三方付款地区 Area Code □月结 账号 Credit A/C No.

寄件人签署或盖章 Sender's Signature or Seal agrees to the terms on the back. Please read carefully and ask for assistance if needed.

按体积收费 Charged by Volume 长L: cm X宽W: cm X高H: cm 6000 或 or 12000 = KGS

件数 No. of Pkgs 计费重量 Chg Wgt 运费 Total Amount 实际重量 Total Wgt

收件员 Picked up by 派件员 Delivered by 收件人签收 Receiver's Signature 备注 Remarks

寄件日期 Date of Pick-up 月/M 日/D 时/H 分/m

派件日期 Date Executed 月/M 日/D 时/H 分/m

请用正楷签收 SIGN IN BLOCK LETTER

1.免除及限制责任条款详见背面 1. The liability of restriction & exemption is on the BACK. 2.若寄件人选择收方付款，应取得收件人同意 2. If it is paid by the receiver it should be agreed by him/her in advance. 3.阴影部分须客户填写 3.Shadow section should be filled by the clients.

第二联：本公司派件存根

(二)运单填写知识

快递运单填写是否规范、完整对保证快件准确快速地运达目的地十分重要。快件处理场地业务员应了解快件运单填写的一些基本要求和规范。

(1)国内快件运单使用蓝、黑色笔书写或打印,禁止使用铅笔或红色笔书写。书写、打印的运单信息要保证最后一联的字迹都能清晰辨认。在我国境内寄递的快件使用标准汉字,不得使用潦草字体、汉语拼音、同音字、不规范的简化字代替,更不得使用自造字、异写字。如果使用少数民族文字,应当加注汉字;用外文或汉语拼音写的,也应当加注汉字名址。

(2)书写要求有力,字迹工整。由于运单联数较多,书写时必须用力才能保证每一联都有清晰的字迹。书写的数字字母必须工整清晰,尤其要注意数字与数字之间以及字母与字母之间的区别,也要避免由于数字填写过大超出各栏的方框线造成输单错误。在填写运单上的件数、计费重量、运费、实际重量及其他数字栏时,要求数字必须填在方框内,不得压线或超出方框范围(图 11-1)。

(3)运单内容填写规范、完整。按照所能查询或辨认的原运单信息尽可能完整、准确地填写运单,尤其是收件人信息和寄递物品信息要填写准确。运单应详细填写寄递物品的实际名称,不允许有笼统字眼,如“样板(版、品)”、“电子零件”等。品名内容后不可有“部分”字样,应写明具体数量。出口件的寄递物品需根据物品性质、材料来详细申报,例如衫、裤要注明为针织、棉、毛、皮、人造皮革、化纤等,玩具要注明为布、塑料或塑料、毛绒等,以保证快件发运过程中安全检查正常及通关顺利。

(4)运单填写件数,对一票多件的快件运单应注明总件数和本件的流水序号。到付、代收货款运单还要填写收件人应付货款金额。保价快件应填写保价金额和保价费。

(5)运单上不得写有“秘密”、“机密” 、“绝密”以及部队番号、代号和暗语等。

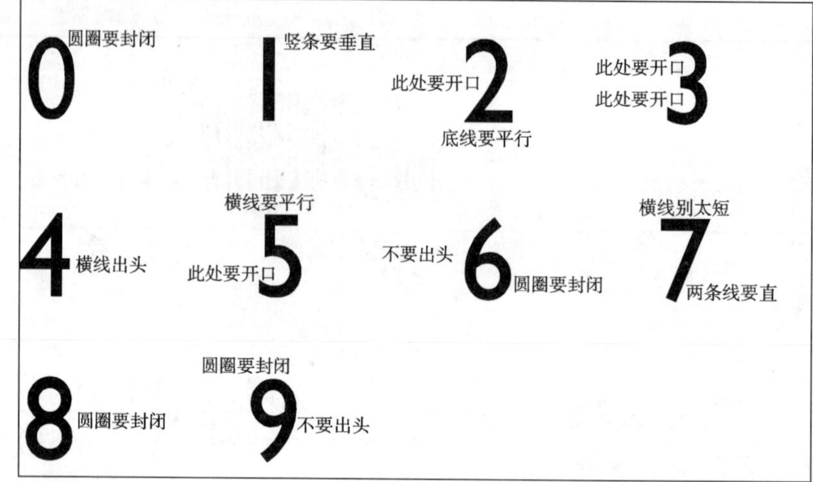

图　11-1

(三)运单的粘贴

快件处理业务员在粘贴快件运单时,应注意使粘贴的运单满足安全牢固、醒目平整,便于分拣等要求。一般运单应粘贴在快件外包装最大平面上。

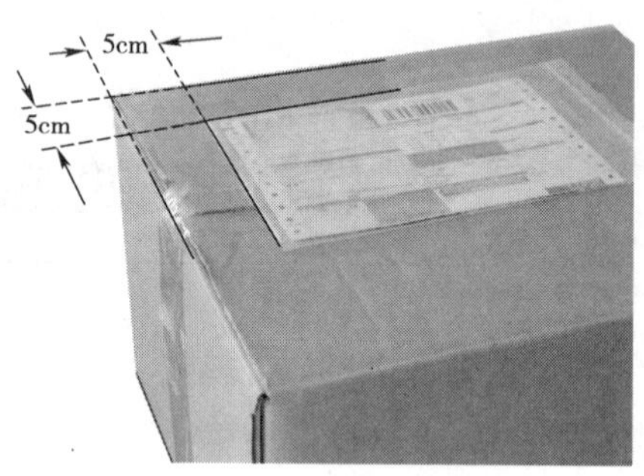

图　11-2

1. 运单粘贴位置

根据快件表面美观、大方的要求,以及从左到右的操作和阅读习惯,运单应粘贴在快件外包装上面适当位置(运单与快件边缘留出 5cm 的距离为好),且把表面的四个角落位置留出来,以备标识、随带单证的粘贴(图 11-2)。

2. 运单粘贴方法

快递企业目前普遍使用的运单粘贴方式有不干胶运单直接粘贴和借助透明运单袋粘贴两种。透明运单袋又分不带不干胶的普通运单袋和带不干胶的透明运单袋两种。

(1)不干胶运单直接粘贴(表 11-2)

不干胶运单直接粘贴操作步骤及优缺点　　表 11-2

操作步骤说明	操 作 图 示
1. 把运单背面的不干胶布面撕掉。注意,从打孔边撕贴纸比较容易,因为只有打孔边没有粘胶	

续上表

<table>
<tr><th>操作步骤说明</th><th>操 作 图 示</th></tr>
<tr><td>2. 把运单的左边打孔边先贴到运单粘贴的位置，然后往右边平摸运单，使运单平整地粘贴在快件表面上</td><td>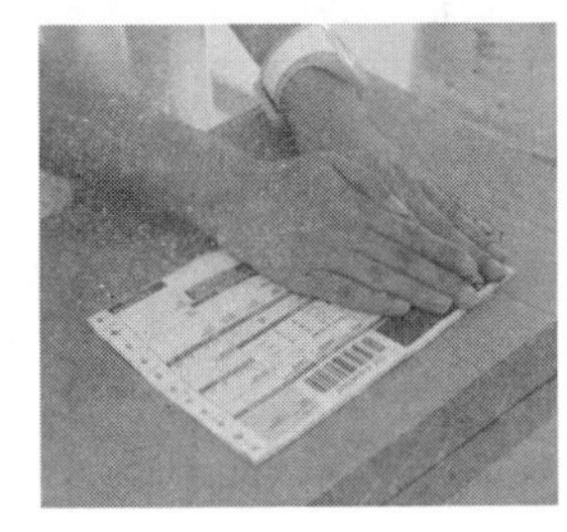 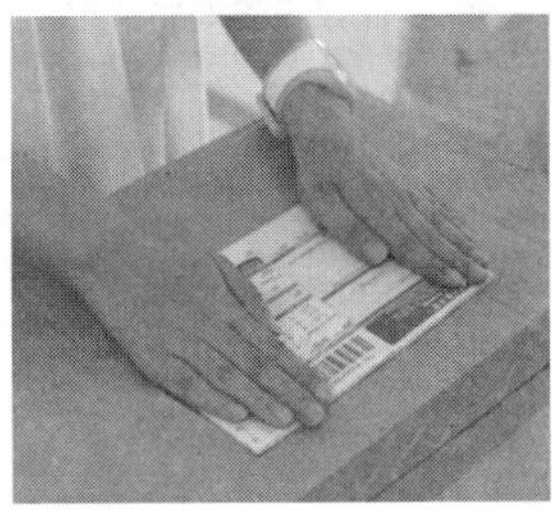</td></tr>
<tr><td colspan="2">优 点 和 不 足</td></tr>
<tr><td colspan="2">优点：
1. 运单粘贴很方便，不需要其他的辅助物料；
2. 粘贴牢固，运单不会整份脱落。
不足：
1. 运单正面裸露，缺乏保护，容易造成运单的污损、湿损、部分脱落；
2. 各环节直接在运单上的标注或涂改，影响快件的美观和运单信息的完整；
3. 运单内容的准确性缺乏保障，因为裸露的运单方便增删修改</td></tr>
</table>

(2)运单袋封装粘贴(表 11-3)

运单袋封装粘贴操作步骤及优缺点　　表 11-3

<table>
<tr><td colspan="2">第一种：普通透明运单袋(不带不干胶)</td></tr>
<tr><th>操作步骤说明</th><th>操 作 图 示</th></tr>
<tr><td>1. 把运单平整装进运单袋内，并把运单袋口封好。注意运单袋封口时，须赶出袋内的空气，以袋子与运单能贴在一起为准</td><td></td></tr>
<tr><td>2. 把装有运单的运单袋放在快件表面粘贴运单的位置</td><td></td></tr>
</table>

续上表

<table>
<tr><td colspan="2">第一种:普通透明运单袋(不带不干胶)</td></tr>
<tr><td>操作步骤说明</td><td>操 作 图 示</td></tr>
<tr><td>3.用透明胶纸把运单袋粘牢在快件表面。注意为保证运单粘贴的牢固,透明胶纸粘贴呈“卄”形</td><td></td></tr>
<tr><td colspan="2">优 点 和 不 足</td></tr>
<tr><td colspan="2">优点:
1.透明的运单袋对运单有保护作用,避免运单污损或淋湿;
2.不能随便修改运单内容,确保运单内容前后一致;
3.各环节直接在运单袋上标注内容,保证运单信息完整,且不易被涂鸦。
不足:
需要加透明胶纸粘贴,如胶纸粘贴不稳,则容易造成运单脱落</td></tr>
<tr><td colspan="2">第二种:不干胶透明运单袋</td></tr>
<tr><td>操作步骤说明</td><td>操 作 图 示</td></tr>
<tr><td>1.把运单平整装进运单袋内,并把运单袋口封好。注意运单袋封口时,须赶出袋内的空气,以袋子与运单能贴在一起为准</td><td></td></tr>
<tr><td>2.把运单袋背面的不干胶布面撕掉。注意,应从袋口处撕,因为袋口处没有粘胶</td><td>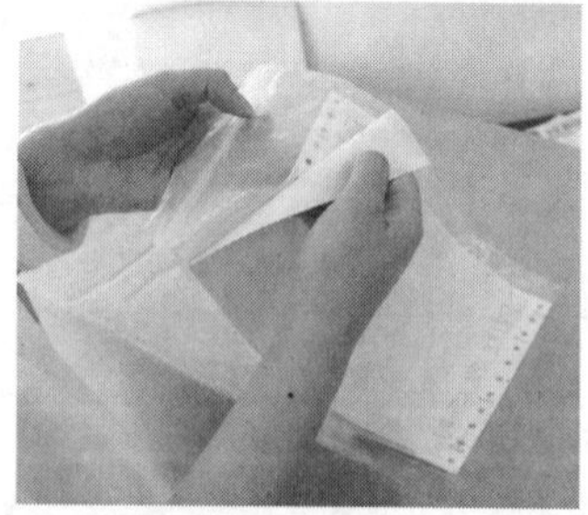</td></tr>
<tr><td>3.把运单袋左边先贴到运单粘贴的位置,然后往右边平摸运单袋,使运单平整的粘贴在快件表面上</td><td>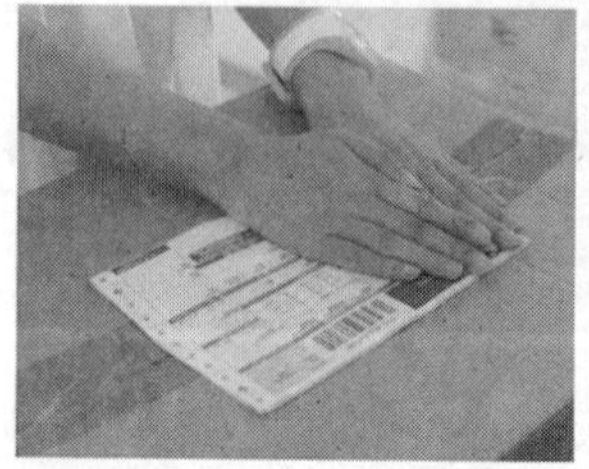 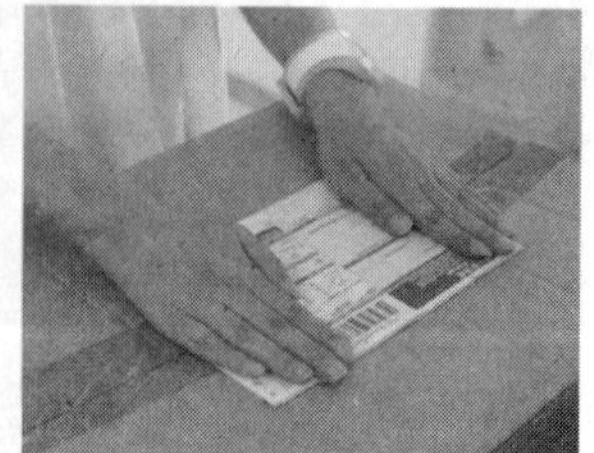</td></tr>
</table>

续上表

优 点 和 不 足
优点： 1. 透明的运单袋对运单有保护作用，避免运单污损或淋湿； 2. 不能随便修改运单内容，确保运单内容前后一致； 3. 各环节直接在运单袋上标注内容，保证运单信息完整，且不易被涂鸦； 4. 由于不干胶直接粘贴，运单粘贴牢固，不易脱落。 不足： 遇到特别冷的天气，不干胶的黏性会减弱，粘贴时须注意

3. 运单粘贴注意事项

(1)使用不干胶运单直接粘贴时，应尽量避开骑缝线，以防箱子被挤压时骑缝线爆开，导致运单破损或脱落。

(2)运单应粘贴在快件的最大平整的表面，避免运单粘贴皱褶等。

(3)使用胶纸时，不得使用有颜色或带文字的透明胶纸覆盖运单内容；胶纸不得覆盖条形码、收件人签署、派件员姓名、派件日期栏的内容。

(4)运单粘贴须保持平整；运单不能有皱褶，或折叠，或破损。

(5)挤出运单袋内的空气，再粘贴胶纸，避免挤破运单袋。

(6)如果是国际快件，须注意将相关的报关单据与运单一起装进运单袋内或者按照快递企业的具体要求操作。如有形式发票，应将形式发票和运单一起装进运单袋内，或者按照公司的具体要求操作。

(7)运单要与内件一致，避免运单错贴在其他快件上。

4. 不规则快件的运单粘贴

(1)圆柱形快件的运单粘贴

圆柱底面足够大(能平铺粘贴运单)，将运单粘贴在圆柱形物体的底面，注意运单不得架在底面边缘，避免快件叠放时把运单磕破(图 11-3)。例如油漆桶，把运单粘贴在底面正中央位置，不得贴在边缘高起的脚上。

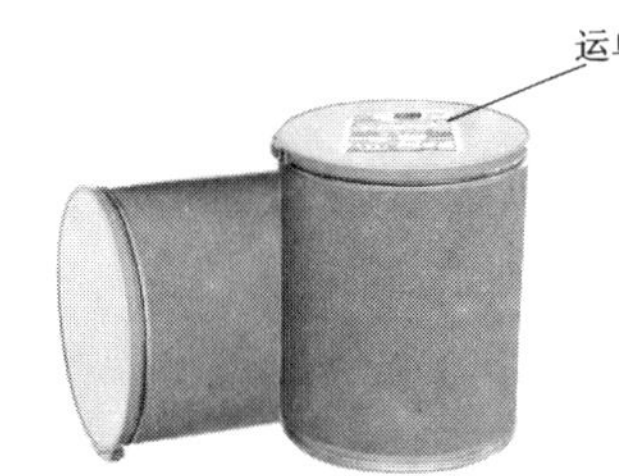

图　11-3

如果圆柱物体较小，底部无法平整粘贴运单时，则将运单环绕圆柱面粘贴，注意运单号码不得被遮盖(图 11-4)。例如奶粉罐，将运单环绕罐身粘贴；为了运单粘贴的牢固，运单粘贴好之后，须加贴透明胶纸环绕两底部粘贴运单，确保运单不会顺着罐身滑落。

图　11-4

(2)锥形物体的运单粘贴

体积较大的锥形物体，选择能完整粘贴运单的最大侧面，平整粘贴运单(图 11-5)。

体积较小的锥形物体，如果单个侧面无法平整粘贴运单，可将运单内容部分粘贴在不同的两个侧面，但运单条码必须在同一个侧面上，不能折叠(图 11-6)。

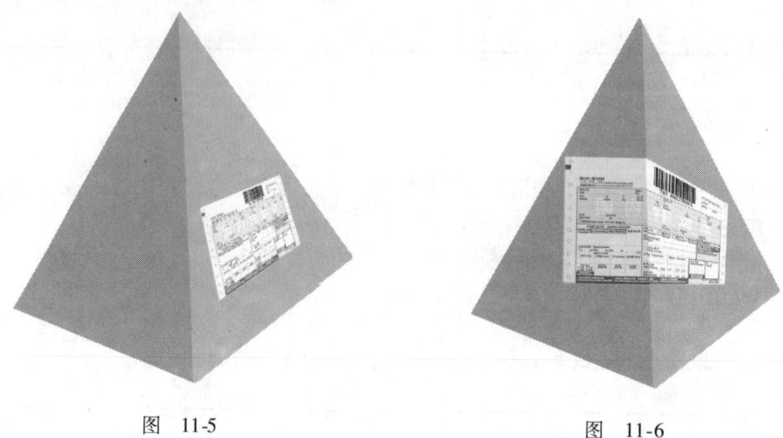

图　11-5　　　　　图　11-6

(3)小物品快件的运单粘贴

对于体积特别小,不足以粘贴运单(即运单环绕一周能把整个快件包裹起来)的快件(通常称为小件),为了保护快件的安全,避免遗漏,建议将其装在文件封或防水胶袋中寄递(图11-7)。运单粘贴在文件封或防水胶袋的制定位置。

图　11-7

(4)对于特殊包装的快件,运单粘贴应遵循以下原则:①运单的条码不得被覆盖,包括不得被物品覆盖和不得被颜色覆盖;②运单条码不得被折,即运单的条码须在同一表面展示,不得折叠或在两个(及以上)表面上(图11-8)。

图　11-8

(四)标识的粘贴

1. 正面粘贴

与处理直接相关的标识,为便于分拣操作,宜将其与运单粘贴在同一表面,例如国际件贴纸、自取件贴纸(图11-9)。

2. 侧面粘贴

防辐射等标签应粘贴在快件侧面,便于在搬

运、码放时能够很容易地识别,例如向上标志贴纸、防辐射贴纸等(图 11-10)。

图　11-9

图　11-10

3. 三角粘贴

需要多面见到的贴纸,可以贴在包装箱的角上,包住快件角落的三个方向。例如易碎件贴纸,斜贴在快件粘贴运单的正面角落,另外两个角粘贴在其他两个侧面(图 11-11)。

4. 沿骑缝线粘贴

封箱操作时,每件快件至少粘贴两张有密封作用的贴纸,要求每个可拆封的骑缝线都得粘贴。例如,保价贴纸应粘贴在每个表面的骑缝线上,起到封条的作用,提醒在运输过程中不允许拆开包装(图 11-12)。

二、快件的包装

快件分拣封发部门专门处理各收派网点收寄和途经中转的快件,在快件处理过程中对快件的封装、包装等规格要进行有效的检查和把关,纠正上一环节的失误,从而提高全网作业的连贯性、有效性,实现快件安全、迅速、准确、方便的传递。为此,快件处理业务员必须掌握快件的包装知识,以便能更准确地检查包装规格和对包装破损的快件进行重新包装。

图　11-11

图　11-12

(一)包装基本常识

包装是否符合要求,对保证快件安全、准确、迅速的传递,起着极为重要的作用。尤其是流质和易碎物品,如果包装不妥,不但快件自身容易遭受损坏,而且还会污损其他快件,危及工作人员的安全。判断包装是否牢固,主要要看经过包装后的快件是否能够经受长途运输和正常碰撞、摩擦、震荡、压力以及气候变化,而不致损坏。因此,一定要按照物品性质、大小、轻重、寄递路程以及运输情况等,选用适当的包装材料对快件进行妥善包装。

1. 包装原则

(1)适合运输原则。快件包装应坚固、完好,能够防止在运输过程中发生包装破裂、内物漏出、散失;能够防止因摆放、摩擦、震荡或因气压、气温变化而引起快件的损坏或变质;能够防止伤害操作人员或污染运输设备、地面设备及其他物品。

(2)便于装卸原则。包装材料除应适合快件的性质、状态和重量外,还要整洁、干燥、没有异味和油渍;包装外表面不能有凸出的钉、钩、刺等,要便于搬运、装卸和摆放。

(3)适度包装原则。根据快件尺寸、重量和运输特性选择合适大小的外包装及填充物,不足包装和过度包装都不可取。不足包装容易造成快件损坏,过度包装造成包装材料浪费。

2. 主要包装材料(表 11-4)

主要包装材料　　表 11-4

包装材料名称	包装使用说明	实物图片
包装袋	适合用于小件快件的外包装。各快递企业可根据产品类型和种类的要求,制作不同材料、不同规格的包装袋。包装袋的封口为一次性粘胶,密封后防水、安全,适用于样品及不易破碎、抗压类的物品	
编织袋	适用于建总包或者用于对不易碎、抗压、不易损坏物品的包装	
纸箱	适用于规则快件的包装。纸箱制作选用的纸板通常包括挂面纸、博汇纸、三联纸、牛皮卡纸等;从纸板的横截面上看,又分为3层瓦楞和5层瓦楞。不同材质和规格的纸箱具有不同的承重和承压能力。在使用纸箱包装快件时,需要根据快件的重量和尺寸,选择合适的纸箱,以确保快件的安全	

续上表

包装材料名称	包装使用说明	实 物 图 片
文件封/牛皮纸袋	文件封是使用硬纸板制作的,各快递公司的文件封尺寸不完全一致。有的文件封表面自带运单袋,有的不带运单袋,视快递企业的要求制作。在文件封表面刷一层防水光油,可明显阻碍细小雨水的渗透。 牛皮纸袋的外层为牛皮纸,里层为内衬气泡,具有坚韧(不容易撕烂)和防震的功能,能够更好地保护袋内的物品。 两种包装材料,都带有一次性自贴封口,简单易用,适用于在运输、中转操作等过程中易发生折皱、划花的重要单据和文件类快件,或具有复写功能的文件类快件	
封箱胶纸	封箱胶纸是最普遍的包装材料之一,主要用于对寄递物品的封固包装操作。在封箱胶纸上印刷企业的标志或广告,可起到宣传作用。有的快递企业在封箱胶纸上印刷特殊的标志,作为责任界定的依据	
防雨膜	防雨膜用于防止水渗透包装而浸湿快件。雨雪雾天气时,在特别容易湿损的快件外包装上包裹一层防雨膜,可有效保护快件不被打湿损坏,并起到保护快件整洁的作用	
缓冲材料	缓冲材料也叫填充材料,包括气泡膜、珍珠棉、泡沫缓冲材料、缓冲纸条、海绵以及废旧报纸和碎布片等,能够有效地缓冲或者减轻快件在运输过程中与箱体发生碰撞而引起的损坏,还将有效缓解外界其他快件对该快件的挤压受力。其适用于易碎以及表面易划伤的快件	
	气泡膜	衬垫物
打包带	使用体积较大纸箱、编织袋、木箱包装的快件,封口后再用打包带捆扎快件进行二次加固,保护快件	

续上表

包装材料名称	包装使用说明	实物图片
木箱	木箱主要用于大型贵重物品、精密仪器、易碎物品、不抗压物品的包装。木箱厚度及打板结构要适合快件安全运输的需要	
木格	木格子包装的物品与木箱的包装种类相似。对于不能密封的物品,可使用木格子包装。木格厚度及结构要适合快件安全运输的需要,间隔空隙要匀称适度,以不漏出快件为准	

3. 包装材料的选择

(1)纸质类的寄递物品

厚度不超过1cm的纸质物品,使用文件封进行包装;厚度超过1cm且不易破碎、抗压类的书刊、样品等寄递物品,可选择包装袋包装。

(2)质脆易碎物品(如玻璃、光碟、灯饰、陶瓷等)

此类快件必须在包装内部的六个面加垫防震材料,且每一件物品单独使用泡沫或其他缓冲材料进行包装。采取多层次包装方法,即快件—衬垫材料—内包装—缓冲材料—运输包装(外包装)(图11-13)。

图 11-13

(3)体积微小的五金配件、纽扣及其他易散落、易丢失的物品

此类快件用塑料袋作为内包装将寄递物品聚集,并严密封口,注意内包装留有适当的空隙。数量较少可使用包装袋作为外包装;数量较大可使用质地坚固、大小适中的纸箱作为外包装,并用填充材料填充箱内的空隙,使得快件在箱内相对固定,避免填充过满而导致内包装破裂引起快件散落丢失(图11-14)。

(4)重量较大的物品[如机器零件、模具、钢(铁)块等]

此类快件先使用材质较软的包装材料(如气泡垫等)包裹,然后采用材质较好、耐磨性能好的塑料袋包装,或以材质较好的纸箱包装后并用打包带加固,还可使用木箱进行包装(图11-15)。若快件属易碎品,还须在外包装上加贴易碎标识以作警示。

(5)不规则(异形)、超大、超长的物品

此类快件以气泡垫等材质较软的材料进行全部或局部(如两端等易损部位)包装。细长快件还应尽可能捆绑加固,减少中转或运输过程中折损的可能性。但若单件重量已达5kg,则无须将多件捆绑,以利于中转及搬运。若快件为易折损品,应在快件指定位置粘贴易碎标识。

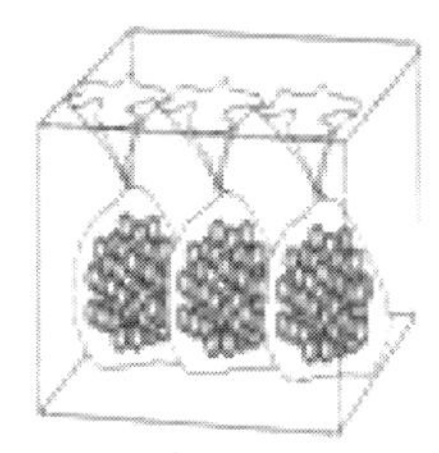

图　11-14

图　11-15

(6)较大的圆柱形或原材料物品(如布匹、皮料、鞋材、泡沫等)

此类快件可以先使用透明的塑料薄膜进行包裹,然后再使用胶纸对其进行缠绕包装;严禁使用各种有色的垃圾袋进行包装。

(7)特产类物品(如水果、月饼等)

此类快件必须进行保护性包装,具体包装方法可因物而异,以既能防止破损变质,又不污染其他快件为原则,如水果采用条筐、竹笼或者竹篓包装。

(8)液态物品的包装(仅限全程陆路运输的非危险性物品)

容器内部必须留有5%~10%的空隙,封盖必须严密,不得溢漏。若是用玻璃容器盛装的液体,则每一容器的容量不宜超过500ml。若容器本身的强度较小,则必须采用纸箱或木箱对快件进行加固包装,且箱内应使用缓冲材料填实,防止晃动或倒置搬运液体渗出污染其他快件,并在外包装上粘贴易碎标识。

(9)轴承内钢珠等会渗油的固体物品

此类快件必须满足液体类物品的包装要求,应使用衬垫和吸附材料填实,防止在运输过程因渗漏而污染本身运单及其他快件。

(10)粉状物品(难以辨认成分的白色粉状物品及进出口件除外)

若快件的原包装是塑料袋包装的,还应使用塑料涂膜编织袋作外包装,保证粉末不致漏出。单件快件毛重不宜超过50kg。

若快件的原包装是用硬纸桶、木桶、胶合板桶盛装的,要求桶身不破、接缝严密、桶盖密封、桶箍坚固结实,桶身两端应有钢带打包带。

若快件的原包装是用玻璃器皿包装的,每瓶内装物的重量不宜超过1kg。如容器本身的强度不够,则须用铁制或木制材料作外包装,且箱内应用缓冲材料填实。单件快件毛重以不超过25kg为宜。

(11)纺织类物品

此类快件可采用布袋、麻袋、纸箱包装。布袋的材料应选用坚固结实的棉布;麻袋的坯布应无破洞,具有一定强度,封口处应用封口机一次性封口。

若使用纸箱包装,必须对箱角及边缘用胶纸加固,确保其不会在运输过程中破裂。凡纸箱任何一边超过60cm,还需用打包带加固。若纸箱质量较差,还可在其外面套编织袋,以防止在搬运、装卸过程中造成部分遗失或损坏。

(12)精密仪器及电子产品类物品

此类快件应采用纸箱或全木箱包装,快件与箱壁应预留约2cm的空隙,用缓冲材料填充。若使用纸箱包装,在检查完寄递物品后,如外包装有旧的快递运输或包装标识,须将其清除;如无法清除干净的,在体积允许的情况下,应将纸箱装入包装袋,或用包装箱重新进行包装,以避免旧的快件标识造成操作失误。

对于可以收寄的自身带电的电子类寄递物品,必须在征得客户同意的情况下将寄递物品自带的电池拆卸并与主体分离后方可收取;对于无法拆卸分离的快件不予收取,并向客户做好解释工作。

4. 胶纸封箱操作方法

胶纸中使用最多的是透明胶纸,用于对所收客户的寄递物品进行封固包装。除文件封和各款包装袋以外,其他类型包装的快件一般都需要用胶纸进行封固包装。对于外形规则类纸箱包装的快件,要求使用胶纸对纸箱上下表面进行"├┤"形包装操作。包装步骤解详见图11-16(颜色条表示透明封箱胶纸粘贴)。

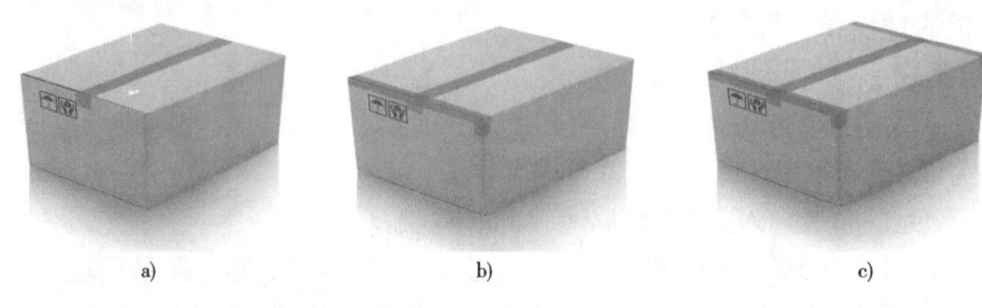

a)　b)　c)

图 11-16

(1)使用透明胶纸沿着纸箱的中缝部位进行封粘,同时胶纸两端应延纸箱两侧面放宽5~10cm,以便将纸箱的中缝两端开口处覆盖,如图11-16a)所示;同时做到压紧胶纸两端,使得胶纸和箱体充分粘合。

(2)使用透明胶纸分别对纸箱的两侧缝口进行封粘。封粘要求先对纸箱一侧的侧缝开口进行封粘,同样胶纸应延长放宽5~10cm,如图11-16b)所示;同时做到压紧胶纸两端和胶纸中间部位,使得胶纸和箱体充分粘合。

(3)在完成纸箱一表面的"├┤"形包装后[图11-16c)],还需对另一表面进行封粘,具体要求同步骤(1)和(2)。

5. 快件包装注意事项

(1)禁止使用一切报刊类物品作为快件的外包装,如报纸、海报、书刊、杂志等;严禁使用各种有色垃圾袋和容易破损、较薄的类似垃圾袋的包装物。

(2)对于价值较高的快件采用包装箱进行包装,包装时应使用缓冲材料。

(3)对于一票多件的快件,如果是国际快件,因海关严禁寄递物品多件捆扎寄递,所以必须按照一票多件操作规范进行操作。如果是国内互寄快件,单票重量不超1kg,且每件快件外包装形状相同、体积最大的快件一侧面积小于运单的,可以多件捆扎寄递,但同时必须在连体快件上批注运单号码,并将连体快件捆扎牢固。凡是两件或两件以上合装的快件,必须要用打包带加固。例如有三个同规格鞋盒子一起寄递时,可将三个盒子进行捆扎牢固,作为一票快件寄递。

(4)对于重复利用的旧包装材料,均必须清除原有运单及其他特殊的快件标记后方可使用,以避免因旧包装内容而影响快件的流转。

(二)处理场地快件包装破损及不合格包装的常见情况

(1)包装箱有2cm以上的破洞或有明显的撕裂,快件内件容易脱落或被损坏。

(2)快件的包装箱有水湿、油污现象。

(3)外包装箱被压垮、折断,如纸箱包装的家用电器(零部件)的快件经常发生包装被压垮、折断。

(4)在搬运过程中,虽外包装完好,但能感觉到快件内容品之间有摩擦、碰撞,并伴有碰撞音或有异常已破坏的声音。

(5)快件外包装未损坏,但有异常的气味或强烈的刺激气味。

(6)快件外包装为已使用过的旧包装物,表面留有旧运单、标签、地址等,或旧运单、标签、地址去除得不彻底。

(7)快件的外包装为海报或塑料等易破损包装物。

(三)包装的注意事项示例

1.绳索、带子

对于使用绳索或带子捆扎施封的包装,必须去除这些绳索或带子,使用胶带进行封箱(图11-17)。

2.胶带

对于使用玻璃纸胶带、医用胶布施封的包装,应去除该施封胶带并使用专用胶带进行封箱(图11-18)。

3.使用过的箱体

使用有压垮痕迹、有破洞及有油渍、水渍的使用过的箱子对货物进行包装,应将其货物或连同箱子一起置入合格之外包装内;对于可接受的使用过的包装,必须去除包装外侧所有标签、号码、地址信息及一切有可能影响操作人员识别的粘贴物品和信息(图11-19)。

图　11-17

图　11-18

图　11-19

4.易破损材料

对于使用易破损材料作为外包装的货物,如保丽龙箱、塑料等,应将其置入合格之外包装内(图11-20)。

5.内件保护

收到包装好的物品时,稍加晃动,如能听到内件发出相互碰撞之声音,应向客户提出检查包裹要求,并建议客户使用足够的填充物,以适合长途转运操作,避免内容物相互碰撞破损(图11-21)。

6.易碎物品

对于瓷器和玻璃制品,必须在包装内部六个面加垫防震材料,且箱体内每一件瓷器或玻璃制品必须单独使用泡沫或其他材料进行包装(图11-22)。

图　11-20

图　11-21

图　11-22

7. 小件物品

大量小件内容物零散置于包裹中,如螺栓、螺钉、螺母、钉子等物品,必须先以麻布袋包裹后,再置入合格之外包装中(图 11-23)。

三、快件重量、规格要求

1. 快件的重量规定

目前,快件的收取、处理、派送过程中的搬运装卸工作大部分都是人工完成,尚未达到自动化的水平。从人体搬运货物的强度来看,快递需要体现其快的特性,在重量上就不能超出单人搬运能力的范围,即业务员上门收派快件时都能独立完成作业。因此,根据《快递服务》邮政行业标准规定,国内单件快件重量不宜超过 50kg(图 11-24)。同时,快件传递还需要靠航空运输、铁路运输、公路汽车运输来完成,因此还要掌握交通运输部门的相关规定。

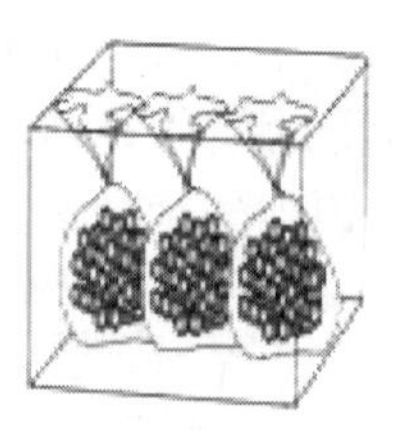

图　11-23

图　11-24

铁路运输　单件货物实际重量一般不超过 50kg(国际联运不超过 65kg)。如单件重量超过 50kg,可按超重货物办理。

航空运输　非宽体飞机载运的货物,每件货物重量一般不超过 80kg。宽体飞机载运的货物,每件货物重量一般不超过 250kg。

公路运输　一般有 2t 货车、3t 货车、5t 货车等。

2. 快件规格限度

快件的规格,除了受重量(体积重量不得超过实际重量,即不超过 50kg)的限制以外,还需要考虑快件运输所使用的运输工具。不同运输工具对快件的规格要求也不一样,但由于快递运输跨区域较大,一份快件可经过公路运输、铁路运输和航空运输多种方式,因此从综合的角度来看,快件规格须应遵照小规格收取。根据《快递服务》邮政行业标准规定:快件的单件包装规格任何一边的长度不宜超过 150cm,长、宽、高三边长度之和不宜超过 300cm(图 11-25)。

(1)航空货物规格

一般根据各航空公司的要求，航班机型及始发站、中转站和目的站机场的设备条件、装卸能力，确定可收运货物的最大尺寸和重量。

①最大规格：非宽体飞机载运的货物，每件体积一般不超过40cm×60cm×100cm。宽体飞机载运的货物，每件体积一般不超过100cm×100cm×140cm。

②最小规格：每件货物的长、宽、高之和不得小于40cm；若低于以上标准者，由托运人加大包装处理。

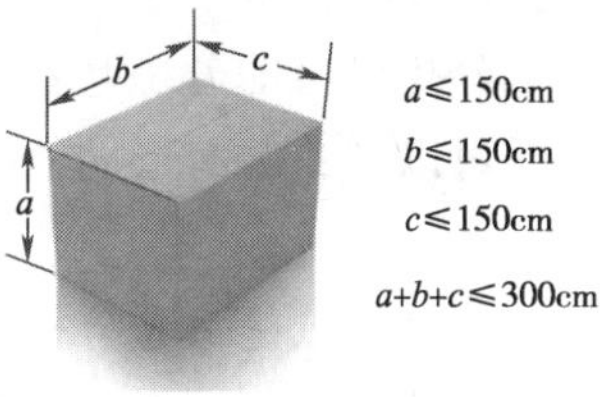

$a \leq 150cm$

$b \leq 150cm$

$c \leq 150cm$

$a+b+c \leq 300cm$

图 11-25

(2)铁路货物规格

①铁路快件运输所承运的货物，单件货物体积以适于装入旅客列车行李车为限，但根据《铁路货物运输规程》规定：按零担托运的货物，最小不小于0.02m^3。

②铁路货车车厢的规格为：长15.5m，宽2.8m，高2.8m。快件的体积不得超出车厢的规格，同时铁路运输快件最大尺寸还须考虑车门尺寸。

(3)公路规格

快件公路运输通常都是使用货车。各运输环节根据货量大小选择不同吨位的货车。快件规格必须考虑与货车尺寸相匹配。货车的品牌众多，货车尺寸也不相同，现以金杯货车为例介绍如下：

载质量1t货车(车厢尺寸)：3.2m×1.5m×1.5m；

载质量2t货车(车厢尺寸)：4.2m×1.8m×1.8m；

载质量3t货车(车厢尺寸)：5.2m×2.0m×1.9m；

载质量5t货车(车厢尺寸)：6.2m×2.2m×2.4m。

第二节 分拣方式

快件的分拣作业组织，要求在分拣生产作业的责任范围内和作业场地区域，讲究生产工艺流程的通畅，工序之间的组织严密衔接，劳动组织和机具配备经济合理，组织管理要科学严密。采取的分拣方式要因地制宜，以达到缩短内部处理时限，提高作业效率和便于组织管理的要求。快件处理量较小的分拣中心，对场地、设备布局，要尽量适应进站快件、出站快件混合作业的需要。快件处理量较大的处理中心，要尽量按照作业流程适应流水作业的需要，同时还应与推行新技术、新工艺紧密结合起来。

一、手工分拣方式

手工分拣方式为所要分拣快件量较少，不需上机分拣或没有配备分拣机器的分拣中心所普遍采用的一种分拣方式。该方式能够完成快件的初分和细分。

(一)快件的初分

快件的初分，是指因受赶发时限、运递方式、劳动组织、快件流向等因素的制约，在快件分拣时不是将快件一次性直接分拣到位，而是按照需要先对快件进行宽范围的分拣。

(二)快件的细分

快件的细分，是指对已经初分的快件按寄达地或派送路段进行再次分拣。

1. 分拣格口

分拣格口即分拣基本单元,它是根据分拣时传统使用的格口、格架而得名。现实操作中,它既可以是一个有形的格架,也可以是一个虚拟的堆位。

2. 分拣区域

分拣区域是一个分拣工作岗位所担负的一定分拣范围,是快件细分生产组织的作业单元。一个分拣区域既可以包括几个格口的范围,也可以包括几十个格口的范围。通常情况下,分拣中心规模越大、级别越高,设置的分拣区域就越多。例如,大的分拣中心一般设有十几个分拣区域,快件分拣量相对较小的分拣中心只设有几个分拣区域。但是各分拣中心最少需要设置两个分拣区域,即出站快件分拣区域和派送快件分拣区域。

分拣区域是根据各快递企业的发运路线、车次(航班)和流量进行划分的。合理划分分拣区域,有利于分拣中心提高分拣效率,提升作业质量。因此,在划分分拣区域应该注意:一是分拣区域的界线应该清楚明确,便于记忆;二是每个分拣区域的快件量大小和细分格口多少要大致均衡。

分拣区域的划分不是一成不变的,随着各种客观、主观条件的变化,分拣区域可以进行重新设置。

(三)手工分拣使用的设备

快件按形状可分为信件型和包裹型快件。手工分拣信件型快件大多采用框架结构、每组规格统一、均匀排列的分拣架。分拣架有木质结构,不锈钢、玻璃结构,塑料筐镶嵌在金属架等结构(图 11-26)。分拣包裹型快件大多采用固定的金属笼、塑料筐等(图 11-27)。

图　11-26

图　11-27

二、半自动机械分拣方式

半自动机械分拣是人机结合的分拣方式,能使待分拣快件通过输送装置传输到接件点,由操作人员将分拣到位的快件取下。其特点是能连续不断分拣,减轻操作人员劳动强度,提高分拣效率。

半自动分拣方式一般采用输送设备,主要组成部分是传送带或输送机(图 11-28)。

三、分拣机自动分拣方式

分拣机自动分拣,是指由分拣机根据对分拣信号的判断,完成快件分拣的一种方式。其特

图　11-28

点是能实现连续、大量地分拣，信息采集准确，分拣误差较小。分拣机分拣作业基本实现了无人化，使劳动效率大幅提高。

分拣机由自动分拣系统控制装置、分类装置、输送装置及分拣道口等部分组成。目前，快递企业使用的分拣机主要有带式分拣机、链式分拣机、车载式分拣机等几种。这些分拣机的分拣格口一般摆成线形或环形，按照摆放方式也称为线形分拣设备或环形分拣设备。

(一)带式分拣机

带式分拣机是利用输送带载运快件完成分拣工作的设备。带式分拣机按带的设置形式可分为平带式、斜带式和U形带式分拣机三种。

1. 平带式分拣机

如图11-29所示用平钢带作为输送带的平带式分拣机的全貌。其分拣过程如下：

(1)分拣人员阅读编码带上的快件地址，在编码键盘上按相应的地址键，携带有地址代码信息的快件输送至缓冲储存带上排队等待。

(2)当控制柜中的计算机发出上件信号时，快件即进入平钢带分拣机。其前沿挡住快件探测器时，探测器发出件到信号。计算机控制紧靠探测线的消磁充磁装置，首先对钢带上遗留的信息进行消磁，再将该件的地址代码信息以磁编码的形式记录在紧挨快件前沿的钢带上，成为自携地址信息，从而保持和快件同步运动的关系。

(3)在分拣机每一个格口滑槽的前面都设置了一个磁编码信息读出装置，用来阅读和快件同步运行的磁编码信息。当所读信息就是该格口滑槽代码时，计算机就控制导向挡板快速地运动到钢带上方。导向挡板和钢带运动方向呈35°左右的夹角，可以顺利地将快件导入滑槽，完成分拣任务。

2. 斜带式分拣机

斜带式分拣机(图11-30)主体部分是沿纵轴倾斜的传送带(称为斜带)。斜带在供件端是水平运行的，当通过扭转区时，便逐步沿托板扭转成与水平面呈37°的夹角。倾斜着的托板使传送带在分拣区一直保持这个角度。此后，在经过机尾的另一个扭转区时，斜带又恢复水平运行。

在斜带下方，对应每一格口均设置一块格门侧板。一连串的侧板彼此毗邻。快件由斜带输送，沿一连串格门侧板运行；到达指定格口时，由启闭气缸打开格门侧板，快件一边向前运

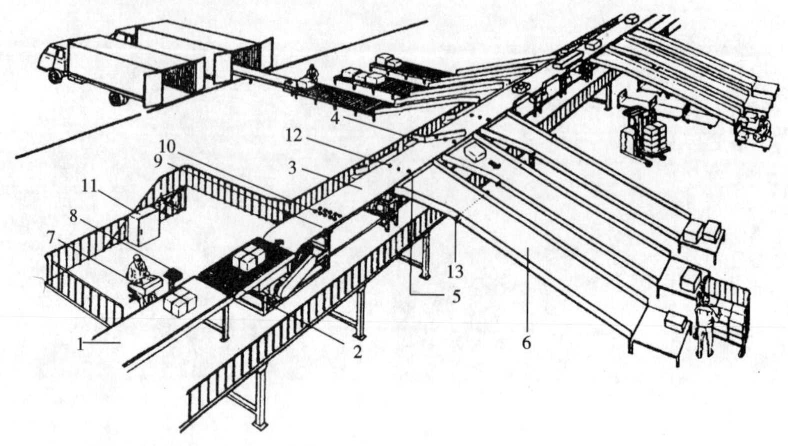

图 11-29　平钢带分拣机

1-编码带;2-缓冲存储带;3-平钢带;4-导向挡板;5-过渡板;6-滑槽;7-编码键盘;8-监视器;9-包裹检测器;10-消磁、充磁装置;11-控制柜;12-信息读出装置;13-满量检出器

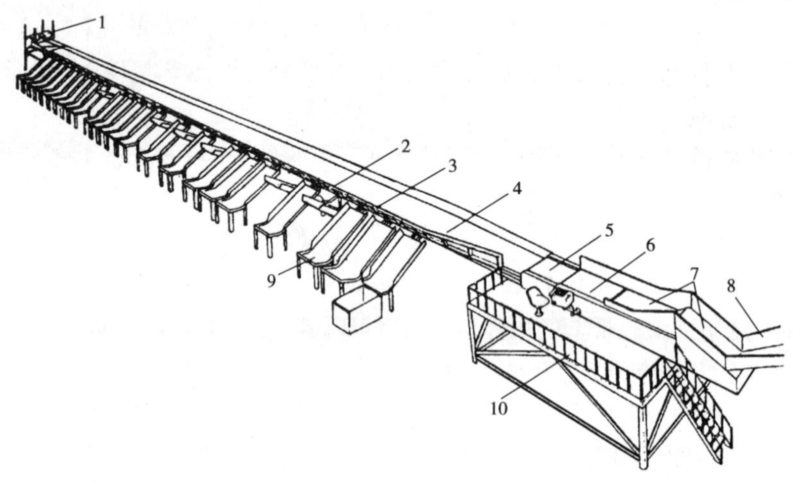

图 11-30　斜带式分拣机

1-驱动装置;2,3-侧板;4-斜带;5-缓冲储存带;6-编码带;7-供包带;8-挡板;9-格口;10-作业台

动,一边向下滑入指定格口,完成分拣任务。

3. U 形带式分拣机

U 形带式分拣机用来分拣信件型快件,由供件台、多个主输送分拣单元、输出滑槽格口以及控制系统等组成(图 11-31)。

信件型快件由标码或扫描传送带、引导带、加速带立着进入主传送单元。而 U 形模块是主输送分拣单元的主体。在控制信号到来时,气缸动作使其向左或向右摆动一定角度,完成分拣任务。

(二)链式分拣机

链式分拣机是由牵引链条牵引载运快件的容器运动,完成分拣工作的设备。按照载运容器类型不同,可以划分为托盘式、斗式和托板式三种形式的分拣机。本书只介绍托盘式和斗式分拣机两种。

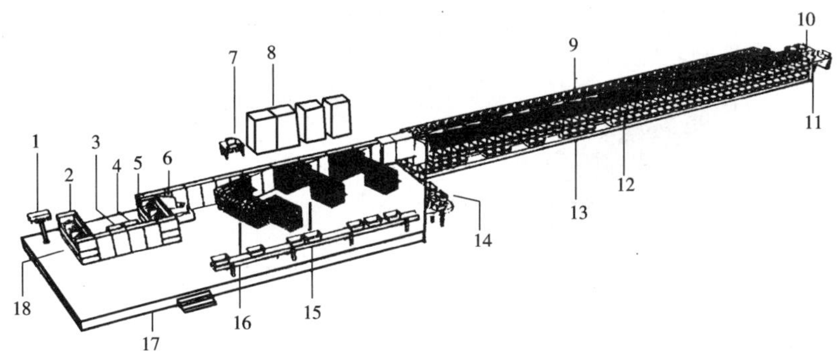

图 11-31　U 形带式分拣机

1-系统控制板；2-高速供件器；3-条形码识读器；4-OCR；5-缓冲/供件；6-剔除容器；7-系统控制（PC）；8-车间控制台（PLC）；9-由分拣组件组成的分拣线；10-格口容器缓冲区；11-清除满格容器；12-格口容器；13-带道岔的双通道；14-空容器供送；15-人工供件台；16-带低速供件机的半自动供件台；17-升高的工作基台；18-带高速供件机的高速供件台

1. 托盘式分拣机

托盘式分拣机主要用于快件包裹的分拣。

按照布置方式，托盘分拣机有直线形和环形之分，前者用于初分，后者用于细分。

环形分拣机可根据生产现场布局，设计成不同形状的水平封闭环链（图 11-32）。

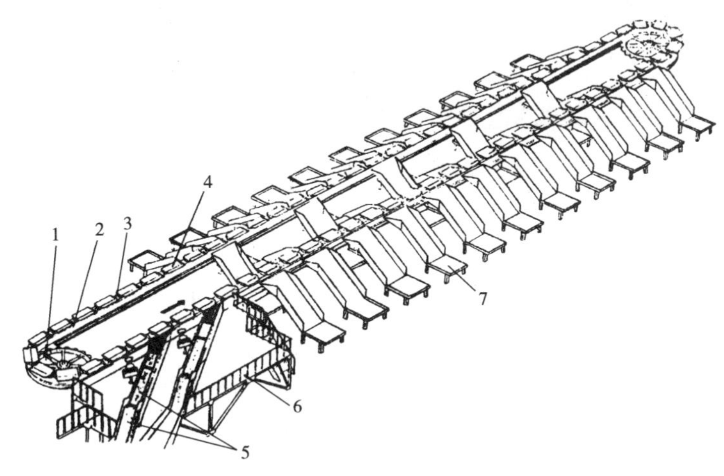

图 11-32　环形托盘式分拣机

1-驱动装置；2-水平轨道；3-牵引链；4-托盘；5-上包机；6-作业台；7-格口

环形托盘分拣机载运快件的托盘用链牵引沿水平轨道运行，并由倾翻器在相应格口倾翻卸载，完成分拣任务。

2. 斗式分拣机

斗式分拣机主要用于信件型快件的分拣。

斗式分拣机由供件台、主分拣机驱动模块、张紧模块、输送链、单元斗、格口及控制系统组成（图 11-33）。其两边格口下方都配有空信盒输送带和移位机械手，形成信盒自动搬运系统。

我国研制开发的斗式分拣机，能够载运厚度达 30mm 的信件型快件，完成该类分拣任务。

（三）车载式分拣机

车载式分拣机是用于分拣信件型快件的机器（图 11-34）。

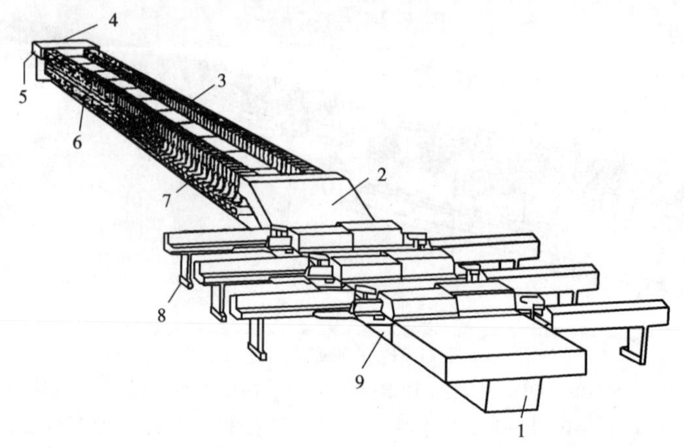

图 11-33　斗式分拣机

1-张力模块;2-水平转辙模块;3-分拣旋转装置;4-电器柜;5-驱动模块;6-格口输出模块;7-托盘输出模块;8-人工输入台;9-接口模块

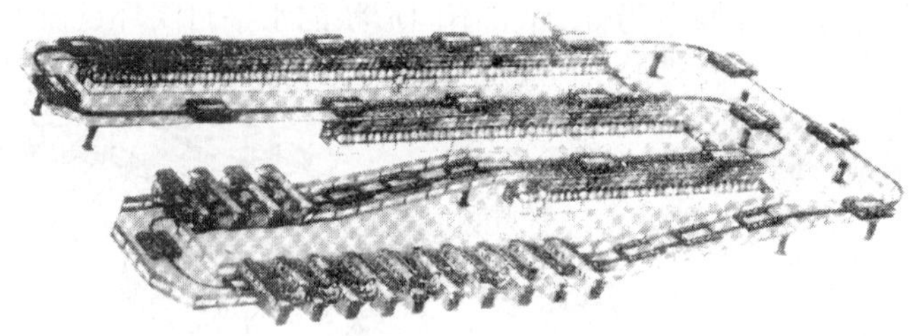

图 11-34　车载式分拣机

车载式分拣机没有牵引链,而是用自带动力的车载运快件完成分拣工作。该机的主体是U形封闭的高架单机。在单轨上运行着数十部具有独立动力的载运车。每个载运车的两侧驮有带格子的斗式容器,以便竖立地载运信件型快件。分拣员从供件带的信盒中拿取信件型快件,用光笔扫描或键入地址,然后竖立置于上件带上。在同步脉冲控制下,信件型快件准确落入慢速运行的车载斗式容器中,然后由车运至相应格口上方,借助于重力直接落入挂在格口下面的袋中。

第三节　分拣操作要求

无论手工分拣还是机器分拣,操作中都应严格按照快件的直封和中转关系,依据地址、邮政编码、电话号码等信息,遵照操作规程准确细致地操作。

一、快件的直封和中转

快件分拣分为快件直封和中转两种基本方式。快件的直封和中转,是各快递企业依据快件流量、流向的变化以及交通运输和网络结构等因素在一定时间内所确定的。牢记快件的中转关系和中转范围对准确快速分拣快件至关重要。

快件的直封，就是快件分拣中心按快件的寄达地点把快件封发给到达城市分拣中心的一种分拣方式。这种分拣方式中途不需要再次分拣封发，可直接进行快件的派送处理。

快件的中转，就是快件分拣中心把寄达地点的快件封发给相关的中途分拣中心经再次分拣处理，然后封发给寄达城市分拣中心的一种分拣方式。采取快件中转组织分拣，可使快件处理量相对集中，便于合理组织处理快件和采用机械设备分拣。中转范围可以是一个县、一个市、一个省，甚至几个省。

二、分拣依据

快件依据什么信息来进行分拣，各快递企业的做法虽不尽相同，但又有类似之处。总体看，各企业的操作主要有两大类：一是按地址分拣；二是按编码分拣。

按地址分拣，就是俗称的按址分拣方法，处理人员分拣时的依据就是运单上的收件人地址。但是由于运单上的地址一般书写比较长，字比较小，辨认费时，为提高分拣速度，许多快递企业都要求业务员在运单上用唛头笔明显标记该快件应流向的省份、城市名称。快件处理业务员根据唛头笔所填的地址名称分拣，就大大提高了分拣的效率。

按编码分拣，就是处理人员按照运单上所填写的城市航空代码、邮政编码或电话区号进行分拣。按编码分拣有利于分拣的自动化。一些快递企业还根据自身业务网络和特色，创建了独特的编码，便于企业内部使用。

按地址分拣和按编码分拣不是截然分开的两种方式，在具体操作过程中二者相互补充，有利于快件准确地分拣到其实际寄达地。

（一）地址书写知识

运单地址栏的最小单位应该写到“××路（街）××号”、“××路（街）××号××大厦”或者“××路（村）××工业区”。如果是寄往某地购物中心、大型商城、超级、集贸市场的快件，由于这些地方往往楼层复杂、专柜较多，为便于分拣和派送，这些快件的地址栏还应注明专柜名及号码。因此，快件业务员在分拣时应认真辨认，确定运单所填地址是否完整、有效。

对于地址填写不完整、地址内容前后矛盾的快件，业务员应利用运单上的多种信息，例如邮政编码、电话区号、城市航空代码等进行辨析，确定正确的地址；实在无法辨认的，应该剔除出来，交有关人员处理。

快递处理业务员在分拣时要注意，使用中文和使用英文填写的运单，在地址书写格式方面有比较大的区别。

1. 中文地址书写格式

中文地址的书写格式是按照从大范围到小范围，范围层层递减方式进行书写，即按照“××省××市××镇××村××工业区/管理区××栋（大厦）××楼××单元”或者“××省××市××区××街道（路）××号××大厦××楼××单元”的顺序进行填写。

例如：浙江省宁波市江东区基漕街11号广茂花园2号楼3单元306。

对于这个地址，首先分拣到“浙江省宁波市”，快件到达宁波后分拣到“江东区”，然后分拣到派送区域，按照“基漕街11号广茂花园2号楼3单元306”的地址进行派送。

2. 英文地址书写格式

英文地址的书写格式与中文书写格式恰恰相反，它是从最小的地址单元开始写，范围层层扩大,即按照“××单元××楼××大厦××号××街道(路)××区××市××省”的顺序填写。

还是以“浙江省宁波市江东区基漕街11号广茂花园2号楼3单元306”为例,如果按照英文格式书写,应该是:

306,3单元,2号楼,广茂花园,11号,基漕街,江东区,宁波市,浙江省

对应的英语是:

Room306, Unit3, Building2, Guangmao Garden, No. 11 Jicao Street, Jiangdong District, Ningbo City, Zhejiang Province.

业务员在分拣英文书写的地址时要注意从后往前看,如果方向搞反,将发生严重的分拣错误。

(二)各省、自治区、直辖市、特别行政区汉字简称、省会(首府)及其邮政编码、电话区号(表11-5)

表11-5

名称	简称	省会(首府)所在地	邮政编码	电话区号
北京市	京		100000	010
天津市	津		300000	022
上海市	沪(申)		200000	021
重庆市	渝		400000	023
河北省	冀	石家庄市	050000	0311
山西省	晋	太原市	030000	0351
吉林省	吉	长春市	130000	0431
安徽省	皖	合肥市	230000	0551
山东省	鲁	济南市	250000	0531
江西省	赣	南昌市	330000	0791
河南省	豫	郑州市	450000	0371
湖北省	鄂	武汉市	430000	027
广西壮族自治区	桂	南宁市	530000	0771
四川省	川(蜀)	成都市	610000	028
贵州省	贵(黔)	贵阳市	550000	0851
陕西省	陕(秦)	西安市	710000	029
青海省	青	西宁市	810000	0971
宁夏回族自治区	宁	银川市	750000	0951
内蒙古自治区	蒙	呼和浩特市	010000	0471
辽宁省	辽	沈阳市	110000	024

续上表

名称	简称	省会(首府)所在地	邮政编码	电话区号
黑龙江省	黑	哈尔滨市	150000	0451
江苏省	苏	南京市	210000	025
浙江省	浙	杭州市	310000	0571
福建省	闽	福州市	350000	0591
湖南省	湘	长沙市	410000	0731
广东省	粤	广州市	510000	020
海南省	琼	海口市	570000	0898
云南省	云(滇)	昆明市	650000	0871
西藏自治区	藏	拉萨市	850000	0891
甘肃省	甘(陇)	兰州市	730000	0931
新疆维吾尔自治区	新	乌鲁木齐市	830000	0991
香港特别行政区	港	香港	999077	00852
台湾省	台	台北市	999079	00886
澳门特别行政区	澳	澳门	999078	00853

(三)国内主要城市航空代码(表11-6)

表11-6

城市名称	机场名称	航空代码(三字)
广州	广州白云国际机场	CAN
郑州	郑州新郑机场	CGO
长春	长春大房身机场	CGQ
重庆	重庆江北国际机场	CKG
长沙	长沙黄花机场	CSX
成都	成都双流国际机场	CTU
福州	福州长乐机场	FOC
海口	海口美兰机场	HAK
呼和浩特	呼和浩特白塔机场	HET
合肥	安徽骆岗机场	HFE
杭州	杭州萧山国际机场	HGH
哈尔滨	哈尔滨太平国际机场	HRB
银川	银川河东机场	INC
南昌	南昌昌北机场	KHN

续上表

城市名称	机场名称	航空代码(三字)
昆明	昆明巫家坝国际机场	KMG
贵阳	贵阳龙洞堡机场	KWE
兰州	兰州中川机场	LHW
拉萨	拉萨贡嘎机场	LXA
南京	南京禄口机场	NKG
南宁	南宁吴圩机场	NNG
北京	北京首都国际机场	PEK
上海	上海浦东机场	PVG
上海	上海虹桥机场	SHA
沈阳	沈阳桃仙国际机场	SHE
石家庄	石家庄正定机场	SJW
济南	济南遥墙机场	TNA
天津	天津滨海国际机场	TSN
太原	太原武宿机场	TYN
乌鲁木齐	乌鲁木齐地窝堡国际机场	URC
武汉	武汉天河机场	WUH
西安	西安咸阳国际机场	XIY/SIA
西宁	西宁曹家堡机场	XNN

(四)部分国家及港澳台地区中文、英文简称(表 11-7)

表 11-7

序号	国家或地区	英文简称	序号	国家或地区	英文简称
1	印度	INDIA	12	比利时	BELGIUM
2	俄罗斯联邦	RUSSIA FEDERATION	13	奥地利	AUSTRIA
3	日本	JAPAN	14	丹麦	DENMARK
4	朝鲜	KOREA, DEMOCRATIC PEOPLE'S REPUBLIC OF	15	英国	UNITED KINGDOM
5	韩国	KOREA. REPUBLIC OF	16	法国	FRANCE
6	马来西亚	MALAYSIA	17	芬兰	FINLAND
7	新加坡	SINGAPORE	18	希腊	GREECE
8	菲律宾	PHILIPPINES	19	德国	GERMANY
9	越南	VIET NAM	20	爱尔兰	IRELAND
10	泰国	THAILAND	21	匈牙利	HUNGARY
11	南非	SOUTH AFRICA	22	荷兰	NETHERLANDS

续上表

序号	国家或地区	英文简称	序号	国家或地区	英文简称
23	意大利	ITALY	32	秘鲁	PERU
24	波兰	POLAND	33	智利	CHILE
25	挪威	NORWAY	34	阿根廷	ARGENTINA
26	西班牙	SPAIN	35	澳大利亚	AUSTRALIA
27	葡萄牙	PORTUGAL	36	美国	UNITED STATES
28	瑞士	SWITZERLAND	37	新西兰	NEW ZEALAND
29	瑞典	SWEDEN	38	香港	HONG KONG
30	加拿大	CANADA	39	澳门	MACAU
31	巴西	BRAZIL	40	台湾	TAIWAN, PROVINCE OF CHINA

三、分拣操作的基本要求

由于分拣机自动分拣基本不需要人工操作，只需要将快件运单朝上摆放在分拣机上，分拣机就会按照既定程序完成快件的分拣，因此，在这里不对分拣机自动分拣操作进行详细介绍，只介绍手工分拣和半自动机械分拣两种方式。

不论是手工分拣，还是半自动机械分拣，都不得有抛掷、摔打、拖拽等有损快件的行为，对于优先快件、到付件、代收货款件等要单独分拣。

（一）手工分拣

手工分拣包括信件类快件分拣和包裹类快件分拣两大部分。为了保证分拣快速准确，业务员一般用唛头笔标注目的地时，需要注意与收件人地址进行核对。如收件人地址中出现多个城市名称，应仔细找出真正的目的地。如：深圳市康佳集团驻上海办事处，此时目的地应该是“上海”，而不是“深圳”。

1. 信件类快件分拣

在分拣信件类快件时，应注意以下操作要求：

（1）分拣时操作人员站位距分拣格口的距离要适当，一般在 60 ~ 70cm 左右（图 11-35）。

（2）一次取件数量在 20 件左右。快件凌乱不齐时，取件时顺势墩齐。墩齐的方法是，两手掌心相对用力在快件的两侧收拢整理。

（3）采用右手投格时，用左手托住快件的右上角，左臂拖住快件的左下角，或左手拖住快件左下角，拇指捻件，右手投入并用中指轻弹入格。左手投格时的操作相反（图 11-36）。

（4）分拣后的快件，保持运单一面向上并方向一致。

（5）分拣出的其他非本分拣区域的快件应及时互相交换。

2. 包裹类快件分拣

（1）将运单一面向上摆放，注意保护运单的完整。

（2）易碎快件要轻拿轻放，分拣距指定放置点 30cm 以下脱手。

（3）按大不压小、重不压轻、木不压纸、金属不压木的原则分拣。

（4）分拣的快件格口和堆位要保持一定间距，防止串格和误分。

(5)赶发运输时间和处理时限较短的快件,要集中摆放到指定区域,便于封发。

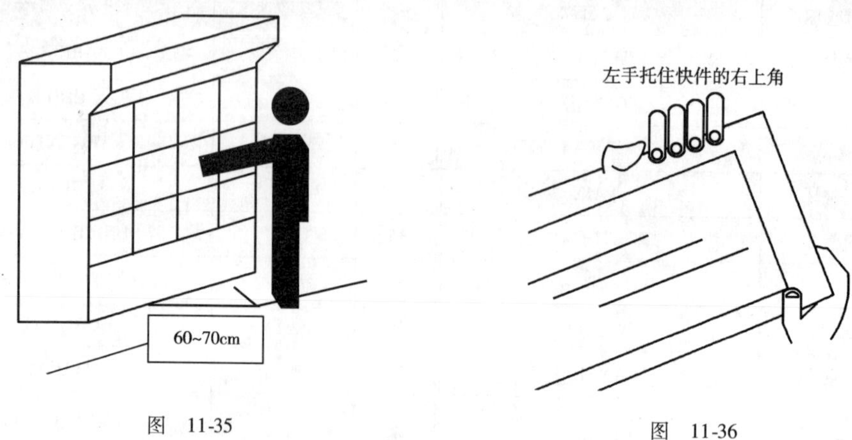

图 11-35　　　图 11-36

(二)半自动机械分拣

从各快递企业的实际操作看,一般信件类快件不上传输设备分拣。半自动机械主要是对包裹类快件进行分拣。

1. 操作基本要求

在利用带式传输或辊式传输设备分拣包裹类快件时,应注意以下操作要求:

(1)快件在指定位置上机传输,运单一面向上,平稳放置,宽度不得超过传输带的实际宽度。

(2)快件传输至分拣工位,分拣人员及时取下快件。未来得及取下而带过的快件由专人接取,再次上机分拣或手工分拣。

(3)看清运单寄达目的地、电话区号、邮编后,准确拣取快件。

(4)取件时,较轻快件双手抓(托)住快件两侧,较重快件双手托住底部或抓牢两侧的抓握位,贴近身体顺快件运动方向拣取。

2. 操作中的设备安全

(1)设备运行前,检查带式传输或辊式传输设备周围是否有影响设备运行的障碍物,然后试机运行,调试紧急停止按钮。

(2)注意上机分拣的快件重量和体积均不得超出设备的载重和额定标准。

(3)对非正常形状或特殊包装不符合上机传输条件的快件,要剔出改人工分拣,不得上机传输分拣。如圆形和球形快件及易翻滚快件、用锋利金属带捆扎包装的快件、易碎物品等都严禁上机传输分拣。

(4)上机传输的快件与拣取的速度要匹配。

(5)传输过程发生卡塞、卡阻要立即停止设备运行。

(6)分拣传输设备运行中出现危急情况,立即停止设备运行。

3. 操作中的人身安全

(1)不得跨越、踩踏运行中的分拣传输设备(图 11-37)。

(2)不得随意触摸带电设备和电源装置(图 11-38)。

(3)身体任何部位都不得接触运行中的设备(图 11-39)。

(4)拣取较大快件,注意不要刮碰周围人员或物体;拣取较重快件,注意腰部、脚等的保护。

(5)不使用挂式工牌,女工留短发或戴工作帽。

图 11-37 不得跨越、踩踏运行中的分拣设备

图 11-38 不得随意触摸带电设备

图 11-39 身体不得接触运行中的设备和电源装置

四、分拣中常见不符要求快件的种类

1. 无法分拣及分拣易出现错误的快件类型

(1)快件运单脱落。

(2)快件外包装有两张运单或一个运单填写有两个寄达目的地地址。

(3)地址填写错误或邮编、电话区号、寄达目的地填写错误。

(4)填写的街路不清楚或只写街路而无门牌号。

(5)寄达地址用同音字代替或使用相似字。

(6)运单目的地栏填写或记号笔填写与收件人地址不符。

2. 不符重量和规格要求的快件类型

(1)重量:快件单件重量超过 50kg。

(2)规格:快件单件体积长或高超过 150cm,长、宽、高三边之和超过 300cm。

(3)航空禁运快件未加标志,如“汽运”。

(4)包装(封装):快件的包装内衬或充填物过于简单,内件物品有响动或晃动及翻滚。外包装不坚固,造成快件破损、塌陷、水湿、油污、渗漏等。

3. 超越服务范围的快件

超范围的快件有两种情况:一是本公司快递网络未覆盖地区;二是虽然快递网络覆盖,但不在派送的服务区及未开办某些特殊业务的区域(如到付、代收货款等)。

五、分拣易发生的错误

业务员在分拣时往往容易发生分拣错误,导致快件传递失误。常见的分拣错误有以下几

种情况:

(1)相邻格口或堆位易误分。如在分拣场地,沈阳和长春两个格口相邻,分拣时误将一块的快件投入另一地的格口中。

(2)快件的地址地名形似,阅读混淆。我国有些地方地名书写相近,如南京和南宁,英山县和莫山县,分拣时若不专心,容易导致误分。

(3)对运单信息审读不细或书写字迹潦草,造成对相关信息判断有误造导致误分。如邮政编码、电话区号的0、9,1,7等都有发生误读的情况。

(4)退件改址未按新址分拣。由于派送地址更改或原址无法派送等原因,快递企业一般要求业务员划销原派送地址重新书写新地址或粘贴改派条。但分拣过程,由于阅读疏忽或由于改派条脱落导致仍按原派送地址分拣。

(5)没有认真辨识运输方式标识或运输方式标识脱落,导致错分运输方式。如应经航空运输,分为按陆路运输。

分拣处理过程中出现错误还有很多,这里列举的仅是常见的几类。为避免出现分拣错误,快递业务员在分拣过程中,要集中精力,仔细认真,做出快速、准确,尽量降低发生分拣错误的可能。

第四节　禁寄和限寄物品

为了保护国家政治、经济、社会及文化的发展,保证快件传输过程中的人身安全、快件安全及快件操作设备安全,防止不法分子利用快递网络渠道从事危害国家安全、社会公共利益或者他人合法权益的活动,国家对禁限寄物品做了规定。禁寄物品是国家法律、法规明确禁止寄递的物品;限寄物品是对个人寄递的物品限定在一定数量范围内,有价值上的限制和数量上的限制的物品。限寄物品会根据情况变化做出调整和修改。

快件分拣封发处理部门应发挥检查控制作用,在快件处理作业过程中,对收寄部门违反规定收寄的禁、限寄快件包裹要认真对待,严格把关。各类易燃易爆等危险物品收寄后,经过快件运输和处理环节,由于撞击、震动和摩擦很容易发生破损暴露或渗漏等。快件处理业务人员一经发现要停止转发,报告业务主管处理。

一、禁限寄规定

快递业务员在收寄快件时应严格把关,拒绝接收各类禁寄物并按规定接收限寄物品。国家对禁限寄物品做了明确规定。

(一)禁止寄递的物品

按照国家法律、法规的规定,禁止寄递物品种类及明细见表11-8。

禁止寄递物品明细　　表11-8

类别	明细
1. 各类武器、弹药	如枪支、子弹、炮弹、手榴弹、地雷、炸弹等(图11-40)
2. 各类易爆炸性物品	如雷管、炸药、火药、鞭炮、烟花、起爆引信、催泪弹、发令纸等(图11-41、图11-42)
3. 各类易燃烧性物品,包括液体、气体和固体	如汽油、煤油、桐油、酒精、生漆、柴油、机油、樟脑油、松节油、发动机启动液、气雾剂、气体打火机、瓦斯气瓶、干冰、充气球体、救生器、蓄气筒、压缩气体、磷、硫磺、火柴、活性炭、钛粉、镁粉、固体胶、橡胶碎屑等(图11-43~图11-47)

续上表

<table>
<tr><td>4. 各类易腐蚀性物品</td><td>如蓄电池、碱性电池液、火硫酸、盐酸、硝酸、有机溶剂、农药、双氧水、危险化学品等（图 11-48、图 11-49）</td></tr>
<tr><td>5. 各类放射性元素及容器</td><td>如铀、钴、镭、钚等</td></tr>
<tr><td>6. 各类烈性毒药</td><td>如铊、氰化物、砒霜等（图 11-50）</td></tr>
<tr><td>7. 各类麻醉药物</td><td>如鸦片（包括罂粟壳、花、苞、叶）、吗啡、可卡因、海洛因、大麻、冰毒、麻黄素及其他制品等</td></tr>
<tr><td>8. 各类生化制品和传染性物品</td><td>如炭疽、危险性病菌、医药用废弃物等</td></tr>
<tr><td>9. 各种危害国家安全和社会政治稳定以及淫秽的物品</td><td>影响国家安全的物品，如藏独（包括雪山狮子旗等）、法轮功、台独标识等；淫秽出版物、宣传品、手稿、印刷品、胶卷、照片、唱片、影片、录音带、录像带、激光视盘、计算机存储介质及其他物品</td></tr>
<tr><td>10. 各种妨害公共卫生的物品</td><td>如尸骨、动物器官、肢体、未经硝制的兽皮、未经药制的兽骨等</td></tr>
<tr><td>11. 国家法律、法规、行政规章明令禁止流通、寄递或进出境的物品</td><td>如国家秘密文件和资料、国家货币及伪造的货币和有价证券、仿真武器、管制刀具、珍贵文物、濒危野生动物及其制品等（图 11-51）</td></tr>
<tr><td colspan="2">12. 包装不妥，可能危害人身安全、污染或者损毁其他寄递件、设备的物品等</td></tr>
<tr><td colspan="2">13. 各寄达国（地区）禁止寄递进口的物品等</td></tr>
<tr><td colspan="2">14. 其他禁止寄递的物品（图 11-52）</td></tr>
</table>

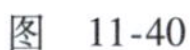

图 11-40

图 11-41

图 11-42

图 11-43

图 11-44

图 11-45

图　11-46

图　11-47

图　11-48

图　11-49

图　11-50

图　11-51

(二)限制寄递物品

国家为适应控制某些物品流通和保护某些物品特许经营权的需要,对一些物品的寄递限定在一定范围内,这就是限寄。限寄规定是本着既照顾和方便客户的合法需要和正常往来,又限制投机倒把和走私违法行为而制定的。限定的范围包括价值上的限制和数量上的限制,也就是通常所说的限值和限量。限值和限量的规定会根据海关或国家临时情况变化而有所变更,具体内容以海关当时公布的限值和限量要求为准。

图　11-52

1. 我国限制寄递出境的物品

(1)金银等贵重金属及制品。

(2)国家货币、外币及有价证券。

(3)无线电收发信机、通信保密机。

(4)贵重中药材及其制成药(麝香不准寄递出境)。

(5)一般文物(指1795年后的,可以在文物商店出售的文物)。

(6)海关限制出境的其他物品。

2. 限制进境物品

(1)无线电收发信机、通信保密机。

(2)烟酒。

(3)濒危的和珍贵的动物、植物(均含标本)及其种子和繁殖材料。

(4)国家货币。

(5)限制入境的其他物品。

3. 我国海关对限制寄递物品的限量和限值规定

(1)限量。根据限量有关规定,在国内范围互相寄递的物品如卷烟、雪茄烟每件以两条(400 支)为限,两种合寄时也限制在 400 支以内(图 11-53)。寄递烟丝、烟叶每次均各以 5kg 为限,两种合寄时不得超过 10kg。每人每次限寄一件,不准一次多件或多次交寄(图 11-54)。

(2)限值。对于寄往港、澳、台地区及国外的物品,除需遵守限量规定外,还应遵守海关限值的有关规定。

图　11-53

图　11-54

寄往香港、澳门、台湾的个人物品,每次价值以不超过人民币 800 元为限,其中 400 元以内部分免税,超出 400 元的部分需征税;中药材、中成药以人民币 100 元为限。中成药是指注册商标上有“省(市)卫准字”的中成药。商标上标有“省(市)卫健字”的保健中成药不属本限制范围(图 11-55)。

寄往国外的个人物品,每次价值以不超过人民币 1 000 元为限,其中人民币 500 元以内部分免税,超出 500 元的部分需征税;中药材、中成药以人民币 200 元为限(图 11-56)。

图　11-55

图　11-56

(3)外国人、华侨和港澳台同胞寄递的出境物品,如果是外汇购买的,只要不超过合理数量,原则上不受出口限制。

(4)如果寄达国(或地区)对某些寄递物品有限量、限值的规定,应按照寄达国(或地区)的规定办理。

(三)国际航空组织禁寄物品常用标识(表11-9)

国际航空组织禁寄物品常用标识　　　　表11-9

1	爆炸物	1.1 溅射类块状爆炸品(硝化甘油、炸药)	EXPLOSIVES 1.1* 1	符号(爆炸的炸弹):黑色;底色:橙黄色;数字“1”写在底角
		1.2 剧烈冲击、喷射爆炸品	EXPLOSIVES 1.2* 1	符号(爆炸的炸弹):黑色;底色:橙黄色;数字“1”写在底角
		1.3 次要喷射爆炸品(火箭推进剂、礼花类烟火)	EXPLOSIVES 1.3* 1	符号(爆炸的炸弹):黑色;底色:橙黄色;数字“1”写在底角
		1.4 主要引火爆炸品(军火、大众烟火)	1.4 EXPLOSIVES * 1	底色:橙黄色;数字:黑色;数字高大约为30mm,字体笔画的宽度约5mm(对于100mm×100mm的标志);数字“1”写在底角

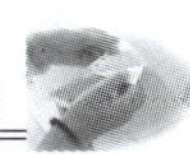

续上表

1	爆炸物	1.5 爆炸药剂及制成品	1.5 BLASTING AGENTS * 1	底色:橙黄色;数字:黑色;数字高大约为 30mm,字体笔画的宽度约 5mm(对于 100mm×100mm 的标志);数字“1”写在底角
		1.6 钝感爆炸品	1.6 EXPLOSIVES * 1	底色:橙黄色;数字:黑色;数字高大约为 30mm,字体笔画的宽度约 5mm(对于 100mm×100mm 的标志);数字“1”写在底角
2	气体	2.1 接触性可燃气体(乙炔、氢气)	FLAMMABLE GAS 2	符号(火焰):黑色或白色;底色:红色;数字“2”写在底角
		2.2 无毒非可燃气体(－100°C 以下气体或液化气体,如:氮、氖)	NON-FLAMMABLE GAS 2	符号(气瓶):黑色或白色;底色:绿色;数字“2”写在底角
		2.3 致死致伤有毒气体(氟、氯、氰化物)	POISON GAS 2	符号(骷髅和交叉的骨头棒):黑色;底色:白色;数字“2”写在底角

续上表

2	气体	2.4 氧化性气体		
		2.5 有吸入危险的气体		
3	可燃液体	3.1 易燃		符号(火焰):黑色或白色;底色:红色;数字“3”写在底角
		3.2 可燃液体		符号(火焰):黑色或白色;底色:红色;数字“3”写在底角
		3.3 燃油		符号(火焰):黑色或白色;底色:红色;数字“3”写在底角

续上表

3	可燃液体	3.4 汽油		符号(火焰):黑色或白色;底色:红色;数字“3”写在底角
4	可燃固体,易自燃品,遇水易燃品	4.1 可燃固体(硝化纤维、镁)		符号(火焰):黑色;底色:白色加上七条竖直红色条带;数字“4”写在底角
		4.2 易自燃品(白磷、烃基铝)		符号(火焰):黑色;底色:上半部为白色,下半部为红色;数字“4”写在底角
		4.3 遇水易燃品(钠、钙、钾)		符号(火焰):黑色或白色;底色:蓝色;数字“4”写在底角
5	氧化性物质,过氧化物	5.1 氧化性物质(次氯酸钙、硝酸铵、高锰酸钾、过氧化氢)		符号(圆圈上带有火焰):黑色;底色:黄色;数字“5.1”写在底角

续上表

5	氧化性物质,过氧化物	5.2 有机过氧化物(过氧化羟基异丙苯、过氧化苯甲酰)		符号(圆圈上带有火焰):黑色;底色:黄色;数字“5.2”写在底角
6	有毒品,易感染(生物化学)品	6.1 致死致残类有毒品 A(氰化钾、氯化汞); 伤害类有毒品 B(杀虫剂、二氯甲烷)		符号(骷髅和交叉的骨头棒):黑色;底色:白色;数字“6”写在底角
		6.2 易感染品和生物化学品 A(已知和不明疾病致死生物遗体); 易感染品和生物化学品 B(病理学标本、医用废弃物)		标志的下半部可以标上“INFECTIOUS SUBSTANCE”(感染性物质)以及“In the case of damage of leakage immediately notify Public Health Authority”(“如发生损伤或泄漏立即通知公共卫生机关”)的字样符号(三个新月形符号沿一个圆圈重叠在一起)和文字:黑色;底色:白色;数字“6”写在底角
7	核放射品及电离辐射品	7.1 一类放射品		符号(三叶型):黑色;底色:白色; 文字:(强制性要求),在标志的下半部分用黑体标出: RADIOACTIVE(放射性) CONTENTS...(内容物名称) ACTIVITY...(强度为...) 紧跟“放射性”字样的后面标上一条垂直的红色短杠;数字“7”写在底角
		7.2 二类放射品		符号(三叶型):黑色;底色:上半部黄色加白边,下半部白色。文字(强制性要求),在标志的下半部分用黑体标出:RADIOACTIVE(放射性) CONTENTS...(内容物名称) ACTIVITY...(强度为...)在一个黑框里标出:TRANSPORT INDEX..(运输指数) 紧跟“放射性”字样的后面标上两条垂直的红色短杠,数字“7”写在底角

续上表

7	核放射品及电离辐射品	7.3 三类放射品		符号(三叶型):黑色;底色:上半部黄色加白边,下半部白色。文字(强制性要求),在标志的下半部分用黑体标出:RADIOACTIVE(放射性) CONTENTS...(内容物名称) ACTIVITY...(强度为...)在一个黑框里标出:TRANSPORT INDEX..(运输指数) 紧跟“放射性”字样的后面标上三条垂直的红色短杠,数字“7”写在底角
		7.4 裂变性物质		底色:白色;文字(强制性要求),在标志的上半部用黑体标出:FISSILE(裂变性)字样:在一个黑框内标出:Criticality Safety index......(临界安全指数),数字“7”写在底角
8	腐蚀品	8 酸性腐蚀品(硫酸、盐酸) 碱金属腐蚀品(氢氧化钾、氢氧化钠)		符号(液体,从两个玻璃容器流出来侵蚀到手和金属上):黑色底色,上半部白色,下半部黑色带白边;数字“8”写在底角
9	混杂危险物品	9 混杂危险物品(干冰、安全气带、石棉、磁性物体)		符号(在上半部有7条竖直条带):黑色;底色:白色;数字“9”写在底角

续上表

操作标签	深冷液化设备专用	低温液体	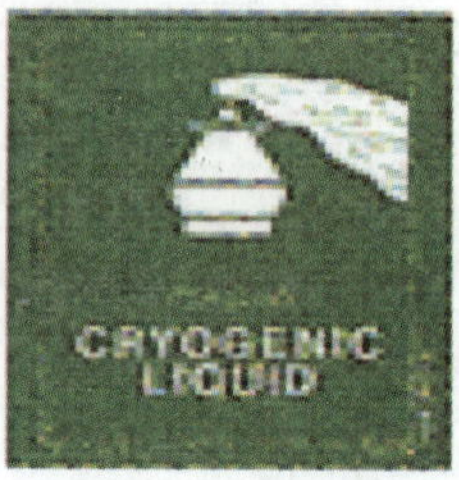	
	少量危险品特别许可证	运输少量危险品，客机禁止		
	货机专用	少量危险品		

注：* * 属于危险类别的位置，如果属于副危险性则留空；

* 属于配装组的位置，如果属于副危险性则留空。

第十二章　快件封发

快件封发作业，是将同一寄达地及其经转范围的快件经过分拣处理后集中在一起，按一定要求封成快件总包并交运的生产过程。如前所述，总包内的散件传递给目的地分拣中心处理是不见面的“信誉交接”，同时总包还要经过多种运输方式才能运送到目的地分拣中心，因此，封发作业必须严格操作，所用的封装空袋、封志、包牌等用品应符合规定，并达到封发的规格标准，以使快件实现准确、安全、完整、及时的传递。

第一节　出站快件的登单

登单就是登记快件封发清单，它是快件传递处理的记录，各环节根据记录的内容接收和处理快件。在快递企业中，出站快件的登单一般有两种方式：一是手工在专用纸质清单上登记快件号码、寄达地等信息；二是人工或机器扫描录入条码信息。目前，多数快件登单操作采用扫描录入条码信息的方式。

无论采取哪种登单方式，最终都是以纸质或电子两种介质形式的清单，实现相关信息的记录和传递。

一、清单的基本常识

1. 清单的概念

快件封发清单是指登列总包内快件的号码、寄达地、种类或快件内件类别等内容的特定单式，是接收方复核总包内快件的依据之一，也是快件作业内部查询的依据。

2. 清单种类

从形式上分，清单分为纸质清单和电子信息清单两种（图 12-1 ~ 图 12-3）。

从内容上看，根据生产作业的实际需要，清单分多种格式和功能，有普通快件清单、保价快件清单、代收货款清单等，其作用是相同的。如图 12-3 所示快递企业的清单单式。清单内容主要包括清单的号码、始发地、目的地、快件的号码、寄达地、种类及总数。

二、手工登单操作要求

（1）选择合适的清单，准确填写登单日期（或加盖专用封发地日期戳记）、清单号码、封发地、寄达地。

（2）清单号码编排如以数字顺序、日期、专用代码为编列序号时，不得重复或错编。对号码使用有时间或号段限制的清单登记本，需注意及时更换。例如，某快递企业规定填满 1 000 号后更新封发清单簿，那么业务员在操作时就要注意，填满 1 000 号后就不能填 1 001 号，而是要从“1 号”重新开始填写。还有的快递企业规定每年元旦从“0”号开始编列清单簿的号码，那么业务员在元旦那天就要更换号码。

发件扫描清单

扫描时间:08-10-13 07:00至08-10-14 17:59下一站:山东青岛公司扫描网点:辽宁沈阳公司排除子单号

扫描时间	操作日期	运单编号	下一站	班次	件数
2008-10-13 下午 09:03:50	2008-10-14	268582234027	山东青岛公司		
2008-10-13 下午 09:05:07	2008-10-13	268582155909	山东青岛公司		
2008-10-13 下午 09:05:11	2008-10-13	888010512271	山东青岛公司		
2008-10-13 下午 09:05:25	2008-10-13	588014736221	山东青岛公司		
2008-10-13 下午 09:05:28	2008-10-13	268582205623	山东青岛公司		
2008-10-13 下午 09:05:34	2008-10-13	268582207218	山东青岛公司		
2008-10-13 下午 09:05:39	2008-10-13	268582152241	山东青岛公司		
2008-10-13 下午 09:05:48	2008-10-13	268582190650	山东青岛公司		
2008-10-13 下午 09:05:52	2008-10-13	268581454187	山东青岛公司		
2008-10-13 下午 09:05:57	2008-10-13	268582205621	山东青岛公司		
2008-10-13 下午 09:06:02	2008-10-13	268582163566	山东青岛公司		
2008-10-13 下午 09:06:10	2008-10-13	268402128034	山东青岛公司		
2008-10-13 下午 09:06:14	2008-10-13	268582207976	山东青岛公司		
2008-10-13 下午 09:06:22	2008-10-13	268611616104	山东青岛公司		
2008-10-13 下午 09:06:32	2008-10-13	268402243765	山东青岛公司		
2008-10-13 下午 09:06:36	2008-10-13	268582151746	山东青岛公司		
2008-10-13 下午 09:06:39	2008-10-13	268582163899	山东青岛公司		
2008-10-13 下午 09:06:46	2008-10-13	888010524972	山东青岛公司		
2008-10-13 下午 09:07:51	2008-10-13	268582163361	山东青岛公司		
2008-10-13 下午 09:07:54	2008-10-13	268543961485	山东青岛公司		
2008-10-13 下午 09:08:12	2008-10-13	268549489940	山东青岛公司		
2008-10-13 下午 09:08:19	2008-10-13	268582187763	山东青岛公司		
2008-10-13 下午 09:08:22	2008-10-13	268582151716	山东青岛公司		
2008-10-13 下午 09:08:28	2008-10-13	268582194161	山东青岛公司		
2008-10-13 下午 09:08:35	2008-10-13	268549467356	山东青岛公司		
2008-10-13 下午 09:08:45	2008-10-13	268582181399	山东青岛公司		
2008-10-13 下午 09:09:23	2008-10-13	268582200020	山东青岛公司		
2008-10-13 下午 09:09:40	2008-10-13	268582179351	山东青岛公司		
2008-10-13 下午 09:10:26	2008-10-13	268582160136	山东青岛公司		
2008-10-13 下午 09:10:29	2008-10-13	268549466827	山东青岛公司		
2008-10-13 下午 09:10:32	2008-10-13	268582238912	山东青岛公司		
2008-10-13 下午 09:10:34	2008-10-13	268582204830	山东青岛公司		
2008-10-13 下午 09:10:37	2008-10-13	268582198793	山东青岛公司		
2008-10-13 下午 09:10:49	2008-10-13	268582238446	山东青岛公司		
2008-10-13 下午 09:10:52	2008-10-13	268582173745	山东青岛公司		
2008-10-13 下午 09:10:59	2008-10-13	268582199855	山东青岛公司		
2008-10-13 下午 09:11:02	2008-10-13	268582151722	山东青岛公司		
2008-10-13 下午 09:11:06	2008-10-13	268548075255	山东青岛公司		
2008-10-13 下午 09:11:11	2008-10-13	268582151886	山东青岛公司		
2008-10-13 下午 09:11:15	2008-10-13	268581503499	山东青岛公司		
2008-10-13 下午 09:11:18	2008-10-13	888010488488	山东青岛公司		
2008-10-13 下午 09:11:20	2008-10-13	268540860118	山东青岛公司		
2008-10-13 下午 09:11:32	2008-10-13	268582198859	山东青岛公司		

图　12-1

发日　　　　第　　号第　　页　　　　收日

　　　　　　自　　局至　　局

号码	封发日期		封发时间	自　至	总页数	页号
邮件编号	收寄局	备注	邮件编号	收寄局	备注	
1			2			
3			4			
5			6			
7			8			
9			10			
11			12			
13			14			
15			16			
17			18			
19			20			
封发人员签章			接收人员签章		共计	

图　12-2

广东深圳中转发往江苏苏州快件清单

起始时间: 2008-7-30 20:00:00　截止时间: 2008-7-31 01:59:59

票数总计:89 件数总计:89 重量总计:31.82 到付款总计:0.00 代收款总计:0.00

清单单号: YTG002S080731005336267

快件状态、快件状态: 正常

* 1	0063908403	杭州分拨中心	资料	1	0.45	0.00	0.00	0.00
* 2	F046303371	杭州分拨中心	物品	1	0.70	0.00	0.00	0.00
* 3	F046426874	杭州分拨中心	资料	1	0.24	0.00	0.00	0.00
* 4	F050359942	杭州分拨中心	资料	1	0.35	0.00	0.00	0.00
* 5	F050397586	杭州分拨中心	资料	1	0.05	0.00	0.00	0.00
* 6	F050411379	杭州分拨中心	资料	1	0.30	0.00	0.00	0.00
* 7	F050427083	杭州分拨中心	物品	1	0.73	0.00	0.00	0.00
* 8	F050429864	杭州分拨中心	资料	1	0.14	0.00	0.00	0.00
* 9	F050441743	杭州分拨中心	资料	1	0.35	0.00	0.00	0.00
* 10	F050445212	杭州分拨中心	物品	1	0.55	0.00	0.00	0.00
* 11	F052607165	杭州分拨中心	资料	1	0.10	0.00	0.00	0.00
* 12	F052609127	杭州分拨中心	资料	1	0.30	0.00	0.00	0.00
* 13	F052614771	杭州分拨中心	资料	1	0.28	0.00	0.00	0.00
* 14	F052618436	杭州分拨中心	资料	1	0.35	0.00	0.00	0.00
* 15	F052625757	杭州分拨中心	物品	1	1.40	0.00	0.00	0.00

第2页,共4页　　打印人:　赖送来　　打印日期:　2008-7-31 0:53:31

图　12-3

(3)按出站发车的先后顺序,完整、准确地逐件抄登快件号码、寄达地、快件类别、重量等内容。

(4)抄登快件使用规范的汉字、阿拉伯数字及专用代码。抄登快件的内容要与清单的栏目要求一一对应。

(5)对于退回、易碎、液体快件,要在备注栏或相关栏分别注明。

(6)对于保价、代收货款、到付快件,应注明金额或使用专用清单。

(7)抄登多页清单时,应在每一页上注明页数。快件的总件数登在清单的最末一页。

(8)对一票多件的快件要集中抄登。

(9)结束登单时,应在指定位置使用正楷签名或加盖操作业务员名章。

(10)对需要建包、箱的快件,登单结束后制作总包包牌(包签)。包牌号码应和清单号码一致,其他填写内容根据作业要求填写(图 12-4)。

发日　　　　第　号第　页　　　　收日

自　局至　局

格数	邮件编号	备注
1		
2		
3		
4		
5		
6		
7		
8		
9		
10		
封发人员签章接收人员签章	总件数	

图　12-4

三、条码设备扫描登单

扫描设备(数据采集器)在快件处理环节已得到普遍应用。其作用是通过设备扫描快件运单上的条码进行封发清单的抄登,在快件满袋后生成和打印封发清单,并将快件封发生成对应的总包信息。其具体操作如下:

(1)使用条码设备登单,首先启动操作系统,输入本操作员的用户名和密码登录系统,选择系统中登单功能的对应操作模块。

(2)根据操作系统要求,输入邮编、电话区号、专用代码、拼音缩写等,正确选择进入登单格口的寄达地操作界面。

(3)对需要建总包的快件,除在系统自动生成并打印包牌或包签外,首先要扫描预制的总包条码牌或签进行建包,再扫描该包内的快件。

(4)逐一扫描快件,防止漏扫和误扫,挑出误分或破损快件。

(5)扫描条码时,距快件条形码 5 ~ 30cm,使激光束覆盖条形码。扫描时需注意设备提示音响,当设备发出扫描失败提示音时,应进行重新扫描。

(6)为合理建立总包,保证快件安全、完好,应根据快件的性质、重量和体积进行分类扫描。

(7)对一票多件的快件进行集中扫描。

(8)条码污染、受损无法扫描时,应手工键入条码信息。

(9)对于退回、易碎、液体、保价、代收货款、到付等快件,要在备注栏或相关栏分别注明或使用专用模块扫描登单。

(10)如果错扫快件,应及时在操作系统中执行数据删除。

(11)扫描结束后,在操作系统中打印快件封发清单和总包袋牌或制作电子信息清单。

(12)如果快件实物与打印清单数字不符,应及时查找复核。确认有登单无快件的,在操作系统中删除,重新打印清单;有快件无登单的,应重新扫描登单。

(13)如果总包包牌(包签)需要明确重量信息,除能在操作系统中自动获取外,应该利用称重设备进行人工称量,获取重量信息后再制作总包包牌(包签)。

(14)除系统能直接接收扫描设备传输的所扫描快件信息外,其他扫描设备在扫描结束后需要上传扫描信息,打印清单或制作电子信息清单。

(15)登单结束,检查作业场地周围有无遗留未扫描的快件。

(16)操作人员退出扫描模块操作系统。

四、分拣系统自动形成清单

系统自动登单是通过快件分拣系统的扫描装置,对快件的体积、重量、条码信息、件数自动检索,当某一逻辑格口达到一定设置的封发标准时,系统发出指令封锁格口,自动打印出封发清单,并对该格口有语音提示或屏幕显示。

采用系统自动登单,业务员应该从以下几方面进行检查:

(1)检查设备操作系统是否升级、业务处理是否调整。如操作升级或调整的情况,应及时修改相关信息并调整操作。

(2)检查分拣格口各功能控制按钮是否处在正常状态。

(3)不间断地巡视自动分拣的格口,检查是否有登单结束的快件。

(4)对自动封锁并打印出快件清单和总包袋牌或包签的格口,核对快件与清单数量,检查快件规格,清空格口及时解锁,使后续快件继续入格;也可人工干预封锁格口,打印清单和袋牌。

(5)对发生错入格口的快件,如果还未形成清单信息的,要剔除该快件信息;如果已形成清单信息或已打印出清单的,应及时在操作系统中删除该快件信息,再重新打印新清单。

(6)对快件实物与打印清单数字不符的,应及时查找复核。确认有登单无快件的,在操作系统中删除无实物的快件信息,重新打印清单;有快件无登单的,对该快件进行重新分拣。

(7)快件在分拣下滑格口过程中,如果出现外包装破损,要及时转交专人处理。

(8)对未正常自动分拣扫描的快件,改手工扫描登单操作。

(9)作业结束,检查场地周围是否遗留快件。

第二节 总包的封装和码放

一、总包包牌(包签)

1. 包牌(包签)的概念

包牌(包签),是指快递企业为发寄快件和内部作业而拴挂或粘贴在快件总包袋指定位置上,用于区别快件的所属企业和运输方式及发运路向等的信息标志。国内快件的包牌(包签)往往与国际快件的包牌(包签)不同,使用时应准确选择。

2. 包牌(包签)的常见种类

不同快递企业使用的包牌(包签)不同,在同一快递企业内部,有些需要特殊作业处理的快件与其他普通快件使用的包牌(包签)也有区别,但是包牌(包签)所包含的信息大多相同。

从格式上看,包牌(包签)可分为横式和竖式两种,如图 12-5 所示。

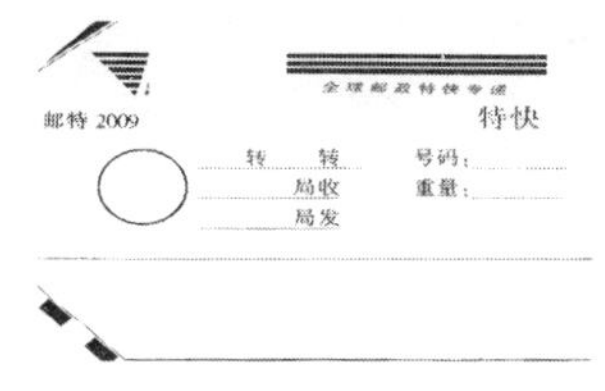

图　12-5

3. 包牌(包签)的制作

包牌(包签)的制作一般有两种方式:一是在操作系统中实时生成总包包牌(包签);二是手工书写包牌、包签。

(1)操作系统实时生成包牌、包签

操作系统接收到打印包牌的指令,连接的打印设备随即打印出所需条形码总包包牌(包签)。它的条形码包含有总包包牌(包签)的号码、发出地、寄达地、件数或票数、重量、时间等相关信息。预制的总包包牌(包签)是批量印制或打印而成的,但有些预制的总包包牌(包签)包含的信息只是唯一码,其他如发出地、寄达地、件数或票数、时间等信息需要手工填写。

(2)手工书写包牌、包签

对于相对较少或只预制唯一条形码的总包包牌或标签,需要手工填写补充内容的要求有:

①使用规范汉字和阿拉伯数字及代码填写包牌各栏内容,不得有涂改或划销。

②使用笔头直径在 3mm 以上的油性唛头笔填写。

③准确、完整填写各项内容,如发出地、寄达地、件数或票数、时间等。设有发寄和留存联的,两联填写内容要一致。

二、总包的封装

总包的封装,是将多个发往同一寄达地的快件集中规范地放置在袋或容器中,并将袋或容器口封扎的过程。

(一)包袋(容器)的概念

包袋也称总包空袋,是用于盛装快件的袋子,有棉质、尼龙、塑料等不同材质制成的。容器有集装箱、金属笼等。

(二)包袋(容器)使用的要求

快件的封装离不开封装袋或容器,选择时应以快件体积大小、重量、所寄内件性质相适应的包袋、轮式笼和集装箱,以各企业要求为标准。但无论使用何种包袋或容器,都不得有以下几种情况(图 12-6、图 12-7):

(1)不得使用企业规定外的包袋或容器。

(2)不得使用有破损的包袋或容器。

(3)不得使用水湿、污染、形状改变的包袋。

(4)不得翻用印有其他快递企业标识的容器。

(5)不得将包袋和容器挪作他用或故意损毁。

图 12-6　不得使用破洞、裂口容器

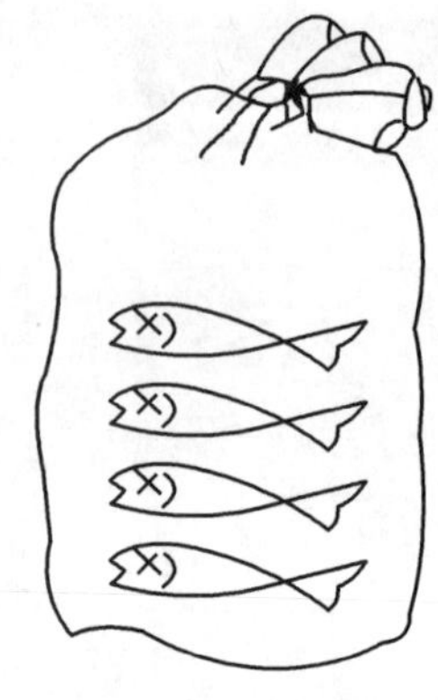

图 12-7　总包空袋不得挪作他用

(三)总包封装的基本要求

总包封装,是将打印出的清单与快件一同装入总包空袋(容器)中,使用专用工具封扎、封闭袋口或容器开口,并拴挂包牌或标签的过程。在装袋和封扎、封闭袋口或容器开口时,可使用一些辅助工具和器具,以便快速方便的完成快件封装作业。操作基本要求如下。

1. 总包袋的操作

(1)选用大小适宜的包袋。总包空袋的大小,应根据快件的数量和体积合理选用,切忌用大号总包空袋封装少量快件。

(2)将预制的包签,贴在空袋一侧,其粘贴位置根据袋(包)内快件盛装的多少而定,但应在总包封扎后的中上部为宜。

(3)规范的总包空袋置于撑袋车或撑袋架上(图 12-8)。

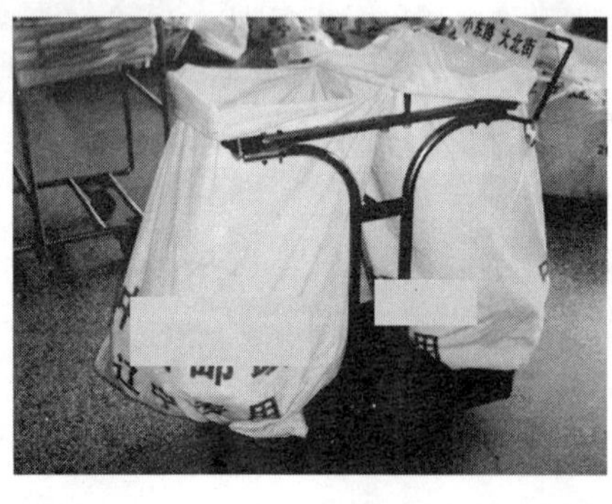

图　12-8

(4)将制作清单后的快件,按重不压轻,大不压小,结实打底,方下圆上,规则形放下、不规则形放上的原则装袋。

(5)内件为易碎和液体的快件单独封袋或与其他快件混封要放在最上层。

(6)信件型快件与包裹型快件及保价快件、代收货款、到付快件、限时快件应分别封装总包袋。如果采用混合封装方式信件型快件要捆扎成捆。

(7) 快件装袋时,运单向上摆放。

(8)快件装完袋后需随袋走的封发清单,要放入特制的封套入袋。对总包袋盛装不能过

满，装袋不宜超过整袋的三分之二，重量不宜超过 32kg。

（9）将撑袋车或撑袋架上的袋口卸下收紧。

（10）使用专用或特制的绳或塑料封带，在贴近快件处将总包袋扎紧封口。

（11）袋口封扎有多种方法，这里介绍以下三种。

①方法一：使用无接头的棉质蜡绳按专用扣捆扎法扎紧，在绳上垂直拴挂总包的条码袋牌，袋牌牌面向外，穿上（专用）封志用品，扎绳收紧将并绳交叉打结，然后用专用工具固封袋口封志（印膜清晰），剪去多余绳头。需要拴挂两个袋牌的，要分别在两个绳穿上（图 12-9）。

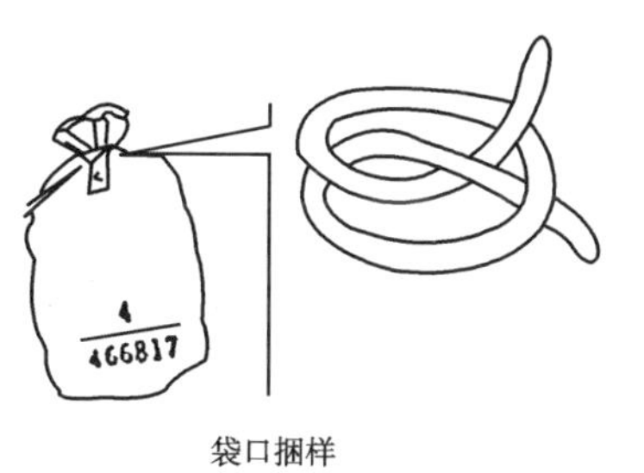

袋口捆样

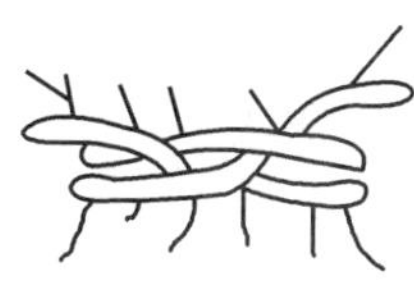

捆绳穿法

图　12-9

②方法二：首先将专用塑料封带的预制牌面，粘贴上打印或印制的总包条码包牌，收紧袋口封扎，将封带尾部穿入封扣中用力紧收，使其不能捋下或串动。

③方法三：使用封尼龙编织袋时，采用专用便携式缝包机，在袋口均匀骑缝。

（12）不使用使用撑袋工具时，可用以下方法：

①方法一：先将空袋在最下面的快件在操作点摆好，快件入袋后的底部正对袋口，迅速托起快件，将最先入袋一侧用袋顺势套上提起，继续装入其他快件。

②方法二：先将空袋摊放于地，袋口撑开露出底部，装入快件。未用撑袋工具装入快件时，其他操作要求与使用撑袋车或撑袋架相同。

2. 轮式笼和集装箱的操作（图 12-10）

（1）选用无损坏、无形状改变等的轮式笼和集装箱。

（2）将制作清单后的快件，按重不压轻、大不压小、小件填装空隙的原则装笼或箱。

（3）笼和集装箱内若有隔板，尽量将轻件或易碎和液体放入上隔。

（4）文件类快件与物品类快件混装时，保价快件、代收货款、到付快件等同类件集中码放或间隔。

图　12-10

（5）快件装笼（箱）时，运单向上摆放。

（6）快件装完笼后，清单放入特制的封套中放入笼或箱的最上。

（7）正确关闭笼或箱门。

（8）使用专用或特制的绳或塑料封带封扎笼或箱门。

(9)使用绳封扎时,将绳一头穿入锁孔中,穿上袋牌,再穿上封志用品,用专用工具妥封。使用塑料封带封扎时,将封带尾部穿入锁孔中,穿上袋牌,再穿入封带顶部的扣眼中,用力收紧。使用条码包签时,将包签贴在笼和集装箱正面的上部指定区域内。

三、质量检查

总包内是由多个快件汇集而成,而总包质量检查是控制总包内所封发的快件的质量和安全所采用的重要手段,通过质量检查对封发总包产生的差错进行纠正,来保证总包封装的快件准确、安全的传递。质量检查有以下几项内容:

(1)检查总包的袋牌、封志、袋身(笼或箱体)、重量等规格是否符合要求。

(2)检查总包袋牌或包签的条形码是否整洁完好。

(3)检查是否有遗留未处理完的快件。

(4)检查操作系统信息处理是否符合要求。

(5)检查对需要赶发时限的快件是否优先封发处理,是否赶发指定的航班或航次。

四、总包的堆位和码放

完成分拣封发的快件总包及其外走的快件,按某些共同特性和码放原则,整齐排列码放到一个指定的位置。这个过程既是总包集中码放的过程,又是堆位的形成过程。

总包堆位和码放的基本要求是:

(1)根据不同航班和车次及赶发时限的先后顺序建立堆位。搭载同一个航班或同一个车次的总包,即使寄达目的地不同,也应该集中堆放。对同一个车次不同卸交站点的总包快件,应按方便装车的顺序码放(图12-11)。

(2)车次或航班的代码和文字等相近、相似的堆位要相互远离,以免混淆。

(3)各堆位之间应有明显的隔离或标志,留有通道。通道宽度一般为20～30cm(图12-12)。

图12-11　总包码放整齐码放排列成行

图12-12　堆位之间应隔离或留有通道

(4)快件总包应立式放置,整齐划一排列成行。高度以一层为宜。

(5)代收货款、到付快件和优先快件应单独码放。遇有码放有特殊要求的总包单件,如易碎快件,应按要求码放。

(6)堆放总包时,不得有扔、摔、拖、拽等损伤快件的行为,并应保护袋牌和包签不被损坏或污染。对于较轻的总包,用手握住袋口向上提起,放到指定堆位;对于较重的总包,双手抓住袋身或专用提带向上提起,放到指定堆放。

(7)码放在托盘或移动工具上的总包，应结合工具的载重标准和安全要求码放，但码放高度不宜超过工具的护栏或扶手。

第三节　总包快件的装车发运

装车发运，是指发运人员根据发运计划及时准确地将总包装载到指定的运输工具上，并与运输人员交接发运的过程。

发运计划，是指总包的运输作业计划，包括总包的发运时间、路由、车次(航班)、运量、停靠交接站点以及到开时间等方面内容。发运计划是各分拣中心发运总包的重要依据。

路由，是指根据总包不同起止点，按照快件时限要求选择符合实际需要的运输途径。

一、出站快件的交接

(一)出站快件交接的基本内容

1.汽车运输快件的交接

(1)指挥或引导车辆安全停靠指定的交接口、交接台、交接场地。

(2)交接双方共同办理交接。

(3)核对交接的总包数是否与交接单填写票数相符，所交总包单件规格是否符合要求。

(4)快件的装载配重和堆码是否符合车辆安全运行标准。

(5)出站快件交接单的发出站、到达站/终到站、车辆牌号、驾驶员/押运员填写是否规范。

(6)交接结束双方签名盖章，在交接单加注实际开车时间。

2.委托运输的航空或铁路快件的交接

(1)核对航空或铁路接收快件所填写的货舱单或航空结算单及货站发货单是否与所发的快件数量、重量、航班等相符。

(2)核对航空快件安全检查是否全部符合要求。

(3)核对交发的快件规格及快件总包袋牌或包签是否完好。

(4)交接结束，交接双方要在货舱单或航空结算单及货站发货单签名盖章。

(二)出站快件交接单据使用和要求

1.出站快件交接单的使用和常见种类

出站快件交接单，是用于在收寄(派送)网点与分拣中心之间或分拣中心及中转站等与航运、铁路、汽运部门或与委托运输方之间交接使用的单据。其一般登记快件车辆发出时间、始发站、经由站、终到站、装载快件数量、重量、快件号码、驾驶人员等的交接单或发出站、到达站、航班号或车次、数量、重量等。在使用时，按各快递企业的相关规定和格式准确填写。

2.交接单常见的种类(图12-13、图12-14)

二、快件装载陆运车辆要求和注意事项

(1)快件装载陆运车辆应由两人或两人以上协同作业。

(2)装载时，应文明作业，杜绝抛掷、拖拽、摔打、踩踏、踢扔及其他任何有可能损坏快件的行为。

第　　号
由　　交

格数	号码	收寄局名	接收局名	袋	套	件	毛重千克（小数一位止）	备注
1								
2								
3								
4								
5								
6								
7								
8								
9								
10								
共								

寄发人员盖章　　　　接收人员盖章

图　12-13

航空发货交接单　№0604 0001999

华南分拨区　深圳航空组　2007年11月28日

目的地	主运单单号	分运单单号	发货件数	自称重量	计费重量	货代签名	称重人签名	备注
青岛	SC4682	13255804	69		1145			
郑州	249897	3374091	23		385			
天津	CA1372	7746200	7		188			
太原	HU7326	5897053	11		172			
哈尔滨	249817	3371590	14		262			
天津	CA1320	7746071	16		200			
南宁	349907	4695313	14		237			
昆明	CA4374	7746211	17		328			
桂林	249837	4609534	7		102			
贵阳	249975	4609525	8		124			

第一联 存根（白）　第二联 货代（红）·第三联 航空组（黄）

填表人：　　　航空组负责人：

图　12-14

(3)要按重不压轻,大不压小,结实打底,方下圆上,规则形居底、不规则形摆上的原则装载快件。总包袋口一律向外,做到有序、整齐、稳固。

(4)一票多单的快件要集中装码,避免与其他快件混放。

(5)装载易碎物品,注意轻拿轻放,放置底部距下落点小于30cm脱手;装载禁止倒置、翻滚、日晒的快件或对堆码有重量、层数极限标识要求的快件,应按操作标准作业。

(6)装载粗糙包装的快件应戴专用防护手套。

(7)装载体积偏大或偏重的总包和快件,应佩戴专用防护腰带、穿好防护鞋,并应双人协同作业或使用机械设备。如果使用机械设备装载,禁止野蛮粗暴操作及有其他任何有可能损坏快件的操作。

(8)发生有渗漏、破损总包和快件不得装载,交专人处理。

(9)装载时要保证车辆载重的均衡。在非满载情况下,应注意均匀分配车辆的前后两端和左右两侧的堆码的高度和重量,应防止有倒落和偏重的现象发生(图12-15)。

图12-15　载重车辆的均衡

(10)码放的快件之间不可留有缝隙,每层之间要交错码放,保证车辆转弯或刹车时不散堆(图12-16)。

(11)装载有两个以上卸交站点的车辆,要按"先出后进"或"先远后近"的顺序装载并使用隔离网,即需要先卸下的快件后装载,后卸的快件先装载;路途远的快件先装载,路途近的后装载。

(12)遇到雨雪天气注意防水,在分拣中心各场地之间倒换快件时用苫布盖好总包快件,装车时要防止总包快件被雨淋湿。

(13)装载结束,检查作业场地周围有无遗留总包和快件。

(14)车辆开行后,在操作系统发送快件信息。

三、建立车辆封志

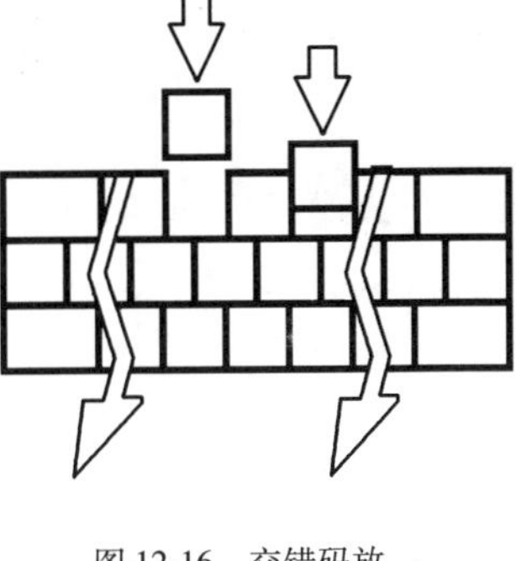

图 12-16　交错码放

车辆的施封,无论是实物封志还是信息封志,都是为保证运输车辆安全快速地把快件运达目的地而建立的一种控制手段。

车辆封志一般有门锁、特制塑料或金属条码封条、全球卫星定位系统(GPS)与地理信息系统(GIS)结合的信息记录等。

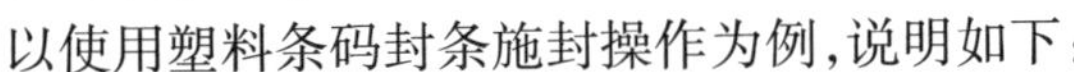

以使用塑料条码封条施封操作为例,说明如下:

1. 建立车辆封志的操作步骤

(1)总包装载结束后,由车辆的押运人员或驾驶员将车门关闭。

(2)场地负责人将车辆封志加封在车门指定位置,车辆押运人员或驾驶员监督车辆施封过程。

(3)将塑料条码封条尾部插入车辆锁孔中,再穿入条码封条顶部的扣眼中,用力收紧,并检查施封是否完好。

(4)将施封的条形码号登记在出站快件的交接单上。

(5)车辆押运人员或驾驶员与场地负责人在交接单上签字确认。

2. 建立车辆封志的注意事项

(1)施封前要检查车辆封志是否符合要求,GPS 定位系统是否正常。

(2)施封时,场地人员与司押人员必须同时在场(图 12-17)。

(3)施封后的封志要牢固不能被抽出或捋下。

(4)施封过程中要保证条形码完好无损(图 12-18)。

图　12-17

图 12-18　施封过程中条形码受损

(5)核对封志的条形码号与出站快件交接单登记的号码是否一致。

参考文献

[1] 张玉墚.职业道德与就业指导.北京:电子工业出版社,2006.
[2] 康永明,王朝晖,高殿民.职业道德修养.北京:现代教育出版社,2006.
[3] 杨千朴.职业素养基础.北京:中国时代经济出版社,2007.
[4] 曼德.新职业观.北京:人民邮电出版社,2006.
[5] 郑平.职业道德.第2版.北京:中国劳动社会保障出版社,2007.
[6] 叶黔达.职业道德.成都:电子科技大学出版社,2004.
[7] 中国就业培训技术指导中心组织编写.国家职业资格培训教程——职业道德.北京:中央广播电视大学出版社,2007.
[8] 王欢.礼仪规范教程.北京:北京邮电大学出版社,2006.
[9] 张力威.销售语言技巧与服务礼仪.北京:中国财政经济出版社,2005.
[10] 吴迪伟.实用礼仪.成都:成都时代出版社,2007.
[11] 杨海荣.邮政概论.第2版.北京:北京邮电大学出版社,2004.
[12] 李国平.邮政通信地理.北京:人民邮电出版社,2006.
[13] 赵文义,付莉.邮政投递员必读.北京:人民邮电出版社,2003.
[14] 时良平.邮政自动化.北京:北京邮电大学出版社,2000.1.
[15] 张世昌.邮件分拣封发.邮电业务学习,1989.